MWR

Mehilba World Replacement

By Dr. Ali Mehilba

Editor
Karima Ammar

Research
Abdelrahman Mehilba

Lead Coordinator
Enas Sherif

3RD Edition

02/2025

To My Loved Ones

People are like banknotes. Some are rare in any condition and hard to find. Some are common regardless of the condition. All are like replacements with its own identifier(s) that we need to know. I thought I could replace my beloved father...but never. I never thought that my amazing sons and sweet daughter would replace me. I never expect that my lovely wife could replace my great mother. I have five sisters, but none of them can replace the other. Each one is unique. I love to have banknotes in my hands, but I love more to have all these people in my heart with no replacement.
I hope that in the years to come, peace will replace war and bring better days.

My gem UNC wishes to all
Ali Mehilba *2024*

Foreword

In 2013 Dr. Ali Mehilba published the first edition of his monumental world paper money collecting catalog appropriately titled, "Mehilba World Replacement" (MWR). It was enthusiastically embraced by the world numismatic community and received the 2013 Book of the Year Award from the International Bank Note Society (IBNS). It has already joined the Standard Catalog of World Paper Money, now in three volumes but initially conceived by Albert Pick, and World War II Remembered by C. Fredrick Schwan and Joseph E. Boling on the very short library list of "must have" general numismatic books for both collectors and dealers.

Now, five years after its debut Mehilba World Replacement has been significantly updated in this new second edition. The amount of work involved in authoring a catalog of this nature, worldwide in scope, is staggering. The enormous research time, emotional trauma and financial commitment involved cannot be overstated. A truly significant second edition should be easier to compile than the first edition but it's not. Every suggestion and criticism generated by the first edition needs to be addressed and painstakingly evaluated. Corrections, additions and especially deletions require difficult decisions that will never please everyone. My friend and fellow physician, Dr. Ali Mehilba, is indeed made of stern stuff covered by a thick skin to even again make the attempt.

I began collecting United States banknotes long before I transitioned to world paper money. From the beginning replacement notes, designated by a star or asterisk on U.S. currency, always fascinated me and became a collecting passion. World replacement banknotes were therefore even more alluring because a myriad of different symbols, letters, numbers and languages are involved. Replacement banknotes have never been common and many are downright rare, not to mention expensive. The frequency of replacement banknotes varies by country and quality control in the printing process but has been estimated to be between 1 in 1000 issued notes. Replacements are primarily used to replace banknotes damaged in the printing process to make 100 note bundles for accounting purposes. Dr. Mehilba has gleaned replacement data from central banks wherever possible but sometimes the information is simply not forthcoming. For older banknotes and obsolete countries there may be no definitive information – ever. There is always more to do.

This edition adds several new countries and additional banknote information that has become available. The MWR numbering system is consistent and easy to use. In addition to making paper money collectors and dealers much more aware of replacement banknotes, everyone seems to be paying more attention to all aspects of serial numbers, such as fancy numbers, than in the past. Through his much appreciated research efforts Dr. Mehilba has made banknote collecting both more challenging and enjoyable. Thanks, Ali, for sharing so much of yourself with all of us.

Dennis J. Lutz, M.D.
President International Bank Note Society

Foreword

The third edition of the Mehilba World Replacement (MWR) catalog is a testament to the ongoing relevance and importance of this reference work in the numismatic community. Since its debut, collectors have consistently utilized this catalog and it has become an essential part of their library.

What is particularly noteworthy is that interest in this field goes beyond monetary value. World replacement notes continue to be the subject of expanded research and collectors are fascinated by the nuances of replacements, with the process being as important as the end result. This has made a revised catalog imperative to keep up with changes and meet market demands.

Value, however, cannot be ignored. One appeal of replacement notes is that even with the MWR catalog, many are still under-appreciated for their rarity. As collectors become increasingly aware of what is truly scarce and rare, price disparities within the same issue will continue to develop. Additionally, there are still many older types yet to be discovered, providing exciting opportunities for collectors.

On the other hand, for enthusiasts who enjoy pursuing new issues at modest prices, replacement notes provide a significant expansion of their collecting area. Furthermore, as we know, sometimes these new issues become short-lived, elevating the value of replacement notes for those issues even higher.

Whether it is the unexpected joy of finding a replacement note in a mixed group or the thrill of the labeled notes, the allure of replacements provides a rewarding search and unique discovery opportunity. Our field is indebted to Dr. Ali Mehilba and all contributors for their hard work in compiling this important reference work.

Neil and Joel Shafer

Foreword

It's wonderful that Ali and I have been friends for over 25 years. His hard work and research has paid off, resulting in this amazing book about replacement notes. It's a great resource for collectors and those interested in the topic, and I'm sure everyone who reads it will enjoy it just as much as I did. With the second edition, Ali has added several countries and discoveries, and he plans to add even more with the third edition. This book is sure to be an invaluable resource for anyone looking to learn more about replacement notes.

Ali, thanks for this masterpiece!!
J.M.J.M. Seems
Egchel, Netherlands

Foreword

Welcome to the greatly expended second edition of "Modern World Replacement Note". A large amount of new information has been added to this edition and will be a welcome addition to the libraries of collectors these fascinating notes.

Use of this book has grown immensely since the release of the first edition, as collectors are now more fully able to understand these notes, their rarities and values.

Collecting replacement notes has finally come into its own and those collectors who are interested in this fascinating field can now benefit from all research and hard work that Dr. Mehilba has put into this great book.

Replacement issue banknotes represent just one of the myriad complexities in the sphere of paper money collecting. Along with other enigmatic or specialty issues these notes can create confusion for beginning and experienced collectors and dealers alike.

While a good number of major note producing countries' methods and practices for replacement notes are known, information on newer or smaller countries is incredibly hard to find, if it has been published at all. This void of information has long needed to be filled by a single reference rather than being relegated to small sections in country specific texts.

With his new all-in-one world survey of replacement note standards and practices Dr. Mehilba has contributed to the numismatic world a great volume of knowledge which I am sure will set the standard for any other such works on this topic.

His meticulous research, drawn from his life-long passion for this hobby, is presented in a logical and easy to understand text with full color examples to aid in the understanding of even the most complex nuances of replacement notes.

This reference will be a great asset to collectors and dealers of all levels both now and in the future of this expanding hobby.

My sincere congratulations and thanks to Dr. Mehilba on the completion of this most important addition to the greater understanding of the intricacies of paper money from around the globe.

Richard Ponterio

In Memoriam: Remembering Our Pillars and Supporters

In the journey of life, we sometimes find ourselves bidding farewell to cherished friends and pillars of our endeavors. The numismatic community, including myself, has had the privilege of being guided and inspired by remarkable individuals who shared their knowledge and experiences generously. Though life takes its course, their contributions remain etched in our hearts.

With deep appreciation, I extend my gratitude to those who were not just friends but also dedicated supporters of the Numismatic community and the "MWR - Mehilba World Replacement" reference book, now in your hands.

Neil Shafer: The editor of the Pick Catalogue, Neil was, to me, a walking encyclopedia of numismatics.

Glen Jorde: His passion for diving into the world of replacement notes and his willingness to take me there will always be remembered.

Don Olmstead: A true patriarch of the Numismatic community in Canada, Don was a generous giver of knowledge and support.

Lee Gordon: The author of "Latvia Currency," Lee used to journey with us each year from Amsterdam to Maastricht, offering unwavering support to MWR.

In tribute to these remarkable souls, I consider this edition to be their legacy. This shall be the 3rd and final printed edition, as I aspire that the new generation, with my unwavering support, will create an online presence for MWR in the form of a website or application, allowing for frequent updates. After all, replacement notes have always been rare by default, and their legacy deserves to live on.

May their souls and ours be blessed.

Ali Mehilba January 18th, 2024

About the Author

Ali Mehilba, born on March 5th, 1952, in Alexandria, Egypt, embarked on a remarkable journey marked by diverse accomplishments. While he graduated in 1976 from Alexandria University, Faculty of Medicine, and specialized in psychiatry, Ali's career took an unexpected turn towards real estate development. He went on to establish one of the region's most renowned real estate firms. In a groundbreaking move, Ali designed and taught the first graduate course for Real Estate in the Arab world.

In 2002, Ali discovered his passion for banknote collection, leading to the establishment of the Arabic Chapter of the International Banknote Society (IBNS). He further founded and currently serves as the chairman of the Arabic Association for Currency Collectors (AACC), dedicated to raising awareness about paper money in the Arab World.

Ali Mehilba is a distinguished author, renowned for his work "the Encyclopedia of Libya Paper Money," which was awarded 'Book of the Year 2010' by the International Bank Note Society (IBNS) & Guide to Fancy Serial Numbers & Errors.

Family holds a special place in Ali's life. He is married to Karima Ammar and is a loving father to one daughter, Abeer, and four sons: Abdelrahman, Abdallah, Abd El-Rahim, and Omar. Ali is also the cherished grandfather of Maryam, Fares, Youssef, Sara, Malika, Tamara, Maya, and Malek.

Beyond his achievements, Ali Mehilba is a poet with multiple publications in both printed and electronic media.

He used to write a weekly column in second Popular newspaper in Egypt.

In 2010, Ali made a significant move to California, where he acquired Upland Auction. His focus on paper money continues, as he remains dedicated to the pursuit of knowledge and its dissemination, a belief he holds as the key to life.

Ali used to Say : (Life is Love and Love is Knowledge)

Preface

Dear Readers,

With great pleasure, I present to you the third edition of "MWR Mehilba World Replacement." As promised in the second edition, this volume encompasses all countries featuring identifiable replacement notes.

In this latest edition, we have expanded our coverage by including more replacement notes from existing countries and have diligently updated pricing information to ensure accuracy.

A notable update from the Monetary Authority of Singapore (MAS) reaffirms that the portrait issues of Singapore do not have replacement notes, providing a valuable clarification for collectors.

Furthermore, we have reserved codes for potential future discoveries, and I extend a warm invitation to all collectors to reach out with any new findings. Rest assured that any such discoveries will be thoroughly researched and acknowledged. I envision a future where we can provide updates and easy access through a digital application or website, enhancing our collective knowledge.

The creation of "MWR" has been the result of passion, collaboration, and unwavering dedication. It brings me immense pride to share with you a conversation I had with my dear friend and esteemed paper money collector, Denis Lutes. He revealed that among his vast numismatics library, which boasts over a thousand reference books, "MWR" ranks among the top three references he would highly recommend to any paper money collector.

I offer my gratitude to the Almighty for His blessings and guidance throughout this journey. Equally, I extend my heartfelt thanks to the countless individuals, many of whom I have never met in person. They have graciously shared their expertise, feedback, comments, and reviews, enriching the content of this book. It is this collaborative support that truly sets "MWR" apart.

With warm regards,

Dr. Ali Mehilba *2024

Acknowledgments

No one could ever dream of holding this book in their hands, including myself, without the unwavering support of countless individuals, some of whom I've known as old friends and others whom I've only met online. Each one of them played a pivotal role in transforming "MWR - Mehilba World Replacement" into a unique and reliable reference guide, making it accessible to both novice and advanced collectors alike. While I hope I haven't inadvertently omitted anyone, I'd like to extend my deepest thanks and appreciation to all who have contributed to this endeavor.

In recognition of their invaluable contributions, I've listed their names alphabetically below:

The Central Bank of the Bahamas
Bank of Bahrain
Central Bank of Belize
Central Bank of Brazil
National Bank of Croatia
Central Bank of Cyprus
Central Bank of the Gambia
Central Bank of Kenya
Central Bank of Malta
Centralna Banka Bosne I Hercegovine
Czech National Bank
Eesti Bank

Bank of Greece
Monetary Authority of Singapore (MAS)
National Bank of the Republic of Kazakhstan
Central Bank of the Republic of Kosovo
National Bank of the Kyrgyz Republic
Reserve Bank of New Zealand
Central Bank of Seychelles
Bank of Slovenia
Bank of Ukraine

My heartfelt thanks and gratitude to the following collectors and dealers

Abdelrahman Saifaei	Dimiter Monev	Joel Shafer	Peter Symes
Abdo Ayoub	Dmitriy Litvak	Johanne Dekker	Phil Delia
Abdulsamet Tekin	Dmitry Svobodin	Jon Horowitz	Phil Doudar
Adwind Cheah	Don Olmstead	Jos F.M.Eijsermans	Qaisar Miana
Aki Löytynoja	Dustin Johnston	Joselito Eeckhout	Ray Czahor
Alejandro Brill	Edwin Biersteker	Joseph E. Boling	Richard Ponterio
Antonio E Pedraza	Emil Kurmanaliev	Juha Hyötyläinen	Romas Tamutis
Ali Darwish	Eric Hall	Kavan Ratnatunga	Rubén Cheng
Allan Lim	Eric Martin	Karl Saethere	Russell Waller
Allan Tohv	Ernela Šop	kazuya fujita	S. Hakim Hamdani
Amal Mehilba	Essam Abido	Kelvin CHIA	Saleh Al-Ali
Anil Bohora	Felix Cuquerella	Kenneth Yung	Savo Popovic
Anton Prochaska	Fida Tahboub	Kent Ljungh	Scott de Young
Antti Heinonen	Flemming Lyngbeck Hansen	Kerry Mole	Scott Lindquest
Ardita Begu	Francisco Orozco	Khalifa Abdel Latif	Scott McNatt
Arifin Martoyo	Garry Craig	Larry Hirsch	Seth Chi Xu
Armandos' Del Rosa	Giancarlo Rotondaro	Larry Parker	Shujahat Chaudhry
Arigo Avbovbo	Giovanni Cosimo Pettinaro	Laurence , Jr	Shankar Shrestha
Armen Hovsepian	Glen Jorde	Laurence Matuck, Jr.	Simon Biddlestone
Arri Jacob	Guy Bossijns	Lee Gordon	Stavros Billis
Arsalan Haque	Gylfi Snorrason	Ludek Vostal	Stefan Albert
Arsen Airapetian	Håkon MP Hagelund	Magdy Hanafy	Stephen Prior
Arsentiy Khonin	Hamid Kazemi	Mahdi Bseiso	Sultan Al Mesiafri Al Hajri
Arthur Horowitz	Hans Seems	Mahmoued Shaban	Syed Shahnawaz Nadir Shah
Arthur Matz	Hatem Shabaan	Majda Koren	Tan Eng Wan
Brent Arthurson	Heinz Wirz	Manuel Rosa	Tian M. Kuo
Bushra Ali	Henk van Lier	Mateo Zhao	Tony Pisciotta
Christina Glück	Ian Fall	Maurizio Fumagalli	Vassilis Christopoulis
Christopher Gibbs	Ian Gradon	Miguel A. Fajardo	Victor Hasson
Christopher Hall	Ibrahim Salem	Miguel Chirinos	Victor S. Holden
Claudio Rotondaro	Igor Usherov	Miguel Pratt	Vitoon Eurtivong
Corné Akkermans	Jacek Tylicki	Mohamed El Araby	Wan tan eng
Craig Edmund Fitz Eustace	Janell Armstrong	Nin Cheun	William Alejandro
Czeslaw Milczak	Jason Bradford	Nurettin Gürpınar	Zeliko Stojanovic
Daniel McKone	Javier Kuris	Oleg A Pozdnyak	
Darius Alejunas	Jay Recher	Oleg Banachek	
Daryl C Spelbring's	Jaya Hari Jha	Owen Griffiths	
Dave Lok	Jérémy Pureur	Owen W. Linzmayer	
Dennis Lutz	Jeremy Steinberg	Paboukham Luanglath	
Diego Paz	Jeton Bajramaj	Pam West	

Introduction

Replacement notes are printed to replace the defected ones immediately after printing. Defects in printed notes result in a drop in the serial number sequence. This process of replacing notes is done to avoid incomplete bundles of banknote. Incomplete or randomly numbered bundles would make it impossible to record and manage the quantity printed. Replacement notes are similar to issued notes and sometimes cannot be differentiated at all.

There are two groups of replacement notes as follows:

I. Replacement notes identified by a suffix, prefix, series or symbol:
- A Different prefix or suffix as "Z," "X," "Y," "R" or double letters or fractional
- An Extra symbol such as a star or asterisk
- A Different series such as "Z" or "R" or "X"
- A Leading serial number similar to replacement such as 1, 9, 99, etc.

II. Replacement notes with no obvious identifiers such as:
- The defected number is reprinted manually on a small numbering press
- Continuous numbering system; this system would continue to number within the same prefix series until the required serial number is reached.
- Replacement numbering system; there is extra percentage printed whether they will be need it or not, e.g. if the quantity is 100,000, replacement will be 100,001 and above.

Facts and Fiction about Replacement Notes

Countries which never produced replacement notes such as Libya, Mexico, Costa Rica, Israel, Guatemala, Switzerland, and Luxembourg are not included in this book, we added a page at the end covering those countries. Sometimes Mexican notes with a "Z" prefix are sold as replacement notes, Mexico does not have identifiable replacement notes. The same goes for Portuguese notes with a "Z" prefix, these are not replacement notes either. Other examples include The Bank of Japan issues with the "Z "prefix or "Z" suffix or the "X" prefix or "X" suffix; they are not replacement notes (Please refer to the Chapter on Japan). Belgium has only one identifier for replacement; the prefix "I." Early issues of Ghana must have the prefix "Z/99" only. Some British colonies may have the "Z/-" prefix dated before the production of replacement notes, therefore, are not replacement notes. Make sure you check the dates of the beginning and end of the replacement notes issues in this catalog. Replacement notes from Italy may start with the prefix "W," "X," or "Z" but not all these prefixes are replacement; as they must be linked to certain issues and dates. The Dominican Republic has replacement notes that have both a a prefix and suffix "Z", the "Z" as a prefix or suffix alone is not a replacement. Many of the early issues of German inflation money have a star but are not replacement notes. Replacement notes from the Philippines have a star, however few issues were produced in sheets of 36 notes with the prefix "J*" or "B*" and are not replacement notes, these notes are commemorative issues and the star is used to indicate so. Some countries issuing collectors' series use a star; these are mostly printed by ABNC.

These are few examples of what we call misleading notes that we discovered. They are not counterfeits, just misclassified notes and are NOT replacement.

Bahrain P7 - Non Replacement

Belgium P108a - Non Replacement

Bermuda P18 - Non Replacement

Congo P31 - Non Replacement

Dominican Republic P117a

Egypt P47 - Non Replacement

Finland P99 - Non Replacement

Ghana P1d - Non Replacement

Haiti P212 - Non Replacement

Indonesia P65 - Non Replacement

Nigeria P2 - Non Replacement

Scotland P169a - Non Replacement

ⓘ Counterfeits

There are two categories in counterfeit replacement notes; the first is a replacement note that was counterfeited, it is a reproduction of an original replacement; the second category, is an original note to which was added a prefix or a letter to deceive collectors. It is important to keep an eye on the second category as in the case of France's AMCs, which have an "X" for the replacement. The letter can be easily added manually, so collectors need to look for the serial number starting with "0" or "00" to distinguish an original replacement from a counterfeit.

Early Colombian replacement notes with a small "R" in the lower middle part, these can be manually added and you have to check the serial numbers according to the table in the corresponding chapter.

France RB1

Italy P97d

Netherland Indies RE1c

USA P451a

USA P452c

❌ Errors

Even though replacement notes are made to replace defected notes, errors can still be found as shown in the notes below.

The value of error notes in replacement depends on the type of error, how rare, and how many of that error occur. Pricing of error notes may be 25% to 300% the value of a replacement notes and sometimes more.

Canada RA9a

Egypt RF15

Estonia RE3

Fancy Numbers in Replacement Notes

Fancy serial numbers are often characterized by their memorability or special significance, making them particularly appealing to collectors. For instance, a fancy serial number that aligns with an important date or anniversary, such as a birthdate or wedding date, can hold a unique attraction for collectors who share that same significance. Moreover, fancy serial numbers that are easy to remember or exhibit repeating patterns (like "121912191" or "41414141") are often sought after due to their visual appeal and memorability.

The value and desirability of a fancy serial number are influenced by various factors, including:

1. Demand: The level of interest from collectors and the general public can significantly impact the value of a fancy serial number. Low serial numbers like "1" are highly coveted by many collectors.
2. Rarity: Uncommon combinations or patterns within serial numbers can increase their desirability. Rarely encountered sequences or arrangements are often more valuable.
3. Condition: The overall quality and condition of the banknote bearing the fancy serial number can affect its value. Uncirculated or well-preserved notes are generally more desirable.
4. Significance: The personal or cultural significance attached to a specific number, such as "7" or "8" being considered lucky, can drive interest and demand.
5. Visual Appeal: Serial numbers that create aesthetically pleasing patterns or are visually striking can command higher prices.
6. Emotional or Cultural Factors: Some collectors may be drawn to fancy serial numbers due to emotional or cultural connections. For example, certain numbers or patterns may hold special meaning in specific cultures.
7. Special Variations: Fancy serial numbers found on replacement notes or notes with printing errors can be especially valuable to collectors due to their rarity and uniqueness.

The variety of fancy serial numbers is extensive and can encompass a wide range of patterns and combinations. As long as there is demand from collectors and enthusiasts, new types of fancy serial numbers may continue to emerge and hold value. Ultimately, the value of a fancy serial number is subjective and can vary based on individual preferences, cultural significance, and market trends.
For more comprehensive information on fancy serial numbers and their various types, you may want to consult the "Guide to Fancy Serial Numbers" authored by Ali Mehilba. This guide provides in-depth insights into the world of fancy serial numbers, helping collectors and enthusiasts better understand their value and significance.

Croatia RV2

Indonesia RA1

Specimen over Replacement Notes

Replacement notes are printed first then set aside to replace defected notes. As we know a prefix or suffix or a symbol will identify the replacement notes, so my assumption is that some countries use a batch of replacement notes as specimen. I have seen this in Indonesia, Rwanda, Zaire, Congo, Denmark, Egypt and I believe there are more to find. You can add extensions to any specimen over replacement. I welcome any extra information on that subject to include in next edition. Pricing of specimen over replacement may be 25% of a replacement note or Specimen and maybe more.
Below are Examples of Specimen over Replacement

Brazil RA1s

Brazil RB1s

Brazil RD1s

Congo RA1s

Indonesia RE1s

Indonesia RF9s

Indonesia RH8s

Indonesia RRa9s

Poland RE1s

Poland RE3s

Poland RH1s

Rwanda RC6s

How to use MWR

Welcome to "MWR - Mehilba World Replacement." This comprehensive reference guide is designed to assist collectors, enthusiasts, and researchers in navigating the world of replacement notes. Below, we provide a brief overview of how to make the most of this valuable resource:

Understanding Replacement Notes

Replacement notes are a fascinating aspect of currency collection. They are inherently rare, as they are printed in limited quantities to replace defective notes during the initial printing process. Central banks around the world use replacement notes to ensure the quality and quantity of their currency supply.

Identifying Replacement Notes

Replacement notes may closely resemble regular issues, or they may feature specific identifiers such as letters or symbols placed before or after the serial numbers (prefix or suffix). Each country follows its own system for identifying replacement notes, while some countries have no specific identifiers. For instance, in the United States, replacement notes are recognized by the absence of a letter before or after the serial number, which is replaced by an asterisk (*).

In Egypt, since 1967, Arabic letters before the serial number or letters like /100, /200, /300, and /400 indicate replacement notes. These identifiers are crucial for collectors and researchers.

Navigating the Book

In "MWR," we organize replacement notes by country and provide detailed information about their identifiers and codes. Here's a brief overview of our coding system:

- We use a simple code structure: "R" stands for Replacement, followed by a letter representing the denomination of that country. For example, "RA" represents the lowest denomination.

- Each identified replacement has a unique code. For instance, "RA1" indicates the first identified replacement of a specific issue, "RB2" represents the second, and so on.

- If we skip from "R3" to "R5" within a specific country, it may suggest the possibility of a new discovery.

- If a country introduces replacement notes after our initial coding, we add them as "RAA1," "RAA2," and so forth, maintaining consistency.

- We provide a column for "World Replacement" codes as reference, and for certain countries, we include a column for Charlton Catalogues and other relevant references.

Exploring the Book

This book offers a comprehensive guide to replacement notes, helping you navigate the nuances of different countries and their unique systems for identifying these rare currency items. Whether you're a seasoned collector or new to the world of replacement notes, "MWR - Mehilba World Replacement" aims to be your trusted companion on this fascinating journey.

Pricing in "MWR - Mehilba World Replacement"

In "MWR - Mehilba World Replacement," we provide pricing information for replacement notes in two conditions: VF (Very Fine) and UNC (Uncirculated). However, it's important to note that pricing in the numismatic world is a dynamic and multifaceted aspect that depends on several factors, including demand, rarity, and condition.

Key Factors Affecting Pricing:

1. Demand: The demand for specific replacement notes can fluctuate based on collector interest, historical significance, and market trends.

2. Rarity: Rarity plays a pivotal role in pricing. The scarcer a replacement note is, the more valuable it tends to be.

3. Condition: The condition of a replacement note significantly impacts its value. Notes in better condition often command higher prices.

Our dedicated team tirelessly researches and collaborates with contributors worldwide, monitors online marketplaces, and tracks results from floor auctions to provide the most accurate pricing information available. However, it's essential to understand that pricing is subject to change over time.

The Nature of Pricing:

Ultimately, the value of a replacement note is determined by the market, and it may experience fluctuations, both up and down. It's important to approach pricing as a dynamic aspect of numismatics.

As collectors and enthusiasts, we acknowledge that pricing is a reflection of the broader numismatic community's assessment. The final price you accept for a replacement note may vary based on your individual preferences and considerations.

In "MWR," we strive to provide you with comprehensive pricing insights, but we encourage you to explore the market, consult with fellow collectors, and make informed decisions based on your unique collecting journey.

MWR

Mehilba World Replacement

Should you have any additional information or replacement notes for sale, please feel free to contact us at :

AliMehilba@gmail.com

Afghanistan

Afghanistan replacement notes started in 1973 (AH1352), their serial numbers and series are in Arabic letters. The numbers may be fractional placed prior to the serial number e.g "81/1" or a number, e.g. "90". Issues of specimen over replacements are found.

Monetary Unit: 1.00 Afghani (AFN) = 100 Pul

MWR	SCWPM	Date	Prefix	VF	UNC
AA 1 Afghani					
RAA1	P64	SH1381/2002	99/	65	
AB 2 Afghani					
RAB1	P65	SH1381/2002	99/	120	
AC 5 Afghani					
RAC1	P66	SH1381/2002	99/	125	
A 10 Afghani					
RA4	P55	AH1358/1979	97/	5	10
RA5	P67Aa	SH1387/2008	99/	NR	
RA6	P67A	SH1395/2016	99/	100	
RA7	P67A	SH1398/2019	99/	130	
B 20 Afghani					
RB4	P56a	AH1358/1979	82/	5	10
RB5	P68f	SH1395/2016	99/	120	
RB6	P68	SH1398/2019	99/	120	
C 50 Afghani					
RC4	P57a	AH1358/1979	53/ ,58/ ,85/	5	10
RC5	P69b1	SH1383/2004	99/	NR	
RC6	P69b2	SH1383/2004	99/	NR	
RC7	P69	SH1398/2019	99/	160	
D 100 Afghani					
RD4	P58a1	SH1358/1979	88/	NR	
RD5	P75d	SH1395/2016	99/	175	
RD6	P75	SH1398/2019	99/	190	
E 500 Afghani					
RE3	P59	SH1358/1979	86/		25
RE4	P60a	SH1358/1979	93/	NR	
RE7	P71	SH1381/2002	99/	150	
RE8	P73a	SH1383/2004	99/		180
RE9	P73b	SH1383/2004	99/	100	
RE10	P76a	SH1387/2008	99/	115	
RE11	P76b	SH1389/2010	99/	140	
RE12	P76	SH1395/2016	99/	115	

MWR	SCWPM	Date	Prefix	Prices VF	UNC
E 500 Afghani					
RE13	P76	SH1401/2022	99/	NR	
F 1000 Afghani					
RF5	P74b	SH1383/2004	99/	120	
RF6	P77a	SH1387/2008	99/	110	
RF7	P77b	SH1389/2010	99/	135	
RF8	P77	SH1395/2016	99/		185

Afghanistan RAA1

Afghanistan RAB1

Afghanistan RE12

Afghanistan RF8

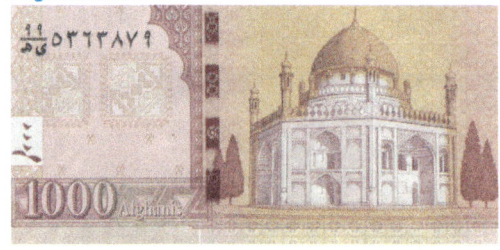

Angola

Angola Replacements notes of Angola started in 1979. Notes from 1979 to 1991 have the prefix "Z," e.g. "ZA," "ZB," "ZC."
From 1991 replacements have the second letter prefix "Z," such as "AZ," "BZ," "CZ," "DZ," and "EZ."

Monetary Unit: 1.00 Novo Kwanza = 100 Lwei, 1977-95
1.00 Angola Kwanza Reajustado = 1000 "old" Kwanzas, 1995-

MWR	SCWPM	Prefix	Sign.	Date	VF	UNC
		AA 5 Kwanzas				
RAA1	P151A	Z is second letter of serial number prefix	14	2012/2017		20
		BB 10 Kwanzas				
RBB1	P151B	Z is second letter of serial number prefix	14	2012/2017		10
		A 50 Kwanzas Or Novo Kwanza				
RA1A	P114	Z is first letter of serial number prefix	3	8.14.1979	10	60
RA1	P118	Z is first letter of serial number prefix	3	7.1.1984	10	60
		B 100 Kwanzas				
RB1A	P115	Z is first letter of serial number prefix	3	8.14.1979	10	60
RB1	P119	Z is first letter of serial number prefix	3	7.1.1984	20	90
RB2	P119	Z is first letter of serial number prefix	4	11.11.1987	20	90
RB3	P126	Z is second letter of serial number prefix	5	4.2.1991	20	80
		CC 200 Kwanzas				
RCC1	P160	Z is second letter of serial number prefix	14	4.2020	5	20
		C 500 Kwanzas Or Novo Kwanza				
RC1	P120a	Z is first letter of serial number prefix	3	7.1.1984	20	80
RC2	P120b	Z is first letter of serial number prefix	4	11.11.1987	15	70
RC3	P123	Z is first letter of serial number prefix	4	11.11.1987	15	70
RC4	P127	Z is second letter of serial number prefix	5	4.2.1991	15	70
RC5	P128a	Z is second letter of serial number prefix	6	4.2.1991	10	60
RC6	P128b	Z is second letter of serial number prefix	7	4.2.1991	10	45

MWR	SCWPM	Prefix	Sign.	Date	VF	UNC
D 1000 Escudos Or Kwanzas Or Novo Kwanza							
RD1	P121a	Z is first letter of serial number prefix	3	7.1.1984	20	80
RD2	P121b	Z is first letter of serial number prefix	4	11.11.1987	15	70
RD3	P124	Z is first letter of serial number prefix	4	11.11.1987	15	70
RD4	P129a	Z is second letter of serial number prefix	5	4.2.1991	15	70
RD5	P129b	Z is second letter of serial number prefix	6	4.2.1991	15	70
RD6	P129c	Z is second letter of serial number prefix	7	4.2.1991	15	70
RD7	P135	Z is second letter of serial number prefix	9	1.5.1995	15	70
E 5000 Kwanzas Or Novo Kwanza							
RE1	P125	Z is first letter of serial number prefix	4	11.11.1987	40	290
RE2	P130a	Z is second letter of serial number prefix	5	4.2.1991	30	150
RE3	P130b	Z is second letter of serial number prefix	6	4.2.1991	20	100
RE4	P130c	Z is second letter of serial number prefix	7	4.2.1991	20	100
RE5	P136	Z is second letter of serial number prefix	9	1.5.1995	20	100
F 10.000 Kwanzas							
RF1	P131a	Z is second letter of serial number prefix	6	4.2.1991	30	100
RF2	P131b	Z is second letter of serial number prefix	7	4.2.1991	30	100
RF3	P137	Z is second letter of serial number prefix	9	1.5.1995	20	90
G 50.000 Kwanzas							
RG1	P132	Z is second letter of serial number prefix	7	4.2.1991	30	100
RG2	P138	Z is second letter of serial number prefix	9	1.5.1995	20	90
H 100.000 Kwanzas							
RH1	P133a	Z is second letter of serial number prefix	7	4.2.1991(93)	20	100
RH2	P139	Z is second letter of serial number prefix	9	1.5.1995	20	90
I 500.000 Kwanzas							
RI1	P134	Z is second letter of serial number prefix	8	4.2.1991(94)	30	130

Angola Signatures

3 Jose Carlos Victor   Mario Pizarro    4 Pedro da Cunha Neto    Antonio ds Silva Inacio

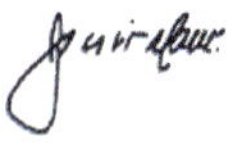

5 Pedro da Cunha    Amilcar Silva    6 Fernando Alberto    Generoso Hermenelqido

7 Sebastiao Bastos    Generoso Hermenelqido  8 Generoso Hermenelqido  Unknown

9 Antonio Gomes    Unknown    14 José de Lima Massano

Angola RAA1

YZ 0015256

Angola RBB1

WZ 0011170

Argentina

Argentina replacement notes were first issued in 1955. They have an "R" prefix prior to the serial number. Some replacement notes differ only in the watermark or signatures.

Monetary Unit: 1 Peso Argentino = 10,000 Pesos, 1983-85
1 Austral = 100 Centavos = 1000 Pesos Argentinos, 1985-92
1 Peso = 10,000 Australes, 1992-

MWR	SCWPM	Date	Signature Titles	Sign	Watermark	VF	UNC
A 1 New Peso							
RA1	P282	1970-1	C	17		75	175
RA2	P287	1970-1	C	17		5	15
RA3	P287	1971-2	C	18		3	10
RA4	P287	1972	C	19		3	10
RA5	P287	1972-3	C	20		3	10
RA6	P287	1973	C	21		3	10
RA7	P293	1974	C	22	Arms. Without colored threads in paper	3	10
A 1 Peso Argentino							
RA8	P311a	1983-84	C	30	Multiple sunbursts	2	15
RA9	P311a	1984	C	31	Multiple sunbursts	2	15
A 1 Ausstral							
RA10	P320	1985	E	32	Sunburst	10	40
RA11	P323a	1985-6	E	32	Multiple sunbursts		15
RA12	P323b	1986-9	C	34	Multiple sunbursts		15
RA13	P323b	1986-9	C	35	Multiple sunbursts		15
A 1 Peso							
RA14	P339a	1992	F	41	Multiple sunbursts	10	40
RA15	P339b	1993	G	42	Multiple sunbursts	2	10
RA16	P339c	1994	F	41	Multiple sunbursts	2	10
B 2 Pesos = 10,000 Australes							
RB1	P340a	1992-3	F	41	Multiple sunbursts	5	40
RB2	P340b	1993-6	H	43	Multiple sunbursts	5	40
RB3	P340b	1996-7	H	44	Multiple sunbursts	5	40
RB4	P346	1997-2002	H	44			15
RB5	P352	2002	H	53			10
RB6	P352	2002	H	55			10
RB7	P352	2002	H	58			8
RB8	P352	2002	H	60			8
RB9	P352	2002	H	61			8
RB11	P352	2002	H	64			8

MWR	SCWPM	Date	SIGNATURE TITLES	Sign	Watermark	VF	UNC
	**C 5 New Pesos**							
RC1	P264a	1956-8	C	5	A, red serial	70	450
RC2	P264b	1958-9	C	6	B, red serial	35	275
RC3	P264c	1958-9	C	7	C, red serial	35	250
RC4	P264d	1958-9	C	6	C, black serial	30	220
RC5	P275a	1960	C	8		25	190
RC6	P275b	1960	D	9		20	125
RC7	P275c	1960/2	E	10		20	125
RC8	P283	1969	C	16		25	175
RC9	P283	1969-71	C	17		20	125
RC10	P288	1971-73	C	19		5	25
RC11	P288	1973	C	20		5	25
RC12	P294	1974	C	22	Arms. Without colored threads in paper		10
RC13	P294	1974-6	C	23	Arms. Without colored threads in paper		10
	**C 5 Pesos Argentinos**							
RC14	P312	1983-84	C	30			15
	**C 5 Austral**							
RC15	P321	1985	E	32	San Martin	5	30
RC16	P324a	1986-7	E	32	Multiple sunbursts		5
RC17	P324b	1987-9	C	34	Multiple sunbursts		5
RC18	P341a	1992	F	41	Multiple sunbursts		20
RC19	P341b	1993	G	42	Multiple sunbursts		20
RC20	P341c	1994	F	41	Multiple sunbursts		20
RC21	P347	1998-2003	G	46			15
RC22	P347	1998-2003	G	47			15
RC23	P347	1998-2003	G	49			15
RC24	P347	1998-2003	G	51			15
RC25	P353	2003	G	56			10
RC26	P353	2003	G	59			10
RC27	P353	2003	G	62			10
RC27A	P353	2003	G	62A			10
RC28	P359	2015	G	67			5
	**D 10 New Pesos**							
RD1	P270a	1955	C	1		60	300
RD2	P270a	1955	C	2		50	275
RD3	P270a	1956	C	3		30	250
RD4	P270a	1956	C	4		30	250
RD5	P270a	8-1956	C	5		30	250
RD6	P270a	9-1958	C	6		30	250
RD7	P270b	60-1959	D	8		30	250
RD8	P270b	1960	D	9		30	250
RD9	P270c	2-1960	E	10		30	250
RD10	P284	71-1970	C	16		50	200

Argentina Continued

MWR	SCWPM	Date	SIGNATURE TITLES	Sign	Watermark	VF	UNC
D 10 New Pesos							
RD11	P289	1-1970	C	17			15
RD12	P289	1971	C	18			15
RD13	P289	1971	C	19			15
RD14	P289	2-1971	C	20			15
RD15	P289	3-1972	C	21			15
RD16	P289	1973	C	22			15
RD17	P295	4-1973	C	22	Arms. Without colored threads in paper		15
RD18	P295	1974	C	23	Arms. Without colored threads in paper		15
RD19	P295	6-1975	C	25	Arms. Without colored threads in paper		15
RD20	P295	1976	C	30	Arms. Without colored threads in paper		10
D 10 Pesos Argentinos							
RD21	P313a	1983	C	31	Multiple sunbursts	5	20
RD22	P313a	1984	C	32	Multiple sunbursts	5	15
D 10 Australes							
RD23	P322a	1985	E	32	San Martín	5	30
RD24	P322b	1985	E	32	San Martín	5	30
RD25	P322c	1985	E	32	San Martín	5	30
RD26	P322d	1985	E	32	Multiple sunbursts	5	30
RD27	P325a	1985-6	E	34	Multiple sunbursts	5	20
RD28	P325b	1987-9	C	41	Multiple sunbursts		15
D 10 Pesos							
RD29	P342	1992-4	F	43	Liberty head	5	35
RD30	P342	1994-6	H	44	Liberty head	5	35
RD31	P342	1996-7	H	44	Liberty head	5	30
RD32	P348	1998-2003	H	45	M. Belgrano	5	20
RD33	P348	1998-2003	H	50	M. Belgrano	5	20
RD34	P348	1998-2003	H	55	M. Belgrano	5	20
RD35	P354	2003	H	58	M. Belgrano		15
RD36	P354	2003	H	60	M. Belgrano		15
RD37	P354	2003	H	61	M. Belgrano		15
RD38	P354	2003	H	64	M. Belgrano		15
RD39	P354	2003	H	66			15
RD40	P360	2016	H	68			15
E 20 Pesos = 10,000 Australes							
RE1	P343	1992-4	F	41	Liberty head	5	45
RE2	P343	1994-6	G	42	Liberty head	5	45
RE3	P343	1997	G	46	Liberty head	5	45
RE4	P349	1999-2003	G	46	J. Manuel de Rosas	5	45
RE5	P349	1999-2003	G	47	J. Manuel de Rosas	5	45

Argentina Continued

MWR	SCWPM	Date	SIGNATURE TITLES	Sign	Watermark	Prices VF	UNC
	**E 20 Pesos = 10,000 Australes**							
RE6	P349	1999-2003	G	49	J. Manuel de Rosas	5	45
RE7	P349	1999-2003	G	54	J. Manuel de Rosas	5	45
RE8	P355	2003	G	56	J. Manuel de Rosas	5	35
RE9	P355	2003	G	57	J. Manuel de Rosas	5	35
RE10	P355	2003	G	59	J. Manuel de Rosas	5	35
RE11	P355	2016	G	69	J. Manuel de Rosas	5	30
RE14	361a	2017	G	71		5	30
RE15	361b	2023	G	71	Guanaco & Eletrotype 20	5	30
	**F 50 New Pesos**							
RF1	P271a	1959	C	6		150	325
RF2	P271b	1960	D	8		100	275
RF3	P271c	1960-2	E	10		100	250
RF4	P271c	1962-3	E	11		100	250
RF5	P271c	1963	E	12		100	250
RF6	P271c	1963-4	E	13		100	250
RF7	P271c	1965-66	E	14		100	250
RF8	P271c	1966	E	15		100	250
RF9	P271d	1967	D	16		75	200
RF10	P271d	1967-8	C	16		75	200
RF11	P276	1968-9	C	16		100	225
RF12	P285	1969-71	C	17		100	200
RF13	P290	1972	C	19	Arms. Colored threads in paper	50	250
RF14	P290	1973	C	20	Arms. Colored threads in paper	50	250
RF15	P290	1973	C	21	Arms. Colored threads in paper	50	200
RF16	P296	1974	C	22	Arms. Colored threads in paper	5	20
RF17	P296	1975	C	23	Arms. Colored threads in paper		15
RF18	P301a	1976-7	C	27	Arms. Without colored threads in paper		10
RF19	P301b	1977-8	C	27	Arms. Colored threads in paper		10
	**F 50 Pesos Argentinos**							
RF20	P314	1983	C	30	Multiple sunbursts		10
RF21	P314	1985	C	31	Multiple sunbursts		10
	**F 50 Ausstral**							
RF22	P326a	1985-6	E	33	Multiple sunbursts	10	50
RF23	P326b	1987-9	C	34	Multiple sunbursts		15
	**F 50 Pesos**							
RF24	P344	1992-3	F	41	D. Faustino Sarmiento	15	90
RF25	P344	1993-7	H	43	D. Faustino Sarmiento	15	90
RF26	P350	1999-2003	H	44	D. Faustino Sarmiento	15	90

Argentina Continued

MWR	SCWPM	Date	SIGNATURE TITLES	Sign	Watermark	VF	UNC
\multicolumn{8}{c}{**F 50 Pesos**}						
RF27	P350	1999-2003	H	45	D. Faustino Sarmiento	15	90
RF28	P350	1999-2003	H	50	D. Faustino Sarmiento	15	90
RF29	P356	2003	H	55	D. Faustino Sarmiento	10	70
RF30	P356	2003	H	58	D. Faustino Sarmiento	10	70
RF31	P356	2003	H	60	D. Faustino Sarmiento	10	70
RF32	P356	2003	H	61	D. Faustino Sarmiento	10	70
RF33	P362	2015	H	68			10
RF35	P363b	2018	H	68	Condor & Electrotype 50		10
\multicolumn{8}{c}{**G 100 New Pesos**}						
RG1	P272a	1958-9	C	6		100	350
RG2	P272b	1959-60	D	8		100	350
RG3	P272c	1960-62	E	10		100	350
RG4	P272c	1962-3	E	10a		100	275
RG5	P272c	1963-4	E	11		80	250
RG6	P272c	1964-5	E	12		80	250
RG7	P272c	1965-66	E	13		80	250
RG8	P272c	1966-7	E	14		80	250
RG9	P272c	1967	C	16		80	250
RG10	P277	1967-9	C	16		60	175
RG11	P277	1969	C	17		60	175
RG12	P286	1969	C	16		60	175
RG13	P286	1970-1	C	17		60	175
RG14	P291	1971	C	18	Arms. Colored threads in paper	10	40
RG15	P291	1971-2	C	19	Arms. Colored threads in paper	10	40
RG16	P291	1972-3	C	20	Arms. Colored threads in paper	10	40
RG17	P291	1973	C	21	Arms. Colored threads in paper	10	40
RG18	P297	1973-4	C	22	Arms. Colored threads in paper	5	15
RG19	P297	1974-5	C	23	Arms. Colored threads in paper	5	15
RG20	P297	1975-6	C	25	Arms. Colored threads in paper	5	15
RG21	P302a	1976-77	C	26	Arms. Without colored threads in paper	5	20
RG22	P302b	1977-8	C	27	Arms. Colored threads in paper	5	15
\multicolumn{8}{c}{**G 100 Peso Argentino**}						
RG23	P315a	1983	C	30	Multiple sunbursts	10	35
\multicolumn{8}{c}{**G 100 Austral**}						
RG24	P327a	1985-6	E	32	Multiple sunbursts	5	40
RG25	P327b	1987-9	C	34	Multiple sunbursts	5	30

Argentina Continued

MWR	SCWPM	Date	SIGNATURE TITLES	Sign	Watermark	VF	UNC
	**G 100 Pesos**
RG26	P327c	1989-90	C	38	Multiple sunbursts		15
RG27	P345a	1992-3	F	41	J. A. Roca	75	300
RG28	P345b	1993-6	G	42	J. A. Roca	75	300
RG29	P345b	1996-7	G	46a	J. A. Roca	50	200
RG30	P345b	1997	G	46	J. A. Roca	20	150
RG31	P351	1999-2002	G	46	J. A. Roca	20	150
RG32	P351	1999-2002	G	47	J. A. Roca	20	150
RG33	P351	1999-2002	G	51	J. A. Roca	20	150
RG34	P351	1999-2002	G	52	J. A. Roca	20	150
RG35	P357	2003	G	57	J. A. Roca	20	120
RG36	P357	2003	G	59	J. A. Roca	10	45
RG37	P358a	2012	G	63	J. A. Roca		25
RG38	P358b	2012	G	65			20
RG39	P358c	2012 (2016)	G	67	with marks for the blind		15
	**HH 200 Peso**
HH1	P364	2016	H	70			30
	**H 500 New Pesos**
RH1	P274a	1957-8	C	5		100	350
RH2	P274a	1958-9	C	6		100	250
RH3	P274b	1960-1	E	10		100	250
RH4	P274b	1963-4	E	12		120	300
RH5	P278a	1964-5	E	12		90	200
RH6	P278b	1965-66	E	13		90	200
RH7	P278b	1966	E	14		90	200
RH8	P278b	1967-9	C	16		90	200
RH9	P292	1972-73	C	20	Arms. Colored threads in paper	10	45
RH10	P292	1973	C	21	Arms. Colored threads in paper	10	45
RH11	P298a	1974	C	22	Arms. Colored threads in paper	5	25
RH12	P298b	1974	F	22	Arms. Colored threads in paper	5	25
RH13	P298c	1975	I	24	Arms. Colored threads in paper	5	25
RH14	P303a	1977	C	26	Arms. without colored threads in paper		15
RH15	P303a	1978-9	C	27	Arms. without colored threads in paper		15
RH16	P303b	1979-81	C	28	Arms. Colored threads in paper		15
RH17	P303c	1982	C	29	Multiple sunbursts. Colored threads.		15
	**H 500 Pesos Argentinos**
RH18	P316	1984	C	31	Multiple sunbursts.	5	20
	**H 500 Australes**
RH19	P328a	1988	C	34	Liberty	3	15

MWR   012

Argentina Continued

MWR	SCWPM	Date	SIGNATURE TITLES	Sign	Watermark	VF	UNC
	**H 500 Australes**
RH20	P328b	1990	C	38	Multiple sunbursts	3	15
	**H 500 Peso**
RH21	P365	2016	G	69			60
	**I 1000 New Pesos**
RI1	P273a	1958-9	C	6		125	400
RI2	P273b	1959-60	D	8		125	350
RI3	P273b	1960	C	9		125	350
RI4	P273c	1960-62	E	10		100	250
RI5	P273c	1964-5	E	12		100	250
RI6	P273c	1965	E	13		100	250
RI7	P279	1966	E	13		90	190
RI8	P279	1966-67	E	14		90	190
RI9	P279	1967-9	C	16		90	190
RI10	P299	1973-4	C	22	Arms. Colored threads in paper	10	35
RI11	P299	1975	C	23	Arms. Colored threads in paper	10	35
RI12	P299	1975-6	C	25	Arms. Colored threads in paper	10	35
RI13	P304b	1976	C	26	Arms. Colored threads in paper	5	30
RI14	P304b	1979-81	C	28	Arms. Colored threads in paper	5	30
RI15	P304c	1979-81	C	29	Multiple sunbursts. Back engraved.	5	30
RI16	P304d	1981-2	C	30	Multiple sunbursts. Back lithographed	5	30
	**I 1000 Pesos Argentinos**
RI17	P317a	1983-4	C	30		75	250
RI18	P317b	1984-5	C	31	Multiple sunbursts	75	250
RI18A	P366	2020	G	31	Guanaco & Eletrotype 20		250
	**I 1000 Ausstral**
RI19	P329a	1988-9	C	34	Liberty. Series A	5	25
RI20	P329a	1989-90	C	38	Liberty. Series A	5	25
RI21	P329d	1990	F	40	Liberty. Series B		15
	**II 2000 Pesos**
RII1	368	2023	G	10	Guanaco & Eletrotype 20		20
	**J 5000 New Pesos**
RJ1	P280a	1962-3	E	10		90	225
RJ2	P280a	1964	E	12		90	225
RJ3	P280a	1965-6	E	13		90	225
RJ4	P280a	1967	E	14		80	200
RJ5	P280b	1967-9	C	16		80	200
RJ6	P305a	1977-8	C	27	Arms	5	30

Argentina Continued

MWR	SCWPM	Date	SIGNATURE TITLES	Sign	Watermark	Prices VF	UNC
	**J 5000 New Pesos**						
RJ7	P305a	1977-9	C	28	Arms	5	30
RJ8	P305b	1978-81	C	29	Multiple sunbursts	5	30
RJ9	P305b	1981-2	C	30	Multiple sunbursts	5	30
	**J 5000 Pesos Argentinos**						
RJ10	P318	1984-5	C	31	Young San Martín. With colored threads	10	45
	**J 5,000 Austral**						
RJ11	P330a	1989	E	37	Liberty	5	30
RJ12	P330b	1990	C	38	Liberty	5	30
RJ13	P330c	1990-91	E	37	Liberty	5	30
RJ14	P330d	1990-91	C	38	Liberty	5	30
RJ15	P330e	1990-91	F	40	Liberty	5	30
RJ16	P330f	1991	F	41	Multiple sunbursts	15	60
	**K 10,000 New Peso**						
RK1	P281a	1963	E	10		125	300
RK2	P281a	1965-6	E	11		100	250
RK3	P281a	1966-7	E	14		100	250
RK4	P281b	1967-9	C	16		100	250
RK5	P306a	1976-7	C	26	Arms	10	50
RK6	P306a	1977-9	C	27	Arms	10	50
RK7	P306a	1979-80	C	28	Arms	10	50
RK8	P306b	1982-3	C	30	Multiple sunbursts		20
	**K 10,000 Peso Argentino**						
RK9	P319	1985	E	32	Young San Martìn. With colored threads	20	100
	**K 10,000 Austral**						
RK10	P331	1989	C	38	Multiple sunbursts	10	45
RK11	P334	1989-91	C	38	Liberty head	5	25
	**L 50,000 New Pesos**						
RL1	P307	1979-81	C	28	Arms. With colored threads	10	40
RL2	P307	1979-81	C	30	Arms. With colored threads	10	40
	**L 50,000 Austral**						
RL3	P332	1989	E	36	Multiple sunbursts	25	95
RL4	P335	1989-91	C	38	Liberty head	15	70
	**M 100,000 New Peso**						
RM1	P308a	1979-80	C	28	Arms	10	50
RM2	P308b	1979-80	C	28	Multiple sunbursts	10	50
	**M 100,000 Austral**						
RM3	P336	1990-91	F	39	Liberty head	40	150
RM4	P337	1991	F	41	Liberty head	25	90
	**N 500,000 New Peso**						
RN1	P309	1980-81	C	28	Multiple sunbursts		25

Argentina Continued

MWR	SCWPM	Date	SIGNATURE TITLES	Sign	Watermark	VF	UNC
			N 500,000 Ausstral				
RN2	P333	1990	F	39	Multiple sunbursts	25	125
RN3	P338	1990-91	F	40	Liberty head	25	125
RN4	P338	1991	F	41	Liberty head	25	125
			O 1,000,000 New Pesos				
RO1	P310	1981-82	C	29	Multiple sunbursts	30	90
RO2	P310	1982-3	C	30	Multiple sunbursts	20	80

Argentina Signatures

1 J. Palarea   Miguel Revestido   2 A. Musis   Miguel Revestido

3 E. Campos   Julio E. Alizon García 4 Pedro E. Real   Julio E. Alizon García

5 J. Mazzaferi   Eduardo Laurencena   6 A. Ditaranto   José Mazar Barnet

7 Juan J. Bosio   Alfredo Gómez Morales 8 E. Fabregas   Eusebio Campos

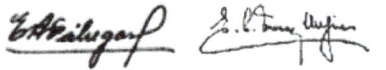

9 R. Pardal   Eustaquio M. Delfino   10 E. Fabregas   Eustaquio M. Delfino

11 E. Fabregas   O. Monsegur   12 E. Fabregas`   Félix G. de Elizalde

13 A. Mastropiero — Félix G. de Elizalde

14 A. Mastropiero — Felipe S. Tami

15 A. Mastropiero — Antonio Micele

16 Egidio Iannella — Pedro E. Real

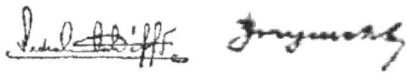

17 A. Mastropiero — Egidio Iannella

18 A. Alonso — Daniel Fernández

19 A. Mancini — Carlos Brignone

20 A. Mancini — Jorge B. Emparanza

21 A. Mancini — Alfredo Gómez Morales

22 Ricardo A. Cairoli — Alfredo Gómez Morales

23 Emilio Mondelli — Ricardo A. Cairoli

24 Emilio Mondelli — Eduardo Zalduendo

25 E. Porta — Emilio Mondelli

26 E. Porta — Adolfo Diz

27 A. Camps — Adolfo Diz

28 Pedro C. López — Adolfo Diz

29 Pedro C. López — Egidio Iannella

30 Pedro C. López — Julio C. G. del Solar

31 Pedro C. López — Enrique G. Vázquez

32 H. Alonso — Juan J. A. Concepción

33 R. Pampillo — Juan J. A. Concepción

34 E. Salama — José Luis Machinea

35 J. Pieckers	Juan J. A. Concepción	36 G. Ginocchio	Enrique G. Vázquez
37 R. Pampillo	Enrique G. Vázquez	38 De Paul	Javier González Fraga
39 Javier G. Fraga	Antonio E. González	40 Di Ioro	Javier González Fraga
41 F. Murolo	Roque B. Fernández	42 Roque B. Fernández	Eduardo Menem
43 Roque B. Fernández	Alberto Pierri	44 Pedro Pou	Alberto Pierri
45 Roque Maccarone	Rafael Pascual	46 Pedro Pou	Carlos F. Ruckauf
47 Pedro Pou	Carlos Álvarez	48 Pedro Pou	Rafael Pascual
49 Pedro Pou	M. Losada	50 Mario Blejer	Eduardo Camaño
51 Mario Blejer	Juan C. Maqueda	52 Roque Maccarone	M. Losada
53 Aldo Pignanelli	Eduardo Camaño	54 Aldo Pignanelli	Juan Carlos Maqueda

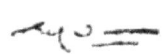

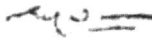

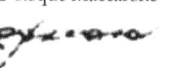

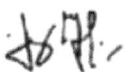

MWR	SCWPM	Date	Prefix	VF	UNC
I 500 Tenge					
RI1	P15	1994	XX	70	370
RI2	P15	1994	ЛЛ	60	300
RI3	P21	1999 (2000)	ЛЛ	15	60
RI4	P27	1999 (2002)	ЛЛ	10	50
RI5	P29	2006	ЛЛ	5	10
RI6	P29A	2006 (2017)	ЛЛ		10
RI9	PA45	2017	ЛЛ		10
J 1000 Tenge					
RJ1	P16	1994	XX	250	500
RJ2	P16	1994	ЛЛ	220	450
RJ3	P22	2000	ЛЛ	50	100
RJ4	P30	2006	ЛЛ	5	20
RJ5	P35	2010	ЛЛ	5	25
RJ6	P37	2011	ЛЛ	10	50
RJ7	P44	2013	ЛЛ		20
RJ8	P45	2014	ЛЛ		10
K 2000 Tenge					
RK1	P17	1996	ЛЛ	150	475
RK2	P23	2000	ЛЛ	35	130
RK3	P31a	2006	ЛЛ	20	75
RK4	P31b	2006	ЛЛ	10	65
RK5	P36	2011	ЛЛ	15	60
RK6	P41	2012 (2013)	ЛЛ	10	30
RK8	P41	2012 (2020)	ЛЛ	10	40
L 5000 Tenge					
RL1	P18	1998	ЛЛ	175	Rare
RL2	P24	2001	ЛЛ	80	300
RL3	P26	2001	ЛЛ	275	Rare
RL4	P32a	2006	ЛЛ	20	90
RL5	P32b	2006	ЛЛ	20	40
RL6	P34	2008	ЛЛ	20	45
RL8	P38	2011	ЛЛ	20	40
M 10,000 Tenge					
RM1	P25	2003	ЛЛ	80	375
RM2	P33	2006	ЛЛ	50	130
RM3	P33	2006	ЛЛ	40	120

MWR	SCWPM	Date	Prefix	Prices VF	Prices UNC
M 10,000 Tenge					
RM4	P39	2011	ЛЛ	35	90
RM5	P43	2012	ЛЛ	35	90
N 20,000 Tenge					
RN1	P46	2013	ЛЛ		90
RN3	P-W49	2022	ЛЛ		90

Kazakhstan RH5

Kazakhstan RI5

Kazakhstan RJ5

Kazakhstan RK5

Kazakhstan RL8

Kazakhstan RM3

Kenya

Replacement notes of Kenya started in 1988; they have a "ZZ" prefix. I added NR (not reported) to the notes I have not seen or heard of.

Monetary Unit: 1.00 Shilling=100 Cents

MWR	SCWPM	Date	Prefix	Prices VF	UNC
A		**10 Shillings**			
RA1	P24a	14.10.1989	ZZ	30	100
RA2	P24b	1.7.1990	ZZ		NR
RA3	P24c	1.7.1991	ZZ		NR
RA4	P24d	2.1992	ZZ	15	60
RA5	P24e	1.7.1993	ZZ	15	60
RA6	P24f	1.1.1994	ZZ		NR
B		**20 Shillings**			
RB1	P25	1988-1992	ZZ	40	100
RB2	P31a	14.9.1993	ZZ	15	60
RB3	P31b	1.1.1994	ZZ		NR
RB4	P32	1.7.1995	ZZ	15	60
RB7	P35c	1.7.1998	ZZ	15	60
C		**50 Shillings**			
RC1	P26	1990 ; 1992	ZZ		NR
RC1A	P41b	2.2.2004	ZZ	15	45
RC2	P47a	1.6.2005	ZZ	10	35
RC3	P47b	1.4.2006	ZZ	10	35
RC4	P47c	3.3.2008	ZZ	10	25
RC5	P47d	17.6.2009	ZZ	10	25
RC6	P47e	16.7.2010	ZZ	10	25
RC7	P-W52	2019	ZZ	5	25
D		**100 Shillings**			
RD1	P27	1989-1995	ZZ	15	60
RD2	P48a	1.6.2005	ZZ	10	$50
RD3	P48b	1.4.2006	ZZ	10	30
RD4	P48c	3.3.2008	ZZ	10	30
RD5	P48d	17.6.2009	ZZ	10	30
RD6	P48e	16.7.2010	ZZ	10	20
RD7	P-W53	2019	ZZ		20
E		**200 Shillings**			
RE1	P23A	1986-1988	ZZ		NR

Kenya Continued

MWR	SCWPM	Date	Prefix	Prices VF	Prices UNC
E 200 Shillings
RE2	P29	1989-1995	ZZ	NR	
RE3	P49a	1.6.2005	ZZ	15	60
RE4	P49b	1.4.2006	ZZ	15	60
RE5	P49c	3.3.2008	ZZ	15	60
RE6	P49d	17.6.2009	ZZ	10	30
RE7	P49e	16.7.2010	ZZ	10	30
RE8	P-W54	2019	ZZ		10
F 500 Shillings
RF1	P30	1989-1995	ZZ	15	60
RF2	P50a	2.8.2004	ZZ	15	60
RF3	P50b	1.6.2005	ZZ	15	60
RF4	P50c	1.4.2006	ZZ	15	60
RF5	P50d	3.3.2008	ZZ	10	50
RF6	P50e	17.6.2009	ZZ	10	35
RF7	P50f	16.7.2010	ZZ	10	35
RF8	P-W55	2019	ZZ	10	25
G 1000 Shillings
RG1	P34	1994-95	ZZ	25	95
RG2	P51a	1.6.2005	ZZ	25	95
RG3	P51b	1.4.2006	ZZ	25	95
RG4	P51c	3.3.2008	ZZ	25	95
RG5	P51d	17.6. 2009	ZZ	25	95
RG6	P51e	16.7. 2010	ZZ	15	60
RG7	P-W56	2019	ZZ		35

Kenya RC4

Kenya RD1

Kenya RF7

Kenya RG6

Korea

Replacement notes of Korea were first known in 1932. The Bank of Chosen issued replacement notes from 1914-1950. All replacement notes are identified by the leading digit "9" in the serial number. An exception to this is in the 1000 KWR denomination, which has the "H" prefix. AMCs (Allied Military Certificates) have two types, "A" and "B"; the large "A" in the background denotes Korea, and the "B" denotes Japan. Replacement notes of AMCs are indicated by "H" prefix (Block H…..A). MPCs (Military Payment Certificates) were issued in 13 series, 9 of which were used in Korea (461,471,472,481,5 21,541,,591,611&651). All 7 denominations of MPCS have replacement notes. Please refer to the MPCs chapter.

Monetary Unit: Korean on (KWR)

MWR	SCWPM	WWII Remembered	Prefix	Date	VF	UNC
A 10 Sen						
RA1	P62	251r	H………A	1945-46	100	300
B 50 Sen						
RB1	P64	252r	H………A	1945-46	100	300
C 1 Yen						
RC1	P29a	2601ar	9 is first digit of serial number	ND1932	120	550
RC2	P67a	253r	H………A	1945-46	100	300
D 5 Yen						
RD1	P30a	2602r	9 is first digit of serial number	ND1935	200	1300
RD2	P34a	2607ar	9 is first digit of serial number	ND1944	200	950
RD3	P68	254r	H………A	1945-46	200	500
E 10 Yen						
RE1	P31a	2603r	9 is first digit of serial number	ND1932	75	200
RE2	P35a	2608ar	9 is first digit of serial number	ND1944	120	650
RE3	P70	255r	H………A	1945-46	200	
F 20 Yen						
RF1	P72	256r	H………A	1945-46	250	
G 100 Yen						
RG1	P32a	2604r	9 is first digit of serial number	ND1938	150	900
RG2	P37a	2609ar	9 is first digit of serial number	ND1944	75	375
RG3	P37a	2609br	9 is first digit of serial number	ND1944	75	375
RG4	P74	257r	H………A	1945-46	350	
H 1000 Yen						
RH1**	P3	2619r	H prefix to serial number	ND1945	1500	5000
I A book of Specimen including 10 sen to 100 All H…..A						
RI1		258	H………A	1945-46		7500

**RHI1 This note was prepared in the USA but was captured by North Koreans during the Korean War. Labeled P3 in S.Korea under SCWPM.

North Korea

The only known replacement note is the 1988 5 Chon. This replacement note has a "H" prefix.

Monetary Unit: 1Won = 100 Chon

MWR	SCWPM	Prefix	Date	Prices VF	UNC
		B 5 Chon			
RB1	P32	H serial number prefix	1988		50

South Korea

Replacement notes of South Korea can be identified as follows: The prefix "D" without a suffix, a small crosslet prior to the serial number, or a leading digit "9" in the serial number.

Monetary Unit: 1 Won (Hwan) = 100 Chon, 1 new Won = 10 old Hwan, 1962

MWR	SCWPM	Prefix	Date	Prices VF	UNC
		A 1 Won			
RA1	P30a	Small crosslet design in front of serial number	1962	150	500
		B 5 Won			
RB1	P31a	Small crosslet design in front of serial number	1962	150	600
		C 10 Won			
RC1	P13	Prefix D, without suffix letter	1953	350	990
RC2	P32	Small crosslet design in front of serial number	1962	250	750
		D 50 Won			
RD1	P34a	Small crosslet design in front of serial number	1962	750	1900
		E 100 Won			
RE1	P14	Prefix D, without suffix letter	1953	250	

South Korea

MWR	SCWPM	Prefix	Date	VF	UNC
E 100 Won					
RE2	P35	9 is first digit of serial number	1962-69		75
RE3	P36a	Small crosslet design in front of serial number	1962	30	90
RE4	P38a	9 is first digit of serial number/red	1965	15	60
RE5	P38A	9 is first digit of serial number/brown	1965	15	50
F 500 Won					
RF1	P37a	Small crosslet design in front of serial number	1962	150	450
RF2	P39a	9 is first digit of serial number	1966	15	60
RF3	P43	9 is first digit of serial number	1973	15	60
G 1000 Won					
RG1	P3	Prefix H	1950	60	150
RG2	P15a	Prefix D, without suffix letter	1953	60	150
RG3	P44	9 is first digit of serial number	1975	25	90
RG4	P47	9 is first digit of serial number	1983	25	90
RG5	P54	9 is first digit of serial number	2007	15	60
H 5,000 Won					
RH1	P45	9 is first digit of serial number	1977	15	70
RH2	P48	9 is first digit of serial number	1983	15	70
RH3	P55	9 is first digit of serial number	2006	15	70
I 10,000 Won					
RI1	P46	9 is first digit of serial number	1979	25	90
RI2	P49	9 is first digit of serial number	1983	25	90
RI3	P52	9 is first digit of serial number	2000	15	60
RI5	P52	9 is first digit of serial number	2007	10	40
J 50,000 Won					
RJ1	P57	9 is first digit of serial number	2009	15	55

South Korea RE4

South Korea RE5

South Korea RF2

South Korea RG5

Kuwait

Replacement notes of Kuwait started with the 3rd issue, Law 1968 (1992). All replacement notes have a numerator "99" except for the 10 dinars of the third issue, it has "98." Kuwait has 2 polymer notes issued in 1993 and 2001. These replacement notes have the serial numbers in both Arabic and English languages, e.g. "ح ك 000091 CK 000091.

Monetary Unit: 1 Kuwaiti Dinar (KWD) = 1000 Fils

MWR	SCWPM	Date	Sign	Prefix	VF	UNC
		A	**1/4 Dinar**			
RA1	P11a	1980-91	2	99	50	140
RA2	P11b	1980-91	3	99	50	210
RA3	P11c	1980-91	4	99	20	140
RA4	P11d	1980-91	6	99	20	140
RA5	P17	1992	7	99	100	700
RA6	P23a	1994	8	99	20	100
RA7	P23b	1994	10	99	20	100
RA8	P23c	1994	11	99	20	100
RA9	P23d	1994	12	99	20	45
RA10	P23e	1994	13	99	15	35
RA11	P23f	1994	14	99	15	35
RA12	P23g	1994	15	99		35
RA13	P23	1994	17-1	99		35
RA14	P23	1994	17-2	99		35
RA15	P29a1	ND 2014	16	99		35
RA16	P29a1	ND 2014	16	199		35
RA17	P29a2	ND 2014	18	199		35
		B	**1/2 Dinar**			
RB1	P12a	1980	2	99	25	90
RB2	P12b	1980	3	99	25	90
RB3	P12c	1980	4	99	25	90
RB4	P12d	1980	6	99	25	90
RB5	P18	1992	7	99	100	600
RB6	P24a	1994	8	99	20	120
RB7	P24b	1994	10	99	20	120
RB8	P24c	1994	11	99	20	120
RB9	P24d	1994	12	99		55
RB10	P24e	1994	13	99		55
RB11	P24f	1994	14	99		55
RB12	P24g	1994	17-1	99		45
RB13	P24g	1994	17-2	99		45
RB14	P30a1	ND 2014	16	99		6

MWR	SCWPM	Date	Sign	Prefix	VF	UNC
B 1/2 Dinar						
RB15	P30a1	ND 2014	16	199		6
RB16	P30a2	ND 2014	18	199		6
C 1 Dinar						
RC1	P13a	1980-91	2	99	20	180
RC2	P13b	1980-91	3	99	20	180
RC3	P13c	1980-91	4	99	20	160
RC4	P13d	1980-91	6	99	20	140
RC5	P19	1992	7	99	100	750
RC6	P25a	1994	8	99	40	200
RC7	P25b	1994	10	99	40	200
RC8	P25c	1994	11	99	30	150
RC9	P25d	1994	12	99	20	65
RC10	P25e	1994	13	99	20	65
RC11	P25f	1994	14	99		40
RC12	CS1	2.26.1993	8	CK 000091		60
RC13	CS2	2.26.2001	8	CK 000091	NR	
RC14	P25g	1994	15	99		60
RC15	P31a1	ND 2014	16	99		25
RC15A	P31a1	ND 2014	16	199		25
RC16	P31a2	ND 2014	17-2	199		25
RC17	P31a3	ND 2014	18	99		25
D 5 Dinars						
RD1	P14a	1980-91	2	99	250	600
RD2	P14b	1980-91	4	99	75	350
RD3	P14c	1980-91	6	99	50	250
RD4	P20	1992	7	99	300	1,100
RD5	P26a	1994	8	99	35	250
RD6	P26b	1994	9	99	50	400
RD7	P26c	1994	11	99	40	350
RD8	P26d	1994	12	99	20	100
RD9	P26e	1994	13	99	20	100
RD10	P26f	1994	14	99	20	100
RD11	P26g	1994	15	99	20	100
RD12	P32a	ND 2014	16	99		80
RD13	P32a	ND 2014	17-2	99		80
RD14	P32a	ND 2014	18	99		80

Kuwait Continued

MWR	SCWPM	Date	Sign	Prefix	VF	UNC
	**E 10 Dinars**					
RE1	P15a	1980-91	2	99	20	120
RE2	P15b	1980-91	3	99	20	180
RE3	P15c	1980-91	4	98	50	500
RE5	P15d	1980-91	6	99	20	120
RE4	P15c	1980-91	4	99	20	120
RE6	P21a	1992	7	99	150	1,000
RE7	P21b	1992	8	99	150	1,100
RE8	P27a	1994	8	99	80	750
RE9	P27a	1994	10	99	40	250
RE10	P27a	1994	11	99	30	150
RE11	P27a	1994	13	99	30	120
RE12	P27a	1994	14	99	30	120
RE13	P27a	1994	15	99	30	120
RE14	P33a1	ND 2014	16	99		90
RE15	P33a2	ND 2014	17-2	99		90
RE16	P33a2	ND 2014	17-2	199		90
	**F 20 Dinars**					
RF1	P16a	1986-91	5	99	300	1,600
RF2	P16b	1986-91	6	99	400	2,000
RF3	P22a	1992	7	99	300	1,400
RF4	P22b	1992	8	99	350	1,500
RF5	P28a	1994	8	99	40	200
RF6	P28a	1994	9	99	75	500
RF7	P28a	1994	10	99	50	350
RF8	P28a	1994	11	99	50	250
RF9	P28a	1994	12	99		150
RF10	P28a	1994	13	99		150
RF11	P28a	1994	14	99		150
RF12	P28a	1994	15	99		150
RF13	P34a	ND 2014	16	99		130
RF14	P34a1	ND 2014	17-2	99		130
RF15	P34a2	ND 2014	17-2	199		130

Kuwait Signatures

1 Amir Sheikh Jaber al-Ahmed

Governor of the Bank
2 Hamza Abbas

Finance Minister
Abdul Rahman al-Atiquel

Governor of the Bank
9 Salem A. A. Sa'ud al-Sabah

Finance Minister
Sheikh Ali al-Salim al-Sabah

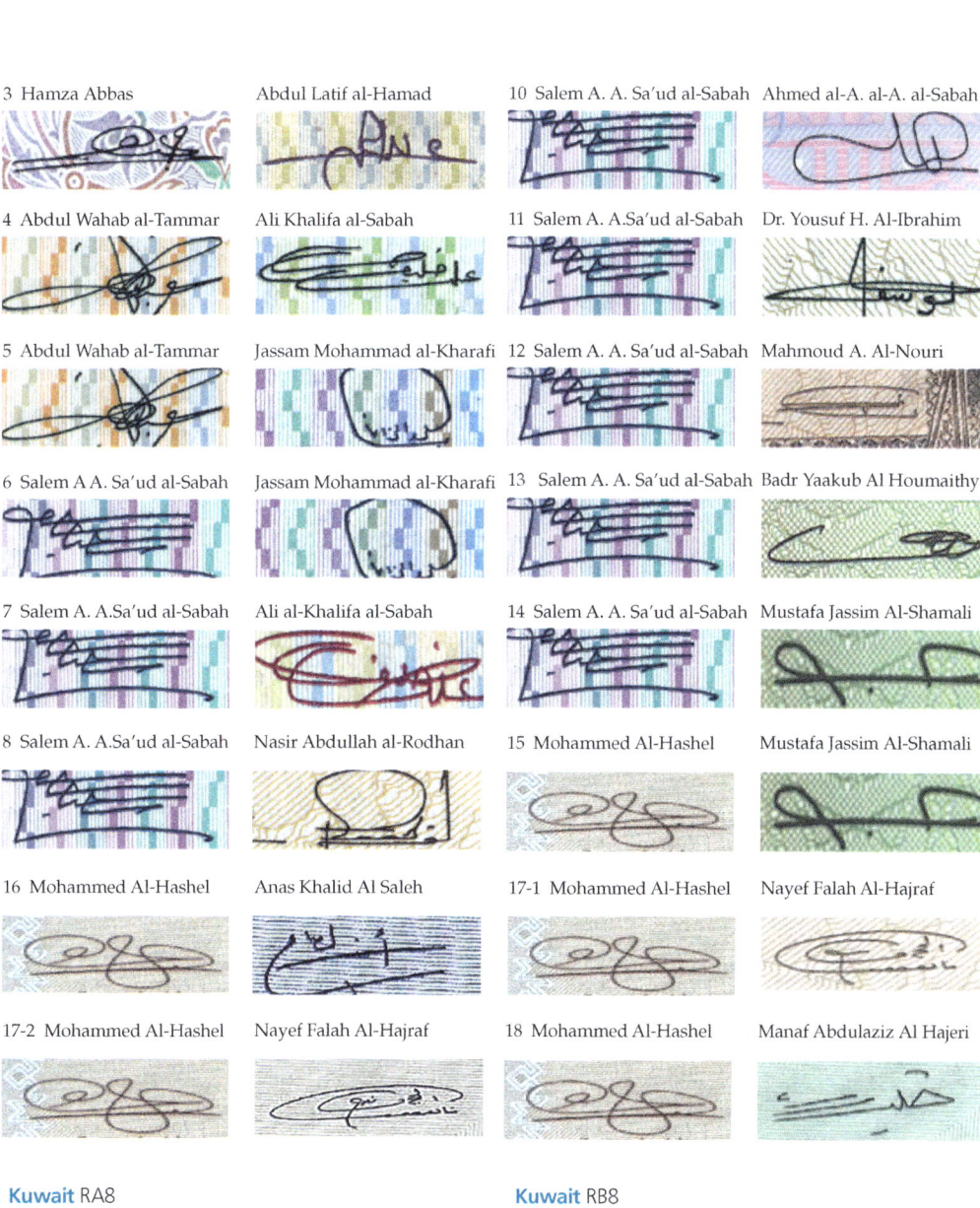

3 Hamza Abbas	Abdul Latif al-Hamad	10 Salem A. A. Sa'ud al-Sabah	Ahmed al-A. al-A. al-Sabah
4 Abdul Wahab al-Tammar	Ali Khalifa al-Sabah	11 Salem A. A.Sa'ud al-Sabah	Dr. Yousuf H. Al-Ibrahim
5 Abdul Wahab al-Tammar	Jassam Mohammad al-Kharafi	12 Salem A. A. Sa'ud al-Sabah	Mahmoud A. Al-Nouri
6 Salem A A. Sa'ud al-Sabah	Jassam Mohammad al-Kharafi	13 Salem A. A. Sa'ud al-Sabah	Badr Yaakub Al Houmaithy
7 Salem A. A.Sa'ud al-Sabah	Ali al-Khalifa al-Sabah	14 Salem A. A. Sa'ud al-Sabah	Mustafa Jassim Al-Shamali
8 Salem A. A.Sa'ud al-Sabah	Nasir Abdullah al-Rodhan	15 Mohammed Al-Hashel	Mustafa Jassim Al-Shamali
16 Mohammed Al-Hashel	Anas Khalid Al Saleh	17-1 Mohammed Al-Hashel	Nayef Falah Al-Hajraf
17-2 Mohammed Al-Hashel	Nayef Falah Al-Hajraf	18 Mohammed Al-Hashel	Manaf Abdulaziz Al Hajeri

Kuwait RA8

Kuwait RB8

Kuwait RC3

Kuwait RC11

Kuwait RC12

Kuwait RD2

Kuwait RD3

Kuwait RD7

Kuwait RD10

Kuwait RE1

Kuwait RE11

Kuwait RE12

Kuwait RF10

Kuwait RF11

Kyrgyzstan

Replacement notes started in 1993. The 1993 issue 1993 (1, 10 and 50 Tyiyn) has replacement notes with the prefix "ZT." Denominations 1, 5, 20 Som in 1993 have no replacements. Starting 1994, replacement notes have either a "ZZ," "BZ" or "CZ" prefix.

Monetary Unit: 1 Som = 100 Tyiyn

MWR	SCWPM	Date	Prefix	VF	UNC
A 1 Tyiyn					
RA1	P1	ND1993	ZT	10	70
B 10 Tyiyn					
RB1	P2	ND1993	ZT	20	80
C 50 Tyiyn					
RC1	P3	ND1993	ZT	20	50
D 1 Som					
RD1	P7	ND1994	ZZ	10	35
RD2	P15	ND1999	BZ		45
E 5 Som					
RE1	P8	ND1994	ZZ	10	40
RE2	P13	ND1997	BZ	10	20
F 10 Som					
RF1	P9	ND1994	ZZ	15	60
RF2	P14	ND1997	BZ	5	25
G 20 Som					
RG1	P10	ND1994	ZZ	5	35
RG2	P19	2002	BZ		15
RG3	P24	2009	ZZ		10
RG4	P24	2016	ZZ		10
H 50 Som					
RH1	P11	ND1994	ZZ	10	40
RH2	P20	2002	BZ	5	25
RH3	P25	2009	ZZ		15
I 100 Som					
RI1	P12	ND1994	ZZ	35	90
RI2	P21	2002	BZ	15	50
RI3	P26	2009	ZZ		NR
J 200 Som					
RJ1	P16	2000	AZ		NR

Kyrgyzstan Continued

MWR	SCWPM	Date	Prefix	VF	UNC
				Prices	
		J 200 Som			
RJ2	P22	2004	AZ	70	140
RJ3	P27	2010	CZ	NR	
RJ4	P27	2016	CZ		15
		K 500 Som			
RK1	P17	2000	AZ	NR	
RK2	P23	2005	BZ	100	190
RK3	P28a	2010	CZ		25
RK4	P28b	2016	CZ		20
		L 1000 Som			
RL1	P18	2000	AZ	20	100
RL2	P29	2010	BZ	10	50
		M 5000 Som			
RM1	P30	2009	ZZ	NR	

Kyrgyzstan RD2

Kyrgyzstan RE1

Kyrgyzstan RF2

Kyrgyzstan RG2

Laos

Replacement notes started in 1957; they have prefixes that vary according to denomination and date. Some prefixes of replacement notes must be in the range of certain serial numbers otherwise they are not replacement notes. In anticipation of future discovery of NR, I reserved some MWR coding.

Monetary Unit: 1.00 Kip = 100 At, 1955-1976

MWR	SCWPM	Date	Prefix	Sign	VF	UNC
A			**1 Kip**			
RA1	P1a	ND1957, with planchettes	* prefix	1		NR
RA2	P25	1979-92	ZA			30
B			**5 Kip**			
RB1	P2a	ND1957, with planchettes	* prefix	1	250	
RB2	P26	1979	ZA or CA	without sign		10
C			**10 Kip**			
RC1	P3a	ND1957, with planchettes	* prefix	1		NR
RC2	P27	1979	ZA	without sign	10	35
RC3	P27	ND1979	CA - DA	without sign		15
D			**20 Kip**			
RD1	P4a	ND1957, with planchettes	* prefix	1		NR
RD2	P11a	ND1963	S9 =Z9 in English	5	20	70
RD3	P11b	ND1963	S9 =Z9 in English	6	5	20
RD4	P28	1979	ZA - EA	without sign		5
E			**50 Kip**			
RE1	P5a	ND1957, with planchettes	* prefix	1		NR
RE2	P12a	ND1963	S9 =Z9 in English	5	20	90
RE3	P12b	ND1963	S9 =Z9 in English	6	20	70
RE4	P29r	1979-80	AQ	without sign		10
RE5	P29r	1979-80	YC	without sign		5
RE6	P29r	1990	DF	without sign		5
RE7	P29r	1990	YA	without sign		5
F			**100 Kip**			
RF1	P16	ND1974	S9 =Z9 in English	6	10	30
RF2	P30r	2000-01	TT	without sign		20
RF3	P30r	1990	YM	without sign		20
RF4	P30r	1991-93	ZB	without sign		10
RF5	P30r	1998	XA	without sign		10
G			**200 Kip**			
RG1	P13a	ND1963	S9 =Z9 in English	4		60
RG2	P13b	ND1963	S9 =Z9 in English	6		50

Laos Continued

MWR	SCWPM	Date	Prefix	Sign	VF	UNC
	**H 500 Kip**					
RH1	P17r	ND1974	S9 =Z9 in English	6	30	40
RH3	P31r	1994	ZI	without sign		20
RH5	P31r	1998	XX	without sign		15
RH6	P31r	1998	XW	without sign		15
RH7	P31r	2001	DD	without sign		20
RH8	P31r	2001	QV-XC	without sign		20
RH9	P31r	2007-08	WW	without sign		20
	**I 1000 Kip**					
RI1	P14a	ND1963	S9 =Z9 in English	5	25	100
RI2	P14b	ND1963	S9 =Z9 in English	6	25	100
RI3	P18	ND1974	S9	6	15	50
RI4	P32r	1992	ZA-ZK	without sign		25
RI5	P32r	1994	VA	without sign		20
RI7	P32r	1996	VB	without sign		15
RI8	P32Ar1	1998	DD	without sign		8
RI9	P32Ar2	2003	KK	without sign		10
RI10	P32Ar2	2003	EE	without sign		15
RI11	P32Ar3	2003	II	without sign		20
RI12	P39a	2008	DD	without sign		20
	**J 2000 Kip**					
RJ1	P33r1	1997	AA	without sign		30
RJ2	P33r1	1997	QI	without sign		30
RJ3	P33r2	2003	PP	without sign		30
RJ4	P33r2	2003	EE	without sign		30
RJ5	P33r2	2003	QI	without sign		30
RJ6	P41	2011	AA	without sign		30
	**K 5000 Kip**					
RK1	P19a	ND 1975	S9	6	20	50
RK2	P34r1	1997	LH	without sign		60
RK3	P34r2	2003	DD	without sign		45
RK4	P34r2	2003	NN	without sign		35
	**L 10,000 Kip**					
RL1	P35r1	2002	AD	without sign		15
RL2	P35r2	2003	CC	without sign		10
RL3	P35r3	2008	HH	without sign		10
RL4	P35r3	2008	FF	without sign		10
	**M 20,000 Kip**					
RM1	P36r1	2002	BY	without sign		20
RM2	P36r2	2003	DD	without sign		15
RM3	P36r2	2003	EE	without sign		15

Laos Continued

MWR	SCWPM	Date	Prefix	Sign	Prices VF	UNC
M 20,000 Kip						
RM4	P36r3	2008	GE-GG	without sign		15
N 50,000 Kip						
RN4	P38	2004	AH	without sign		40
O 100,000 Kip						
RO1	P40	2010	RN	without sign		55
RO2	P42	2012	WC	without sign		60

Laos Signatures

1 Le Gouverneur / Un Censeur

2 Le Gouverneur / Un Censeur

3 Le Gouverneur / Un Censeur

4 Le Gouverneur / Un Censeur

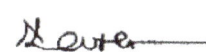

5 Le Gouverneur / Un Censeur

6 Le Gouverneur / Un Censeur

Laos RB2

Laos RC3

Laos RD4

Laos RF4

Laos RI12

Laos RO1

MWR 318

Latvia

Replacement notes of Latvia started in 1992, they have the prefix "A" and the suffix "Z".

Monetary Unit: 1.00 Lats= 100 Santimu, 1923-40; 1992
1.00 Lats= 200 Rublu, 1993

MWR	SCWPM	Date	Prefix	Sign	VF	UNC
A 5 Lati						
RA1	P43	1992	A...Z	Einars Repše	Rare	
RA2	P49a	1996	A...Z	Einars Repše	Rare	
RA3	P49b	2001	A...Z	Einars Repše	25	
RA4	P53a	2006	A...Z	Ilmars Rimsevics	15	60
RA5	P53b	2007	A...Z	Ilmars Rimsevics	20	70
RA6	P53c	2009	A...Z	Ilmars Rimsevics	10	30
B 10 Latu						
RB1	P44	1992	A...Z	Einars Repše	Rare	
RB2	P50	2000	A...Z	Einars Repše	70	
RB3	P54	2008	A...Z	Ilmars Rimsevics	25	60
C 20 Latu						
RC1	P45	1992	A...Z	Einars Repše	Rare	
RC2	P51a	2004	A...Z	Ilmars Rimsevics	50	150
RC3	P55a	2007	A...Z	Ilmars Rimsevics	50	120
RC4	P55b	2009	A...Z	Ilmars Rimsevics	40	100
D 50 Latu						
RD1	P46	1992	A...Z	Einars Repše	200	
RD2	P56	2010	A...Z	Ilmars Rimsevics	50	150
E 100 Latu						
RE1	P47	1992	A...Z	Einars Repše	Rare	
RE2	P52a	2006	A...Z	Ilmars Rimsevics	150	300
RE3	P57	2007	A...Z	Ilmars Rimsevics	150	300
F 500 Latu						
RF1	P48	1992	A...Z	Einars Repše	Rare	
RF2	P58	2008	A...Z	Ilmars Rimsevics	450	1250

Latvia RA5

Latvia RB3

Lebanon

Replacement notes of Lebanon started in 1994. Between 1994 and 2004 the prefix ending with "09" denominator indicates a replacement. Between 2004 and 2008 the denominator prefix had the letter "X" to indicate a replacement note. For the 1000 lira, 50,000 lira and the 100,000 lira printed in 2011, the denominator prefix of "99" indicate a replacement.
Printer: BABN

Monetary Unit: 1.00 Livre (Pound) = 100 Piastres

MWR	SCWPM	Date	Prefix	VF	UNC
A 1000 Livres					
RAA1	P84a	2004	KX0	10	35
RA1	P84b	2008	KX0		40
RA2	P90a	2011	K/99		15
RA3	P90b	2012	K99		10
RA4	P90c	2016	K99		5
B 5000 Livres					
RB1	P71b	1995	Prefix ending with 09		450
RB2	P79	2001	Prefix ending with 09		95
RB3	P85a	2004	AX0		70
RB4	P85b	2008	AX0		25
RB5	P91a	2012	A/99		35
RB6	P91b	2014	A/99		30
C 10,000 Livres					
RC1	P86a	2004	BX0		85
RC2	P86b	2008	BX0		70
RC3	P92a	2012	B/99		45
RC4	P92b	2014	B/99		55
RC5	P92	2021	B/99		5
D 20,000 Livres					
RD1	P72	1995	Prefix ending with 09		200
RD2	P81	2001	Prefix ending with 09		190
RD3	P87	2004	CX0		10
RD4	P93a	2012	C/99		10
RD5	P93b	2014	C/99		10
RD6	P93	2019	C/99		5
E 50,000 Livres					
RE1	P73	1995	Prefix ending with 09	60	390
RE2	P82	2001	Prefix ending with 09	50	290
RE3	P88	2004	D/x0	20	80

MWR	SCWPM	Date	Prefix	VF	UNC
E 50,000 Livres					
RE4	P94a	2011	D/99	15	60
RE5	P94b	2012	D/99	10	50
RE6	P96	2013	Polymer D/99		40
RE7	P97	2014	Polymer D/99		35
RE8	P98	2015	Polymer D/99		20
RE9	P94c	2016	D/99		20
F 100,000 Livres					
RF1	P74	1995	Prefix ending with 09	50	390
RF2	P83	2001	Prefix ending with 09	50	290
RF3	P89	2004	E/x0	45	150
RF4	P95	2011	E/99	35	120
RF5	P95	2012	E/99	35	100
RF10	P95	2023	E/99		10

Lebanon RA1

Lebanon RB4

Lebanon RC1

Lebanon RC2

Lebanon RD3

Lebanon RF3

Lesotho

Replacement notes of Lesotho started in 1989, they have the "Z," "X" or "ZZ" prefixes.

Monetary Unit: 1.00 Maloti= 100 Lisente

MWR	SCWPM	Date	Prefix	Remarks	VF	UNC
A				**2 Maloti**		
RA1	P9a	1989	X	Red,King Moshoeshoe II.back waterfall	20	75
B				**5 Maloti**		
RB1	P10a	1989	X	Red,King Moshoeshoe II.back waterfall	20	75
C				**10 Maloti**		
RC1	P11a	1990	Z,X	Red,King Moshoeshoe II.back horseman	20	75
RC2	P15a	2000	X		20	75
D				**20 Maloti**		
RD1	P7b	1984	X/		50	200
RD2	P12	1990	X	Red,King Moshoeshoe II.back boy and cattle	50	200
RD3	P12	1993	X	Red,King Moshoeshoe II.back boy and cattle	60	250
RD4	P16b	1999	X		50	200
RD5	P16c	2001	X		50	200
RD6	P16f	2007	X		20	90
RD7	P22	2010	ZZ		20	70
E				**50 Maloti**		
RE1	P8	1981	X/	King Moshoeshoe ,back sheep and home	NR	
RE2	P13	1989	X	King Moshoeshoe ,back sheep and home	70	300
RE3	P14	1992	X	Seated King Moshoeshoe	NR	
RE4	P14	1993	X		75	350
RE5	P17a	1994	X	a, b , c , d , e ,f 94,7 ,9,01,09	60	250
RE6	P17b	1997	X		40	130
RE7	P17c	1999	X		40	150
RE8	P17e	2001	X		50	175
F				**100 Maloti**		
RF1	P18	1994	ZZ		100	450
RF2	P19a	1999	X*		50	200
RF3	P19b	2001	X		40	150

MWR	SCWPM	Date	Prefix	Remarks	Prices VF	Prices UNC
F 100 Maloti						
RF4	P19e	2009	X	there other dates here	40	150
G 200 Maloti						
RG1	P20a	1994	X		100	450
RG2	P20b	2001	X		50	200

Lesotho RC1

Lesotho RC2

Lesotho RD7

Lesotho RE6

Liberia

Replacement notes of Liberia started in 1989; they have the prefix "ZZ." Only two issues are confirmed to have replacement notes and both are in the $5 denomination dated 1989 and 1991.
Printer: TDLR.

Monetary Unit: 1.00 Liberian Dollar (LRD)=100 Cents

MWR	SCWPM	Date	Prefix	VF	UNC
A 1 Yuan					
RA1	P19	12.4.1989	ZZ	25	90
RA2	P20	6.4.1991	ZZ	20	90
B 5 Yuan					
RB1	P31	2016	ZZ		25
C 10 Yuan					
RC1	P32	2016	ZZ		25
D 20 Yuan					
RD1	P33	2016	ZZ		25
E 50 Yuan					
RE1	P34	2016	ZZ		25

Lithuania

Replacement notes started in 1991. All replacement notes have either a star "*" prefix, "RS," "1ZZ," "ZZ," or "AZ." The American Bank Note Company printed the 1991 issue of 10, 20, 50, 100 Litu and 1993 10, 20 and 50 Litu.

Printer: Spindulys

Monetary Unit: 1 Litas "LTL" = 100 centu

MWR	SCWPM	Date	Prefix	VF	UNC
A 1 Talonas					
RA1	P32a	1991 without counterfeit text at bottom	RS	75VG	250 F
RA2	P32b	1991 with counterfeit text at bottom	RS	35	150
A 1 Litas					
RA3	P53r	1994	1ZZ	40	150

Lithuania Continued

MWR	SCWPM	Date	Prefix	VF	UNC
B 2 Litai					
RB1	P54r	1993	2ZZ	40	150
C 3 Talonai					
RC1	P33a	1991 without counterfeit text at bottom	RS	50	325
RC2	P33b	1991 with counterfeit text at bottom	RS	Rare	
D 5 Talonai					
RD1	P34a	1991 without counterfeit text at bottom	RS	50	350
RD2	P34b	1991 with counterfeit text at bottom	RS	50	350
D 5 Litai					
RD3	P55r	1993	5ZZ	50	300
E 10 Talonu					
RE1	P35a	1991 without counterfeit text at bottom	RS	50	350
RE2	P35b	1991 with counterfeit text at bottom	RS	50	350
E 10 Litu					
RE3	P47a	1991(93) Error, without accent dot on E (GIRENAS)	*star	50	350
RE4	P47b	1991(93) with accent dot on E (GIRENAS)	*star	50	350
RE5	P56r	1993	*star	25	90
RE6	P65	2001	AZ	50	300
RE7	P68	2007	AZ		35
F 20 Litu					
RF1	P48	1991(93)	*star	150	475
RF2	P57r	1993	*star	15	70
RF3	P66	2001	AZ	15	70
RF4	P69	2007	AZ	10	70
G 25 Talonai					
RG1	P36a	1991 without counterfeit text at bottom	RS	100	700
RG2	P36b	1991 with counterfeit text at bottom	RS	100	650
H 50 Talonu					
RH1	P37a	1991 without counterfeit text at bottom	RS		310
RH2	P37b	1991 with counterfeit text at bottom	RS	190	
H 50 Litu					
RH3	P49a	1991(92) Regular L	*star	70	375
RH4	P49b	1991(92) Heel on L (error)	*star	70	375
RH5	P58r	1993	*star	60	250
RH6	P61	1998	AZ	90	390
RH7	P67	2003	AZ	20	150
I 100 Talonu					
RI1	P38a	1991 without counterfeit text at bottom	RS	300	
RI2	P38b	1991 with counterfeit text at bottom	RS	75	360

MWR	SCWPM	Date	Prefix	Prices VF	Prices UNC
		I 100 Litu			
RI3	P50a	1991	*star	60	250
RI4	P62	2000	AZ	60	250
RI5	P70	2007	AZ	60	250
		J 200 Litu			
RJ1	P63	1997	AZ	25	90
		K 500 Litu			
RK1	P64	2000	AZ	120	500

Lithuania RA3

Lithuania RB1

Lithuania RD3

Lithuania RE5

Lithuania RF2

Lithuania RH5

Lithuania RH7

Lithuania RJ1

Macau

Replacement notes of Macau started in 2001.
They are identified by a two-letter prefix, in most cases, the first letter being a "Z." Three of the Macau replacement notes have the prefix "Z" as the the second letter, these are RA3 ,RB2 and RB6 as shown below.

Monetary Unit: 1.00 Pataca = 100 Avos

MWR	SCWPM	Date	Prefix	Prices VF	UNC
A 10 Patacas					
RA1	P80a	8.8.2005 (2006)	ZZ		10
RA3	P101	08.01.2001	DZ		15
RA5	P108	8.8.2008	ZA		10
RA6	P80b	8.8.2010	ZZ		5
B 20 Patacas					
RB1	P81a	8.8.2005 (2006)	ZZ		35
RB2	P91r	1.9.1996	CZ		45
RB6	P109	8.8.2008	ZB		35
RB7	P81b	8.8.2010	ZZ		35
RB8	P81c	11.11.2013	ZA		10
C 50 Patacas					
RC4	P110	8.8.2008	ZA		25
RC5	P81Aa	8.8.2009	ZZ		20
RC6	P81Ab	11.11.2013	ZA		20
D 100 Patacas					
RD1	P82a	8.8.2005 (2006)	ZZ		70
RD5	P111	8.8.2008	ZA		70
RD6	P82b	8.8.2010	ZZ		70
RD7	P82c	11.11.2013	ZZ		40
E 500 Patacas					
RE1	P83a	8.8.2005 (2006)	ZZ		100
RE6	P83a	8.8.2008	ZC		100
RE7	P83b	8.8.2010	ZZ		100
F 1000 Patacas					
RF4	P113	8.8.2008	ZA		200
RF5	P113	06.11.2017	ZA		200

Macau RA1

Macau RA5

Macau RB1

Macau RB6

Macau RD1

Macau RD5

Madagascar

There are four types of prefixes for the Madagascar replacement notes:
Type 1 : - "Z" as the numerator of the serial number prefix, e.g. Z/1
Type 2 : - "ZZ" serial number as the prefix
Type 3 : - "Z" serial number as the prefix and suffix
Type 4 : - "Z" as the suffix

Monetary Unit: 5 Malagasy Francs (F.M.G) = 1 Ariary 1961-2003
1 Ariary = 5 Francs -2003

MWR	SCWPM	Date	Prefix	Signature	VF	UNC
A 50 Francs = 10 Ariary						
RA1	P62a	ND1974-75	Z/1	1	25	65
B 100 Francs = 20 Ariary						
RB1	P63a	ND1974	Z/1	1	25	65
C 500 Francs = 100 Ariary						
RC1	P64a	ND1974	Z/1	1	40	120
RC2	P67a	ND1983-87	Z/1	1	30	100
RC3	P67b	ND1983-87	Z/1	2	30	100
RC4	P71a	ND1988-93	ZZ	2	15	75
RC5	P71b	ND1988-93	ZZ	3	15	75
C 100 Ariary						
RC6	P86a	ND2004	Z.....Z	5	30	100
RC7	P86b	ND2004	Z.....Z	6	30	100
D 1000 Francs = 200 Ariary						
RD1	P65a	ND1974	Z/1	1	75	200
RD2	P68a	ND1983-87	Z/1	1	40	120
RD3	P68b	ND1983-87	Z/1	2	40	120
RD4	P72a	ND1988-93	ZZ	2	30	100
RD5	P72b	ND1988-93	ZZ	3	30	100
D 200 Ariary						
RD6	P87a	ND2004	Z.....Z	5	30	100
RD7	P87b	ND2004	Z.....Z	6	30	100
E 2500 Francs = 500 Ariary						
RE1	P72Aa	ND1993	ZZ	3	30	100
RE2	P72Ab	ND1993	ZZ	5	30	100
E 500 Ariary						
RE3	P88a	ND2004	Z.....Z	5	30	100
RE4	P88b	ND2004	Z.....Z	6	30	100
F 5,000 Francs = 1000 Ariary						
RF1	P66a	ND1974	Z/1	1	50	170

Madagascar Continued

MWR	SCWPM	Date	Prefix	Signature	VF	UNC
	**F 5000 Francs = 1000 Ariary**						
RF2	P69a	ND1983-87	Z/1	1	40	120
RF3	P69b	ND1983-87	Z/	2	40	120
RF4	P73a	ND1988-94	ZZ	2	30	100
RF5	P73b	ND1988-94	ZZ	3	30	100
	**F 1000 Ariary**						
RF6	P89a	ND2004	Z.....Z	5	15	75
RF7	P89b	ND2004	Z.....Z	6	15	75
	**G 10,000 Francs = 2000 Ariary**						
RG1	P70a	ND1983-87	Z/	1	75	200
RG2	P70b	ND1983-87	Z/	2	75	200
RG3	P74a	ND1988-94	ZZ	2	40	120
RG4	P74b	ND1988-94	ZZ	3	30	100
	**G 2000 Ariary**						
RG5	P83	ND2003	Z suffix	5	15	75
RG7	P90b	2009	Z suffix	6, W/O Francs equivalent	20	75
RG9	P101	2017	Z prefix	7	5	10
	**H 25,000 Francs = 5,000 Ariary**						
RH1	P74A	ND1993	ZZ	3	30	100
	**H 5,000 Ariary**						
RH2	P84	ND2003	Z suffix	5	30	100
RH3	P91a	2006	Z suffix	5, W/Francs equivalent	30	100
RH4	P91b	2009	Z suffix	6, W/O Francs equivalent	30	100
RI17	P102	2017	Z prefix	7	5	10
	**I 10,000 Ariary**						
RI1	P85	ND2003	Z suffix	5	30	100
RI2	P92	2008	Z suffix	5	20	85

Madagascar Signatures

1 Leon Maxime Rajaobelina
2 Richard Randriamaholy
3 Blandin Razafimanjato
4 Raoul J. Ravelomanana
5 Gaston E. Ravelojaona
6 Frédéric Rasamoely
7 Alain Hervé

Madagascar RA1

Madagascar RB1

Madagascar RD1

Madagascar RF1

Madagascar RF5

Madagascar RH1

Malawi

Replacement notes of Malawi started in 1976, they have the prefix "ZZ," "ZA," or "AZ", as well as fractional prefixes. Fractional prefixes from 1986 to 1988 are t"V/1," " W/1," " X/1," "Y/1" and "Z/1."

Monetary Unit: 1Malawi Kwacha (MWK)= 100 Tambala

MWR	SCWPM	Date	Prefix	VF	UNC
A 50 Tambala					
RA1	P13	1976-1984	ZA or ZZ	50	140
RA2	P18	1.3.1986	V/1	45	140
B 1 Kwacha					
RB1	P14	1976-1984	ZA or ZZ	60	175
RB2	P19a	1.3.1986	W/1	60	200
RB3	P19b	1.4.1988	W/1	60	200
RB4	P23a	1.12.1990	ZA or ZZ		70
RB5	P23b	1.5.1992	ZA or ZZ		60
C 5 Kwacha					
RC1	P15	1976-1984	ZA or ZZ	75	300
RC2	P20a	1.3.1986	X/1	75	150
RC3	P20b	1.4.1988	X/1	75	150
RC4	P24a	1.12.1990	ZA or ZZ	30	120
RC5	P24b	1.1.1994	ZA or ZZ	20	120
RC6	P36b	1.3.2004	ZA		30
RC7	P36c	1.12.2005	ZA		20
D 10 Kwacha					
RD1	P16	1976-1985	ZA or ZZ	90	375
RD2	P21a	1.3.1986	Y/1	60	175
RD3	P21b	1.4.1988	Y/1	60	150
RD4	P25a	1.12.1990	ZA or ZZ	40	100
RD5	P25b	1.9.1992	ZA or ZZ	30	75
RD6	P25c	1.1.1994	ZA or ZZ	40	150
E 20 Kwacha					
RE1	P17	1983-1984	ZA or ZZ	90	350
RE2	P22a	1.3.1986	Z/1	90	350
RE3	P22b	1.4.1988	Z/1	50	175
RE4	P27	1.7.1993	ZA or ZZ	20	60
RE5	P38a	1.7.1997	AZ		50
RE6	P52c	31.10.2006	AZ		20
RE7	P52d	31.10.2007	AZ		20
RE8	P52e	31.10.2009	AZ		20
RE9	P57a	01.01.2012	ZA		5
RE12	P63b	01.01.2015	ZA		10

MWR	SCWPM	Date	Prefix	Prices VF	UNC
	E 20 Kwacha					
RE13	P63c	01.01.2016	ZA		10
RE14	P63d	01.01.2019	ZA		5
	F 50 Kwacha					
RF1	P49	6.7.2004	ZA		35
RF2	P58a	2012	ZA		15
RF10	P64	01.01.2020	ZA		5
	G 100 Kwacha					
RG12	P59b	2013	ZA		20
RG13	P65	2014	ZA		5
RG14	P65	01.01.2017	ZA		5
RG17	P65	2020	ZA		5
	H 200 Kwacha					
RH1A	P47a	1.7.2001	AZ		20
RH1	P55a	1.6.2004	AZ		20
RH2	P60a	2012	ZA		10
RH4	PW65A	2016	ZA		10
RH5	PW65A	2017	ZA		10
	I 500 Kwacha					
RI1A	P48	1.11.2005	ZA	40	90
RI1	P61	2012	ZA		10
	J 1000 Kwacha					
RJ1	P62	2012	ZA		30
	K 2000 Kwacha					
RK1	P69	2016	ZA		45

Malawi RB1

Malawi RB4

Malawi RC4

Malawi RC7

Malawi RE5

Malawi RE7

Malawi RE8

Malawi RF2

Malawi RH1

Malawi RH2

Malawi RI1

Malawi RJ1

Malaysia

Replacement notes of Malaysia started in 1967.
They are identified either by a two-letter prefix, or a fractional prefix ;"Z/1" or "X/1."

Monetary Unit: 1.00 Ringgit (Dollar) = 100 Sen

MWR	SCWPM	Date	Prefix	Sign	Printer	Prices VF	Prices UNC
A 1 Ringgit							
RA1	P1a	ND (1967-1972)	Z/1	Ismail Md. Ali	BWC	100	450
RA2	P13	ND (1976 & 1981)	Z/1	Ismail Md. Ali	BWC	60	360
RA3	P19A	ND (1981-1983)	BA00-BA06	Abdul Aziz Taha	TDLR		60
RA4	P27a	ND 1986	BA07-BA33	Datuk Jafaar	TDLR		60
RA5	P27b	ND 1989	BA34-BA5..	Datuk Jafaar	TDLR		40
RA6	P39b	ND (1998)	ZA	Zeit Akhtar Aziz	TDLR		10
RA7	P39b	ND (1998)	ZB	Zeit Akhtar Aziz	TDLR		25
RA8	P39b	ND (1998)	ZC	Zeit Akhtar Aziz	TDLR		10
RA9	P39b	ND (1998)	ZD	Zeit Akhtar Aziz	TDLR		10
RA10	P39b	ND (1998)	ZE	Zeit Akhtar Aziz	TDLR		10
RA11	P39b	ND (1998)	ZF	Zeit Akhtar Aziz	TDLR		10
RA12	P39b	ND (1998)	ZW	Zeit Akhtar Aziz	TDLR		10
RA13	P39b	ND (1998)	ZAA	Zeit Akhtar Aziz	TDLR		35
RA14	P39b	ND (1998)	ZAB	Zeit Akhtar Aziz	TDLR		6
RA15	P39b	ND (1998)	ZAC	Zeit Akhtar Aziz	TDLR		40
RA16	P39b	ND (1998)	ZAD	Zeit Akhtar Aziz	TDLR		5
RA17	P51a	2012	ZA	Zeit Akhtar Aziz	Unknown		5
RA18	P51a	2012	ZB	Zeit Akhtar Aziz	Unknown		60
RA19	P51a	2012	ZC	Zeit Akhtar Aziz	Unknown		5
RA20	P51a	2012	ZD	Zeit Akhtar Aziz	Unknown		5
RA21	P51c	ND 2011	ZU	Nor Shamsiah			5
RA22	P51c	ND 2011	ZE	Muhammed B. Ibrahim			15
B 2 Ringgit							
RB1	P40a	ND (1996-1999)	ZA	Ahmad M. Don (vertical)	TDLR	5	25
RB2	P40a	ND (1996-1999)	ZB	Ahmad M. Don (vertical)	TDLR	95	750
RB3	P40a	ND (1996-1999)	ZC	Ahmad M. Don (vertical)	TDLR	35	150
RB4	P40b	ND (1996-1999)	ZD	Ali Abu Hassan (vertical)	TDLR	5	20
C 5 Ringgit							
RC1	P8	ND 1972-76	Z/1	Ismail Md. Ali	BWC	125	1000
RC2	P20	ND 1983 - 84	NZ001-NZ007	Abdul Aziz Taha	TDLR	30	175

Malaysia Continued

MWR	SCWPM	Date	Prefix	Sign	Printer	VF	UNC
	**C 5 Ringgit**							
RC3	P28a	ND 1986	NZ008-NZ018	Datuk Jafaar	TDLR	25	90
RC4	P28b	ND 1989	NZ019-NZ034	Datuk Jafaar	TDLR	15	90
RC5	P28c	ND 1991	NZ035-NZ07..	Datuk Jafaar	TDLR	12	90
RC6	P35	ND 1995	NZ07-NZ08..	Ahmad M. Don	TDLR	60	350
RC7	P35A	ND 1998	NZ00-NZ02..	Ahmad M. Don	CBN	9	50
RC8	P41a	ND 1999	ZA	Ali Abu Hassan	TDLR	5	50
RC9	P41b	ND 2001	ZA	Zeit Akhtar Aziz	CBNC	5	25
RC10	P47	ND 2004	ZA	Zeit Akhtar Aziz	NPA		25
RC11	P52	2012	ZA	Zeit Akhtar Aziz	Unknown		10
RC12	P52	2012	ZB	Zeit Akhtar Aziz	Unknown		40
RC13	P52	2012	ZC	Zeit Akhtar Aziz	Unknown		10
RC14	P52b	2012	ZD	Muhammed B. Ibrahim	Unknown		10
	**D 10 Ringgit**							
RD1	P3a	ND 1967 - 72	Z/1	Ismail Md. Ali	TDLR	10	Rare
RD2	P9a	ND 1972 - 76	Z/1	Ismail Md. Ali	TDLR	55	490
RD3	P9a	ND 1972 - 76	Z/2	Ismail Md. Ali	TDLR	55	375
RD4	P9a	ND 1972 - 76	Z/3	Ismail Md. Ali	TDLR	55	375
RD5	P9a	ND 1972 - 76	Z/4	Ismail Md. Ali	TDLR	875	Rare
RD6	P15	ND 1976 - 81	X/1	Abdul Aziz Taha	BW	35	250
RD7	P21	ND 1983 - 84	QA00-QA06	Abdul Aziz Taha	TDLR	25	150
RD8	P29	ND 1989	QA07-QA29	Datuk Jafaar	TDLR		35
RD9	P29A	ND 1989	QA	Datuk Jafaar	BABN	10	80
RD10	P38	ND 1995	QA	Ahmad M. Don	G&D	15	100
RD11	P42a	ND 1997	ZA	Ahmad M. Don	TDLR	9	90
RD12	P42b	ND 1999	ZA	Ali Abu Hassan	BABN	20	100
RD13	P42c	ND 1999	ZA	Ali Abu Hassan	TDLR	9	90
RD14	P42d	ND 2001	ZA	Zeit Akhtar Aziz	TDLR	4	70
RD15	P46	ND (2004)	ZA	Zeit Akhtar Aziz	G&D	3	18
RD16	P46	ND (2004)	ZB	Zeit Akhtar Aziz	G&D	3	18
RD17	P46	ND (2004)	ZC	Zeit Akhtar Aziz	G&D	3	18
RD18	P46	ND (2004)	ZD	Zeit Akhtar Aziz	G&D	3	18
RD19	P46	ND (2004)	ZE	Zeit Akhtar Aziz	G&D	3	18
RD20	P46	ND (2004)	ZF	Zeit Akhtar Aziz	G&D		70
RD21	P46	ND (2004)	ZG	Zeit Akhtar Aziz	G&D		75
RD22	P53	ND 2012	ZA	Zeit Akhtar Aziz	Unknown		10
RD23	P53	ND 2012	ZB	Zeit Akhtar Aziz	Unknown		10
RD24	P53	ND 2012	ZC	Zeit Akhtar Aziz	Unknown		10
RD25	P53	ND 2012	ZD	Zeit Akhtar Aziz	Unknown		10
	**E 20 Ringgit**							
RE1	P30	ND (1989)	UZ	Datuk Jafaar	TDLR	35	400
RE2	P54	ND 2012	ZA	Zeit Akhtar Aziz	Unknown		60
RE3	P54	ND 2012	ZB	Zeit Akhtar Aziz	Unknown		10

Malaysia Continued

MWR	SCWPM	Date	Prefix	Sign	Printer	VF	UNC
	**E 20 Ringgit**						
RE4	P54	ND 2012	ZC	Zeit Akhtar Aziz	Unknown		15
RE5	P54	ND 2012	ZD	Zeit Akhtar Aziz	Unknown		45
	**F 50 Ringgit**						
RF1	P4a	ND 1967 - 72	Z/1	Ismail Md. Ali	TDLR	280	1800
RF2	P10	ND 1972 - 76	Z/1	Ismail Md. Ali	TDLR	200	1200
RF3	P16A	ND 1981	X/1	Abdul Aziz Taha	TDLR	170	1300
RF4	P23	ND 1983 -84	WA	Abdul Aziz Taha	TDLR	150	1000
RF5	P31	ND 1987	WA	Datuk Jafaar	TDLR	55	250
RF6	P31A	ND 1991 - 92	WA	Datuk Jafaar	BABN	90	450
RF7	P31C	ND 1995	WA	Abdul Aziz Taha	TDLR	45	200
RF8	P31D	ND 1997	WA	Abdul Aziz Taha	BABN	80	500
RF9	P43a	ND 1998	ZA	Ahmad M. Don	G&D	30	80
RF10	P43b	ND 1999	ZA	Ali Abu Hassan	G&D	155	1200
RF11	P43c	ND 1999	ZA	Ali Abu Hassan	TDLR	20	180
RF12	P43d	ND 2001	ZA	Zeit Akhtar Aziz	TDLR	35	260
RF13	P43d	ND 2001	ZB	Zeit Akhtar Aziz	TDLR	2015	60
RF14	P43d	ND 2001	ZC	Zeit Akhtar Aziz	TDLR	22	75
RF15	P43d	ND 2001	ZD	Zeit Akhtar Aziz	TDLR	22	60
RF16	P43d	ND 2001	ZE	Zeit Akhtar Aziz	TDLR	FV	60
RF17	P43d	ND 2001	ZF	Zeit Akhtar Aziz	TDLR	FV	50
RF18	P49	2007	ZA	Zeit Akhtar Aziz	G&D		50
RF19	P50	ND 2009	ZB	Zeit Akhtar Aziz	G&D		35
RF20	P50	ND 2009	ZC	Zeit Akhtar Aziz	G&D		25
RF21	P50	ND 2009	ZD	Zeit Akhtar Aziz	G&D		35
RF22	P50	ND 2009	ZE	Zeit Akhtar Aziz	G&D		35
RF23	P50	ND 2009	ZH	Nor Shamsiah	G&D		35
	**G 100 Ringgit**						
RG1	P11	ND 1972 -76	Z/1	Ismail Md. Ali	BWC	250	2500
RG2	P17A	ND 1981	X/1	Abdul Aziz Taha	TDLR	375	5000
RG3	P24	ND 1983-84	ZZ.	Abdul Aziz Taha	TDLR	300	2500
RG4	P32	ND 1989	ZU	Datuk Jafaar	TDLR	110	550
RG5	P32A	ND 1989	ZU	Datuk Jafaar	USBNC	1100	7500
RG6	P32B	ND 1995	ZU	Ahmad M. Don	TDLR	60	250
RG7	P32C	ND 1995	ZA	Ahmad M. Don	H&S	60	225
RG8	P44a	ND 1998	ZA	Ali Abu Hassan	TDLR	60	200
RG9	P44b	ND 1999	ZA	Ali Abu Hassan	G&D	55	200
RG10	P44c	ND 1999	ZA	Zeit Akhtar Aziz	G&D		300
RG11	P44d	ND 2001	ZA	Zeit Akhtar Aziz	G&D	60	120
RG12	P44d	ND 2001	ZB	Zeit Akhtar Aziz	G&D	FV	200
RG13	P44d	ND 2001	ZC	Zeit Akhtar Aziz	G&D		75
RG14	P44d	ND 2001	ZD	Zeit Akhtar Aziz	G&D		75
RG15	P44d	ND 2001	ZE	Zeit Akhtar Aziz	G&D		75
RG16	P55	ND 2012	ZA	Zeit Akhtar Aziz	Unknown		75

Malaysia Continued

MWR	SCWPM	Date	Prefix	Sign	Printer	Prices VF	UNC
G 100 Ringgit							
RG17	P55	ND 2012	ZB	Zeit Akhtar Aziz	Unknown		50
RG18	P55	ND 2012	ZC	Zeit Akhtar Aziz	Unknown		50
RG19	P55	ND 2012	ZD	Zeit Akhtar Aziz	Unknown		45
H 500 Ringgit							
RH1	P33	ND 1989	ZX	Datuk Jafaar	TDLR	900	5500
RH2	P33A	ND 1989	ZX	Datuk Jafaar	H&S	Rare	
I 1000 Ringgit							
RI1	P26	ND (1983-1984)	ZZ	Abdul Aziz Taha	TDLR	Rare	
RI2	P34	ND (1987)	ZZ	Datuk Jafaar	TDLR	500	3500
RI3	P34A	ND (1995)	ZZ	Ahmad M. Don	G&D	700	3500

Malaysia RA3

Malaysia RA8

Malaysia RD3

Malaysia RD11

Malaysia RF16

Malaysia RG13

Maldives

Replacement notes of Maldives started in 2006, they have the prefix "Z."

Monetary Unit: 1.00 Rufiyaa (Rupee) = 100 Lari

MWR	SCWPM	Date	Prefix	VF	UNC
A 5 Rufiyaa Rf					
RA1	P18c	2006/AH1427	Z		70
RA2	P18e	2011	Z		20
RA3	PA26	2017	Z		5
B 10 Rufiyaa Rf					
RB2	P26	05.10.2015	Z		10
C 20 Rufiyaa Rf					
RC1	P20c	2008	Z		20
RC2	P27	05.10.2015	Z		30
D 50 Rufiyaa Rf					
RD2	P28	05.10.2015	Z		40
E 100 Rufiyaa Rf					
RE3	P29	05.10.2015	Z		40
F 500 Rufiyaa Rf					
RF3	P30	05.10.2015	Z		150
G 1000 Rufiyaa Rf					
RG1	P31	05.10.2015	Z		150

Maldives RA1

Malta

Replacement notes started in 1973., they are as follows:
One Lira: has an "X" as the numerator of the serial number prefix
Two Liras: has a "W" as the numerator of the serial number prefix
Five Liras: has either an "X" or a "Y" as the numerator of the serial number prefix
10 Liras: has either a "Y" or a "Z" as the numerator of the serial number prefix
20 Liras: has a "Z" as the numerator of the serial number prefix

Monetary Unit: 1.00 Lira = 100 Centesimi 1972-2007

MWR	SCWPM	Date	Replacement Prefix	Regular Prefix	Sign.	VF	UNC
			A 1 Lira Malta				
RA1	P31a	15-Jan-1973	X/1	A	Joseph Sammut - Alfred Camilleri	90	250
RA2	P31b	15-Jan-1973	X/1	A	Henry de Gabriele - Joseph Laspina	90	250
RA3	P31c	15-Jan-1973	X/1	A	Henry de Gabriele - Alfred Camilleri	90	250
RA4	P31d	15-Jan-1973	X/1	A	Joseph Laspina - Joseph Sammut	90	250
RA5	P31e	15-Jan-1973	X/1	A	Alfred Camilleri - Joseph Laspina	90	250
RA6	P31f	15-Jan-1973	X/1	A	Joseph Sammut - Henry de Gabriele	90	250
RA7	P34a	30-Mar-1979	X/1	A	Lino Spiteri	65	170
RA8	P34b	30-Mar-1979	X/1	A	Lino Spiteri, With 1 dot in upper right front.	65	150
			2 Lira Malta				
RB1	P37	17-Mar-1986	W/2	A	H.C.De Gabriele	90	250
RB2	P41	18-Sep-1989	W/2	A	A.P.Galdes	90	250
RB3	P45a	1-Jun-1994	W/2	A	A.P.Galdes	90	200
RB4	P45b	1-Jun-1994	W/2	A	F.J.Vassallo	90	200
RB5	P45c	1-Jun-1994	W/2	A	E.Ellul	50	125
RB6	P45d	1-Jun-1994	W/2	A	M.C.Bonello	50	125
			C 5 Lira Malta				
RC1	P32a	15-Jan-1973	Y/1	B	Henry de Gabriele - Joseph Laspina	90	300
RC2	P32b	15-Jan-1973	Y/1	B	Henry de Gabriele - Alfred Camilleri	90	300
RC3	P32c	15-Jan-1973	Y/1	B	Joseph Laspina - Joseph Sammut	90	300
RC4	P32d	15-Jan-1973	Y/1	B	Alfred Camilleri - Joseph Laspina	90	300
RC5	P32e	15-Jan-1973	Y/1	B	Joseph Sammut - Henry de Gabriele	90	300
RC6	P32f	15-Jan-1973	Y/1	B	Joseph Sammut - Alfred Camilleri	90	300
RC7	P35a	30-Mar-1979	Y/1	B	Lino Spiteri	90	300
RC8	P35b	30-Mar-1979	Y/1	B	Lino Spiteri	90	300
RC9	P38	17-Mar-1986	X/2	B	H.C.De Gabriele	90	350

Malta Continued

MWR	SCWPM	Date	Replacement Prefix	Regular Prefix	Sign.	Prices VF	Prices UNC
	**C 5 Lira Malta**							
RC10	P42	18-Sep-1989	X/2	B	A.P.Galdes	90	350
RC11	P46a	1-Jun-1994	X/2	B	A.P.Galdes	90	350
RC12	P46b	1-Jun-1994	X/2	B	F.J.Vassallo	90	350
RC13	P46c	1-Jun-1994	X/2	X/2	E.Ellul	90	350
RC14	P46d	1-Jun-1994	X/2	B	M.C.Bonello	90	350
	**D 10 Lira Malta**							
RD1	P33a	15-Jan-1973	Z/1	C	Henry de Gabriele - Alfred Camilleri	70	290
RD2	P33b	15-Jan-1973	Z/1	C	Joseph Laspina - Joseph Sammut	70	290
RD3	P33c	15-Jan-1973	Z/1	C	Alfred Camilleri - Joseph Laspina	70	290
RD4	P33d	15-Jan-1973	Z/1	C	Joseph Sammut - Henry de Gabriele	70	290
RD5	P33e	15-Jan-1973	Z/1	C	Lino Spiteri	70	290
RD6	P36a	30-Mar-1979	Z/1	C	Lino Spiteri	70	290
RD7	P36b	30-Mar-1979	Z/1	C	Lino Spiteri	70	290
RD8	P39	17-Mar-1986	Y/2	C	H.C.De Gabriele	70	290
RD9	P43	18-Sep-1989	Y/2	C	A.P.Galdes	70	290
RD10	P47a	1-Jun-1994	Y/2	C	A.P.Galdes	70	290
RD11	P47b	1-Jun-1994	Y/2	C	E.Ellul	70	290
RD12	P47c	1-Jun-1994	Y/2	C	M.C.Bonello	70	290
	**E 20 Lira Malta**							
RE1	P40	17-Mar-1986	Z/2	D	H.C.De Gabriele	120	400
RE2	P44a	18-Sep-1989	Z/2	D	A.P.Galdes	100	400
RE4	P48	1-Jun-1994	Z/2	D	A.P.Galdes	90	400

Malta Signatures

Joseph Sammut

Alfred Camilleri

Henry de Gabriele

Joseph Laspina

Lino Spiteri

H.C.De Gabriele

A.P.Galdes

F.J.Vassallo

E.Ellul

M.C.Bonello

Malta RA8

Malta RB6

Malta RC7

Malta RC14

Malta RD5

Malta RD6

Malta RD7

Malta RD8

Malta RE1

Malta RE2

Manchukuo

Replacement notes of Manchukuo started in 1932; they can be identified by one of the leading digits "9" or "1."

Monetary Unit: 1.00 Yuan (Dollar) = 10 Chiao

MWR	SCWPM	Remembered	Date	Prefix	Remarks	VF	UNC
A 1 Yuan							
RA1	P-J125a	22r	ND 1932	Starting 9	6 digits serial number	100	
RA2	P-J130a	42ar	ND 1937	Starting 9	6 digits serial number	100	
RA3	P-J130b	42br	ND 1937	Starting 1	7 digits serial number	100	
RA4	P-J135a	72r	ND 1944	Starting 1	7 digits serial number	100	
B 5 Yuan							
RB1	P-J124a	23r	ND 1932	Starting 9	6 digits serial number	500	
RB2	P-J126a	23r	ND 1933	Starting 9	6 digits serial number	500	
RB3	P-J129a	41r	ND 1935	Starting 9	6 digits serial number	500	
RB4	P-J131a	43ar	ND 1938	Starting 9	6 digits serial number	500	
RB5	P-J131b	43br	ND 1938	Starting 1	7 digits serial number	500	
RB6	P-J136a	73ar	ND 1944	Starting 1	7 digits serial number	60	
C 10 Yuan							
RC1	P-J127a	24r	ND 1932	Starting 9	6 digits serial number	500	
RC2	P-J132a	44ar	ND 1937	Starting 9	6 digits serial number	150	
RC3	P-J132b	44br	ND 1937	Starting 1	7 digits serial number	100	
RC4	P-J137a	74ar	ND 1944	Starting 1	7 digits serial number	75	
D 100 Yuan							
RD1	P-J128a	25r	ND 1933	Starting 9	6 digits serial number	670	
RD2	P-J133a	45ar	ND 1938	Starting 9	6 digits serial number	200	
RD3	P-J133b	45br	ND 1938	Starting 1	7 digits serial number	200	
RD4	P-J138a	75ar	ND 1944	Starting 1	WMK Central Bank	50	
RD5	P-J138b	75br	ND 1944	Starting 1	WMK repeating Chinease Characte	40	

Mauritania

Replacement notes started in 2004, they have the prefix "Z" as the second letter of the serial number.

Printer: G&D

Monetary Unit: 1 Ouguiya = 5 Khoum 100 Ouguiya = 500 CFA Francs, 1973-

MWR	SCWPM	Date	Sign	VF	UNC
A 100 Ouguiya					
RA1	P10a	28.11.2004	1	10	40
RA2	P10b	28.11.2006	2	NR	
RA3	P10c	28.11.2008	3	10	40
RA4	P16	28.11.2011	4	10	30
200 Ouguiya					
RB1	P11a	28.11.2004	1	15	60
500 Ouguiya					
RC1	P12a	28.11.2004	1	15	60
1000 Ouguiya					
RD1	P13a	28.11.2004	1	NR	
2000 Ouguiya					
RE1	P14a	28.11.2004	1	NR	

Mauritania Signatures

1. Zein Ould Zeidan
Abderrahmane O. M. Ally
2. Ousmane Kane
Abderrahmane O M. Ally
3. Sidatty Benhameyda
Cheikh Abdalla
4. Sid Ahmed Ould Raiss
Menna Hamoni

Mauritius

Replacement notes of Mauritius started in 1967, they have the prefix "Z/" and later "ZZ" in the serial number.

Printer: TDLR

Monetary Unit: 1.00 Rupee = 100 Cents, 1848-

MWR	SCWPM	Sign	Date & Remarks	Prefix	VF	UNC
			A 5 Rupees			
RA1	P30a	1	ND1967	Z/1		NR
RA2	P30b	3	ND1967	Z/1	50	300
RA3	P30c	4	ND1967	Z/1	50	350
RA4	P34	5	ND 1985	Z/1		120
			B 10 Rupees			
RB1	P31a	1	ND1967	Z/1		NR
RB2	P31b	3	ND1967	Z/1	150	400
RB3	P31c	4	ND1967	Z/1	70	320
RB4	P35a	5	ND 1985 Orange UV latent printing	Z/1		NR
RB5	P35b	5	ND 1985 Green UV latent printing	Z/1	40	150
			C 20 Rupees			
RC1	P36	5	1986	Z/		NR
			D 25 Rupees			
RD1	P32a	1	ND1967	Z/1		NR
RD2	P32b	4	ND1967	Z/1	70	290
RD3	P42	6	1998	ZZ		NR
RD4	P49a	7	1999	ZZ		NR
RD5	P49b	7	2003	ZZ	40	100
RD6	P49c	7	2006	ZZ	40	100
RD7	P49d	8	2009	ZZ	40	100
RD8	P64	9	2013	HZ		100
			E 50 Rupees			
RE1	P33a	1	ND1967	Z/1		NR
RE2	P33b	2	ND1967	Z/1		NR
RE3	P33c	4	ND1967	Z/1	150	675
RE4	P37a	5	ND 1986 printer's Imprint on Back	Z/1	40	190
RE5	P37b	5	ND 1986 No printer's Imprint on Back	Z/1	40	190
RE6	P43	6	1998	ZZ	40	190
RE7	P50a	7	1999	ZZ	30	90
RE8	P50b	7	2001	ZZ	25	70
RE9	P50c	7	2003	ZZ	25	70

Mauritius Continued

MWR	SCWPM	Sign	Date & Remarks	Prefix	VF	UNC
			E 50 Rupees			
RE10	P50d	7	2006	ZZ	25	70
RE11	P50e	8	2009	ZZ	25	70
			F 100 Rupees			
RF1	P38	5	ND 1986 No printer's Imprint on Back	Z/1	75	250
RF2	P44	6	1998	ZZ		NR
RF3	P51a	7	1999	ZZ	30	100
RF4	P51b	7	2001	ZZ	30	90
RF5	P56a	7	2004	ZZ	30	90
RF6	P56b	8	2007	ZZ	25	70
RF7	P56c	8	2009	ZZ	25	70
RF8	P56d	8	2012	ZZ		NR
RF9	P56e	8	2013	ZZ		25
			G 200 Rupees			
RG1	P39a	5	ND 1985 Orange UV latent printing	Z/1		NR
RG2	P39b	5	ND 1985 Green UV latent printing	Z/1		NR
RG3	P45	6	1998	ZZ		NR
RG4	P52a	7	1999	ZZ		NR
RG5	P52b	7	2001	ZZ	25	90
RG7	P57a	7	2004	ZZ		NR
RG8	P57b	8	2007	ZZ		NR
			H 500 Rupees			
RH1	P40a	5	ND 1988 Orange UV latent printing	Z/1		NR
RH2	P40b	5	ND 1988 Green UV latent printing	Z/1		NR
RH3	P46	6	1998	ZZ		NR
RH4	P53a	7	1999	ZZ	50	175
RH5	P53b	7	2001	ZZ		NR
RH6	P58a	7	2003	ZZ	50	150
RH8	P62	8	2010	ZZ	50	125
RH9	P66	9	2013	PZ	40	100
RH10	P66	10	2016	PZ		90
RH11	P66	10	2017	PZ		60
RH15	P66	12	2021	PZ		60
			I 1000 Rupees			
RI1	P41	5	ND1991	ZZ	180	700
RI2	P47	6	1998	ZZ		NR
RI3	P54a	7	1999	ZZ	60	250
RI4	P54b	7	2001	ZZ	60	250
RI5	P59a	7	2004	ZZ	50	180
RI6	P59a	7	2006	ZZ	50	150
RI7	P59b	7	2007	ZZ	50	180

Mauritius Continued

MWR	SCWPM	Sign	Date & Remarks	Prefix	VF	UNC
	I 1000 Rupees						
RI8	P63	8	2010	ZZ	50	120
RI11	P63	8	2017	ZZ		250
RI14	P63	12	2022	ZZ		250
	J 2000 Rupees						
RJ1	P48	6	1998	ZZ		NR
RJ2	P55	7	1999	ZZ	125	375
RJ3	P60	7	2003	ZZ		NR

Mauritius Signatures

Mauritius RB3

Mauritius RD7

Mauritius RE3

Mauritius RF6

Mauritius RG5

Mauritius RI4

Mongolia

Replacement notes of Mongolia started in 1955.
Replacement notes are marked by 3 features:
1. "ZZ" prefix
2. "3A" or "3B" suffix
3. "ЯA" or "ЯB" prefix

Monetary Unit: 1.00 Tugrik= 100 Mongo

MWR	SCWPM	Date	Prefix	Remarks	VF	UNC
A Fractional 10 Mongo						
RA1	P49	ND(1993)	ZZ		25	75
A Fractional 20 Mongo						
RA2	P50	ND(1993)	ZZ		25	75
A Fractional 50 Mongo						
RA3	P51	ND(1993)	ZZ		25	85
B 1 Tugrik						
RB1	P28	1955	Suffix 3A or 3B	Black and brown	5	20
RB2	P35	1966	Suffix 3A or 3B , ЯВ	Brown on pale green	5	20
RB3	P42	1983	Prefix ЯA Or ЯВ	Brown on pale green	5	20
RB4	P52	ND(1993)	ZZ		5	20
RB5	P61Ab	2014	XX			10
C 3 Tugrik						
RC1	P29	1955	Suffix 3A or 3B	Black on light green	10	30
RC2	P36	1966	Suffix 3A or 3B	Dark green on light green	10	30
RC3	P43	1983	Prefix ЯA Or ЯВ	Dark green on light green	10	30
D 5 Tugrik						
RD1	P30	1955	Suffix 3A or 3B	Black on light blue	5	30
RD2	P37	1966	Prefix ЯA Or ЯВ	Dark blue on light blue	5	10
RD3	P44	1981	Prefix ЯA	Blue on light blue		10
RD4	P53	ND(1993)	ZZ			10
RD5	P61Ba	2008	ZZ			10
RD6	P61Bb	2014	XX			10
E 10 Tugrik						
RE1	P31	1955	Suffix 3A or 3B	Deep red on pink	10	35
RE2	P38	1966	Suffix 3A or 3B , ЯЕ	Red on pale red	10	35
RE3	P45	1981	Prefix ЯA	Red on pale red	15	50
RE4	P54	ND(1993)	ZZ		15	55
RE5	P62b	2002	ZZ			25
RE6	P62b	2005	ZZ			20

Mongolia Continued

MWR	SCWPM	Date	Prefix	Remarks	VF	UNC
	**E 10 Tugrik**						
RE8	P62e	2009	ZZ			8
RE9	P62f	2011	ZZ			8
RE10	P62g	2013	ZZ			10
RE11	P62h	2014	XX			12
RE12	P62i	2017	ZX			10
	**F 20 Tugrik**						
RF1	P46	1981	Prefix ЯА	yellow green on light green	15	50
RF2	P55	ND(1993)	ZZ			50
RF3	P63c	2005	ZZ		15	60
RF4	P63d	2007	ZZ			15
RF5	P63e	2009	ZZ			8
RF6	P63f	2011	ZZ			8
RF8	P63h	2014	XX			8
RF9	P63i	2017	ZX			8
	**G 25 Tugrik**						
RG1	P32	1955	Suffix 3A or 3B	Black on light blue. Portrait Sukhe-Bataar at right		35
RG2	P39	1966	Prefix ЯА Or ЯВ	brown-violet on pale green		15
	**H 50 Tugrik**						
RH1	P33	1955	Suffix 3A or 3B	Black on light green. Portrait Sukhe-Bataar at right	10	35
RH2	P40	1966	Prefix ЯА Or ЯВ	Dark green on light green	15	20
RH3	P47	1981	Prefix ЯА Or ЯВ	yellow green on light green	10	20
RH4	P56	ND(1993)	ZZ		15	20
RH7	P64c	2013	ZZ			10
RH8	P64d	2016	ZZ			10
	**I 100 Tugrik**						
RI1	P34	1955	Suffix 3A or 3B	Black on light blue. Portrait Sukhe-Bataar at right		40
RI2	P41	1966	Prefix ЯА Or ЯВ	Dark brown on blue green		30
RI3	P48	1981	Prefix ЯА Or ЯВ	Dark brown on blue green	10	20
RI4	P57	ND(1993)	ZZ		10	20
RI7	P65c	2014	ZZ			10
	**J 500 Tugrik**						
RJ3	P65A	2000	ZZ			45
RJ7	P66d	2013	ZZ			35
RJ0	P74	2020	ZX			10

Mongolia Continued

MWR	SCWPM	Date	Prefix	Remarks	VF	UNC
	**K 1000 Tugrik**						
RK7	P67	2013	ZZ			15
RK9	P67	2017	ZZ			10
	**L 5000 Tugrik**						
RL2	P68a	2013	AZ			20
	**M 10,000 Tugrik**						
RM1	P61	1995	ZZ			30
	**N 20,000 Tugrik**						
RN2	P71a	2009	AZ			30
RN4	P71b	2010	AZ			20

Mongolia RD5

Mongolia RE5

Morocco

The confirmed replacement notes were issued in 1970. Replacement notes have a fractional of "Z/," "Y/," "X/," "W/," for the denomination 5, 10, 50, 100 Dirhams respectively.

Printer: TDLR

Monetary Unit: 1.00 Dirham = 100 Centimes = 100 Santimat, 1974-

MWR	SCWPM	Date	Sign	Prefix	VF	UNC
A 5 Dirhams						
RA1	P56	1970	Mohamed El Mdaghru / Prince Moulay Hassan Ben Mehdi El Alaovi	Z/	15	25
B 10 Dirhams						
RB1	P57a	1970	Mohamed El Mdaghru / Prince Moulay Hassan Ben Mehdi El Alaovi	Y/	50	125
C 50 Dirhams						
RC1	P58a	1970	Mohamed El Mdaghru / Prince Moulay Hassan Ben Mehdi El Alaovi	X/	35	125
D 100 Dirhams						
RD1	P59a	1970	Mohamed El Mdaghru / Prince Moulay Hassan Ben Mehdi El Alaovi	W/	50	125

Morocco Signatures

Mohamed El Mdaghri, 1970   Prince Moulay Hassan Ben Mehdi El Alaovi

Morocco RA1

Mozambique

Replacement notes of Mozambique started in 1976. Three denominations of escudos have the prefix "Z" for replacement notes. Replacement notes in the 1980's have one of the following prefixes "ZA,""ZB,""ZC," and so on. Replacement notes in 1990 have several prefixes "AW," "BW," "CW," "CY" and "DZ."

Printer TDLR

Monetary Unit: 1.00 Escudos=100 centavos 1911-1975
1.00 Escudos=1 Metica = 100 Centimos 1975-

MWR	SCWPM	Date	Prefix	VF	UNC
A 20 Meticais					
RA1	P149	16.6.2011	AW		10
B 50 Esudos					
RB1	P116a	ND1976	Z		10
B 50 Meticais					
RB2	P125	16.6.1980	ZA,ZB		25
RB3	P129a	16.6.1983	ZA,ZB,ZC		10
RB4	P129b	16.6.1986	ZJ		10
RB6	P150	16.6.2011	BW		10
C 100 Esudos					
RC1	P117a	ND1976	Z		15
C 100 Meticais					
RC2	P126	16.6.1980	ZA,ZB,ZC		20
RC3	P130a	16.6.1983	ZJ		10
RC4	P130b	16.6.1986	ZJ		10
RC5	P130c	16.6.1989	ZJ		10
RC7	P151	16.6.2011	CW		20
DD 200 Meticais					
RDD2	P152	2011	DW		50
D 500 Meticais					
RD1	P127	16.6.1980	ZA,ZB,ZC		10
RD2	P131a	16.6.1983	ZA,ZB,ZC		10
RD3	P131b	16.6.1986	ZA,ZB,ZC		10
RD4	P131c	16.6.1989	ZA,ZB,ZC		10
RD5	P134	16.6.1991	AW		30
RD7	P153	16.6.2011	EW		30

Mozambique Continued

MWR	SCWPM	Date	Prefix	VF	UNC
E 1000 Esudos					
RE1	P119a	ND1976	Z		20
E 1000 Meticais					
RE2	P128	16.6.1980	ZA,ZB,ZC		35
RE3	P132a	16.6.1983	ZA,ZB,ZC		35
RE4	P132b	16.6.1986	ZA,ZB,ZC		35
RE5	P132c	16.6.1989	ZA,ZB,ZC		35
RE6	P135	16.6.1991	BW		35
RE8	P154	16.6.2011	FW		20
F 5000 Meticais					
RF1	P133a	3.2.1988	ZA,ZB,ZC		65
RF2	P133b	3.2.1989	ZA,ZB,ZC		65
RF3	P136	16.6.1991	CY		75
G 10,000 Meticais					
RG1	P137	16.6.1991	DZ		75
H 20,000 Meticais					
RH1	P140	16.6.1999	AW		15

Mozambique RA1

Mozambique RB1

Mozambique RC2

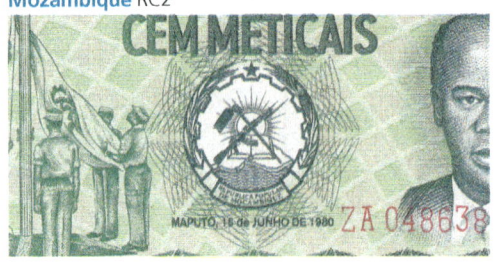

Mozambique RD1

Namibia

Replacement notes started in 1993 with the first issue, their prefixes are: "X,"" Y," " Z," "V," or "W."

Printers: Tumba Bruk A.B., F-CO, SABN and TDLR.

Monetary Unit:
1.00 Namibian Dollar (N$) = 1 South Africa Rand = 100 cents

MWR	SCWPM	Date	Prefix	Signature	VF	UNC
A				**10 Namibia Dollars**		
RA1	P1a	ND1993	X*	1	40	120
RA2	P4a	ND2001	X	3	10	50
B				**20 Namibia Dollars**		
RB1	P5a	ND1996	V*	3 (7 digit serial number)	50	250
RB2	P6a	ND2002	V*	3 (8 digit serial number)	10	50
C				**50 Namibia Dollars**		
RC1	P2a	ND1993	Y	1	50	250
RC2	P7a	ND1999	Y	3 (7 digit serial number)	30	100
RC3	P7a	ND1999	Y*	3 (7 digit serial number)	30	100
D				**100 Namibia Dollars**		
RD1	P3a	ND1993	Z	1	50	250
RD2	P9a	ND1999	Z*	7 digits	50	250
RD3	P9A	ND1999	Z*	3 (8 digit serial number)	25	75
RD4	P14	2012	Z	4	25	75
E				**200 Namibia Dollars**		
RE1	P10a	ND1996	W*	2	50	250
RE2	P10b	ND1996	W	3 (7 digit serial number)	NR	
RE3	P10b	ND1996	W	3 (8 digit serial number)	60	300

Namibia Signatures

1 Mr. ErikL.Karisson	2 Ahmad	3 Mr. Tom K.Alweendo	4 Ipumbu Shiimi

Namibia RA1

Nepal

Replacement notes of Nepal started in the 1960's, they are identified by the Nepalese numerals shown in tables below.

Monetary Unit: 1.00 Rupee = 100 Paisa

MWR	SCWPM	NRB NO	Date	Sign	Prefix	English	Price VF	UNC
A 1 Rupee								
RA1	P16	NRB-18	ND (1972)	8	ञ १	Gya 1		60
RA2	P22	NRB-24	(1973-1978)	9	क ७२	Ka 72		15
RA3	P22	NRB-24	(1973-1978)	9	क ७३	Ka 73		15
RA4	P22	NRB-24	(1973-1978)	9	क ७४	Ka 74		15
RA5	P22	NRB-31	(1979-1984)	10	क ७२	Ka 72		15
RA6	P22	NRB-46a	(1985-1990)	11	क ७२	Ka 72		15
RA7	P22	NRB-58	(1990-1995)	12	क ७२	Ka 72		15
RA8	P37	NRB-59	(1990-1995)	12	ग ८५	Ga - 85		15
RA9	P37	NRB-68	(1995-2000)	13	घ २६	Gha 26		15
RA10	P37	NRB-68	(1995-2000)	13	घ ७७	Gha 77		15
RA11	P37	NRB-68	(1995-2000)	13	घ 78	Gha 78		25
RA12	P37	NRB-68	(1995-2000)	13	क 38	Ka 38		10
RA13	P37	NRB-68	(1995-2000)	13	ख 78	Kha 78		20
B 2 Rupees								
RB1	P29a	NRB-32	(1979-1984)	10	क 31	Ka 31		10
RB2	P29a	NRB-33	(1979-1984)	10	क 31	Ka 31		10
RB3	P29b	NRB-47a	(1985-1990)	11	क 31	Ka 31		90
RB4	P29c	NRB-60	(1990-1995)	12	क 31	Ka 31		10
RB5	P29b	NRB-69	(1995-2000)	13	ग 73	Ga 73		10
RB6	P29b	NRB-69	(1995-2000)	13	घ 24	Gha 24		10
RB7	P29b	NRB-81	(2000-2001)	14	घ 45	Gha 45		10

Nepal Continued

MWR	SCWPM	NRB NO	Date	Sign	Prefix	English	Price VF	UNC
				C 5 Rupees				
RC1	P13	NRB-11	(1961-1965)	7	अ 41	A 41		20
RC2	P13	NRB-15	(1968-1973)	8	अ 61	A 61		20
RC3	P30a	NRB-49	(1985-1990)	11	ख 51	Kha 51		10
RC4	P30a	NRB-61	(1990-1995)	12	ग 42	Ga 42		10
RC5	P30a	NRB-70	(1995-2000)	13	ग 93	Ga 93		10
RC6	P30a	NRB-70	(1995-2000)	13	ग 94	Ga 94		10
RC7	P30a	NRB-70	(1995-2000)	13	घ 96	Gha 96		10
RC8	P30b	NRB-70a	(1995-2000)	13	घ 45	Gha 45		10
RC9	P30	NRB-82	(2000-2001)	14	ङ 17	Nga 17		10
RC10	P46	NRB-89	ND (2002)	15	ङ 98	Nga 98		50
RC11	P53a	NRB-90	ND (2003-2006)	15	च 73	Cha 73		40
RC12	P53b	NRB-102	ND (2003-2006)	16	छ 14	Chha 14		40
RC13	P53b		ND (2003-2006)	16	ज 17	Ja 17		25
RC17	P76		ND (2017)	20	ज 28	Ja 28		5
				D 10 Rupees				
RD1	P31a	NRB-62	(1990-1995)	12	ग 86	Ga 86		10
RD2	P31b	NRB-71	(1995-2000)	13	घ 47	Gha 47		10
RD3	P31b	NRB-71	(1995-2000)	13	ङ 8	Nga 8		10
RD4	P31b	NRB-71	(1995-2000)	13	ङ 9	Nga 9		10
RD5	P31b	NRB-83	(2000-2001)	14	ङ 30	Nga 30		10
RD6	P45	NRB-91	ND (2002)	15	ङ 81	Nga 81		90
RD7	P45	NRB-91	ND (2002)	15	ङ 82	Nga 82		90
RD8	P45	NRB-91	ND (2002)	15	ङ 83	Nga 83		90
RD9	P45	NRB-91	ND (2002)	15	ङ 84	Nga 84		90
RD10	P45	NRB-91	ND (2002)	15	ङ 85	Nga 85		90
RD11	P46		ND (2005)	16	ङ 93	Nga 93		50
RD12	P54	NRB-103	ND (2005)	16	च 37	Cha 37		40
RD13	P61a		2007-2009	17	च 92	Cha 92		40
RD14	P61b		2010	19	च 31	Cha 31		10
RD15	P61b		2010	19	झ 30	Jha 30		10
				E 20 Rupees				
RE1	P32a	NRB-53	(1985-1990)	11	क 71	Ka 71		NR
RE2	P32a		(1990-1995)	12	क 86	Ka 86		35
RE3	P38a	NRB-63	(1990-1995)	12	ख 12	Kha 12		10

Nepal Continued

MWR	SCWPM	NRB NO	Date	Sign	Prefix	English	Price VF	UNC
			E 20 Rupees					
RE4	P38b	NRB-72	(1995-2000)	13	ख 53	Kha 53		10
RE5	P38b	NRB-72a	(1995-2000)	13	ख 94	Kha 94		10
RE6	P38b	NRB-84	(2000-2001)	14	ग 15	Ga 15		10
RE7	P47a	NRB-92	ND (2002)	15	ग 31	Ga 31		15
RE8	P47b	NRB-93	ND (2002-2005)	15	ग 52	Ga 52		50
RE9	P55		2006	16	च 3	Cha 3		90
			F 25 Rupees					
RF1	P41	NRB-73	ND (1997)	13	क 41	Ka 41		10
			G 50 Rupees					
RG1	P33b	NRB-54	(1985-1990)	11	क 51	Ka 51		40
RG2	P33b	NRB-64	(1985-1990)	12	क 51	Ka 51		40
RG3	P33c	NRB-74	(1995-2000)	13	ख 12	Kha 12		30
RG4	P33c	NRB-74	(1995-2000)	13	ख 53	Kha 53		30
RG5	P33c	NRB-85	(2000-2001)	14	ख 74	Kha 74		30
RG6	P48a	NRB-94	ND (2002)	15	ख 85	Kha 85		15
RG7	P48b	NRB-95	ND (2005)	15	ख 96	Kha 96		15
RG8	P52	NRB-103	ND (2005)	16	ग 17	Ga 17		15
			H 100 Rupees					
RH1	P15	NRB-13	(1966-1967)	7	अ 3	A 3		50
RH2	P34c	NRB-55	(1985-1990)	11	अ 61	A 61		15
RH3	P34d	NRB-65	(1990-1995)	12	आ 32	Aa 32		20
RH4	P34e	NRB-75	(1995-2000)	13	आ 63	Aa 63		15
RH5	P34f	NRB-75a	(1995-2000)	13	इ 24	I 24		15
RH6	P34f	NRB-86	(2000-2001)	14	इ 45	I 45		15
RH7	P49a	NRB-86	ND (2002-2005)	15 Printer JEZ	इ 51	I 51		15
RH8	P49b	NRB-97	ND (2002-2005)	15 Printer TDLR	इ 62	I 62		15
RH9	P64a		(2007-2009)	17	इ 55	I 55		10
			I 500 Rupees					
RI1	P50a	NRB-98	ND (2002-2005)	15 Printer G&D	क 99	Ka 99		50
RI2	P50b	NRB-99	ND (2002-2005)	15 Printer JEZ	ख 10	Kha 10		50
RI3	P65		ND 2007	16	ख 31	Kha 31		120
RI4	P65		ND 2007	16	ख 32	Kha 32		100

MWR	SCWPM	NRB NO	Date	Sign	Prefix	English	Price VF	Price UNC
	J 1000 Rupees							
RJ1	P51a	NRB-100	ND (2002-2005)	15 Printer G&D	ख 8	Kha 8		140
RJ2	P51b	NRB-101	ND (2002-2005)	15 Printer JEZ	ख 20	Kha 20		140
RJ3	P67b		(2007-2009)	17	ख 51	Kha 51		60

Nepal Signatures

5 Laxmi Nath Gautam

7 Dr. Bhekh Bahadur

8 Dr. Yadav Prasad Pant

9 Kul Shekhar Sharma

10 Kalyan Bikram

11 Ganesh Bahadur

12 Hari Shankar

13 Satyendra Pyara

14 Dipendra Purusch

15 Dr. Tilak Bahadur

16 Bijay Nath

17 Krishna Bahadur

18 Deependra Bahadur

19 Dr. Yuba Raj Khatiwada

Nepal RD11

361 MWR

Netherland Indies

Following WWII, The Dutch East Indies (Nederlands-Indië) became Indonesia. Replacement notes of The Netherlands Indies started in 1946. All replacement notes have a leading digit "1" in the serial number.

Printer: JEZ

MWR	SCWPM	Date	Remarks	VF	UNC
A 5 Gulden					
RA1	P87	1946	Violet and red. Lotus at left.	75	350
RA2	P88	1946	Green and orange. Lotus at left.	70	350
B 10 Gulden					
RB1	P89	1946	Green. Mangosteen at left	50	350
RB2	P90	1946	Purple. Mangosteen at left	35	350
C 25 Gulden					
RC1	P91	1946	Green. Beach with palms at left	50	390
RC2	P92	1946	Red-orange. Beach with palms at left	200	850
D 50 Gulden					
RD1	P93	1946	Dark blue. Sailboat at left.	70	450
E 100 Gulden					
RE1	P94	1946	Brown. Rice fields w/ mountain in background at left.	75	550
F 500 Gulden					
RF1	P95	1946	Red. Rice fields w/ mountain in background at left.	250	950
G 1000 Gulden					
RG1	P96	1946	Grey. Rice fields w/ mountain in background at left.	400	1,600

Netherland Indies RA1

Netherland Indies RB2

Netherlands

Replacement notes of the Netherlands start with the leading digit "1" except for the notes below:

1. A "Z" prefix followed by the digit "0", examples are "RA5" to "RA7","RB24," "RB25," "RB27," RB29," "RD21," "RD23" and "RH22."
2. A "Z" prefix followed by "1", these are replacements of replacements; examples are "RA6," "RA8," "RB26," "RB28," "RB30," "RD22," "RD24" and "RH23"
3. A "BO" prefix followed by "0", an example is "RH20" shown in the table below
4. A "BO" prefix followed by "1" are replacements of replacements as in "RH21." They are scarce.
5. As shown in the table below, "RB29" and "RB32" have special serial numbers.

In general, All notes with a serial number above 100000 are replacements.

Printer: JEZ

MWR	SCWPM	AV	Prefix	Date and Remarks	F	VF
A 5 Gulden						
RA1	P90	18.1a.R	1 AA - 5 QC	26.4.1966	10	50
RA2	P90	18.1b.R	1 QD - 1 TH	26.4.1966	15	50
RA3	P90	18.1d.1.R	1 XA - 2 XF	26.4.1966	200	950
RA4	P90	18.1d.2.R	1 XG - 3 XM	26.4.1966	100	400
RA5	P90	18.2a	5 ZZ - 1 ZU	Serial numbers 000001 - 100000	50	200
RA6	P90	18.2a.R	5 ZZ - 1 ZU	Serial numbers > 100001	40	80
RA7	P90	18.2b	5 ZT	Serial numbers 000001 - 100000	400	1200
RA8	P90	18.2b.R	5 ZT	Serial numbers > 100001	RRRR	
RA9	P95	19.1a.R	0666 & 0664 ,0662 - 0660	28.3.1973	100	200
B 10 Gulden						
RB1	P43	28.1c.R	JS - UO	16.4.1930 - 21.9.1926	70	150
RB2	P43	28.1c.1.R	UA - UB	1.4.1930 and 2.4.1930	RR	
RB3	P43	28.1c.1.R	UC - UD	Series 105600 – 100000	RR	
RB4	P43	28.1c.1.R	TW - TZ	Series -102801 / 102500 - 100000 104100 – 103601 / 103300	RR	
RB5	P43	28.1d.R	UP - ZZ	11.3.1932 - 17.4.1930	50	200
RB6	P43	28.1d.20 - 1.R	WA - WH & WJ - WU	Replacements starting from number 020001	RRRR	
RB7	P43	28.1d.21.R	XL - XM	1.11.1930 and 3.11.1930	RRRR	
RB8	P43	28.1d.22.R	ZL - ZN	16.4.1931 till 18.4.1931	RRRR	
RB9	P43	28.1e.R	BBB - BBM	28.2.1932 - 15.2.1932	250	600
RB10	P43	28.2a.R	BBN - BBX	11.3.1932- 29.2.1932	250	600

MWR	SCWPM	AV	Prefix	Date and Remarks	F	VF
B 10 Gulden							
RB11	P43	28.2b.R	BBZ - CCQ	6.5.1932 - 12.3.1932	150	600
RB12	P49	29.1a.R	AA - QS	26.10.1938-1.6.1933	20	90
RB13	P49	29.1b.1.R	1 QT - 8 RM	26.8.1939 - 28.10.1938	20	90
RB14	P49	29.1b.2.R	1 RN - 8 RP	11.10.1939 - 29.8.1939	RRRR	
RB15	P53	30.1.R	1 AA - 8 AE	10.1.1941-1.6.1940	50	300
RB16	P56	31.1.R	1 AA - 8 AO	19.3.1941 -1940 .9.7	15	45
RB17	P56	31.2.R	1 AP - 8 CG	21.9.1942 - 3.4.1941	15	45
RB18	P59	32.1.R	1 AA - 3 CM	22.4.1944-4.1.1943	15	45
RB19	P74	34.1a.R	1 AA - 7 BE & 1 BL - 7 DZ	7.5.1945	100	400
RB20	P74	34.1b.R	1 BF - 7 BK	7.5.1945	RRRR	
RB21	P85	36.1a.1.R	1 AA - 6 BC	23.3.1953	15	50
RB22	P85	36.1a.2.R	1 BD - 6 BP	23.3.1953	15	35
RB23	P85	36.1a.3.R	1 BQ - 2 DG	23.3.1953	15	35
RB24	P85	36.1a.4.R	1 DH - 6 JM	23.3.1953	15	40
RB25	P85	36.1a.5.R	1 JN - NH & 1 NJ - 6 NM	23.3.1953	15	30
RB26	P85	36.1a.6.R	1 NJ - 6 NM & 1 NN - 6 YZ	23.3.1953	15	30
RB27	P85	36.1b.R	AAA - EKM	23.3.1953	30	90
RB28	P85	36.2a.1	4 ZX - 6 ZZ	Serial numbers 100000 - 000001 with repeating "10" as WM at centre	50	200
RB29	P85	36.2a.1.R	4 ZX 6- ZZ	Serial numbers > 100001 with repeating "10" as WM at centre	RRRR	
RB30	P85	36.2a.2	4 ZX - 6 ZZ	Serial numbers 100000 - 000001 without repeating "10" as WM at centre	50	200
RB31	P85	36.2a.2.R	4 ZX - 6 ZZ	Serial numbers > 100001 without repeating "10" as WM at centre	RRRR	
RB32	P85	36.2b	ZZD - ZZZ	Serial numbers 100000 - 000001	50	150
RB33	P85	36.2b.R	ZZD - ZZZ	Serial numbers > 100001	RRRR	
RB34	P91	37.1a.1.1	0570 - 0001	25.4.1968 With point behind imp*		40
RB35	P91	37.1a.1.2	0571 - 0618	25.4.1968 With point behind imp*	RRRR	
RB36	P91	37.1a.2.1	0001 - 0570	25.4.1968 Without point behind imp*	RRRR	
RB37	P91	37.1a.2.2	0571 - 0618	25.4.1968 Without point behind imp*	15	50
C 20 Gulden							
RC1	P44	40.1a.R	AA - DF	5.10.1938- 2.1.1926	90	400
RC2	P44	40.1a.1.R	CP, CR, CT, CV & CX	19.5.1926 - 8.5.1926	RRR	
RC3	P44	40.1a.2.R	CS, CU & CW	19.5.1926 - 8.5.1926	RRR	
RC4	P44	40.1a.2.1.R	CQ	10.5.1926	RRRR	
RC5	P44	40.1b.1.R	DG - DL	7.3.1930 - 3.3.1930	RR	
RC6	P44	40.1b.2.R	DM - DV	12.2.1932 - 2.2.1931	70	350
RC7	P44	40.2.R	DW - EK	5.10.1938 - 9.10.1936	70	325
RC8	P54	41.1a.R	AA - BG	27.10.1939 -9.7.1939	15	50

Netherlands Continued

MWR	SCWPM	AV	Prefix	Date and Remarks	Prices F	VF
	**C 20 Gulden**						
RC9	P54	41.1b.1.R	BH - CF	28.12.1940 - 2.10.1940	15	45
RC10	P55	41.1b.2.R	CG - CW	5.6.1941 - 16.5.1941	90	240
RC11	P54	41.1b.3.R	CX - KP	19.3.1941	25	200
RC12	P86	43.1.R	1 AA - 6 AX	8.11.1955	110	350
	**D 25 Gulden**						
RD1	P45	47A.1.R	FE - HN	15.7.1927 - 15.8.1928	60	250
RD2	P46	47B.1a.R	HO - HS	15.7.1929 - 19.7.1929	RRR	
RD3	P46	47B.1b.R	HT - KH & KL - KX	20.7.1929 - 28.6.1930	100	450
RD4	P46	47B.1b.1.R	KJ - KK	12.6.1930 and 13.6.1930	RRRR	
RD5	P50	48.1.R	AA - AS	1.6.1931- 20.6.1931	90	250
RD6	P50	48.1a - 1j.R	WA - WH & WJ - WL	Replacements starting from number 020001	RRRR	
RD7	P50	48.2a.R	AT - ES	1.5.1939 and 2.5.1939	20	60
RD8	P50	48.2b.R	ET - FA	4.5.1939 - 26.5.1939	RRR	
RD9	P50	48.2c.R	FB - GQ	4.9.1940 - 10.2.1941	100	450
RD10	P50	48.2d.R	GR - OR	19.3.1941	20	90
RD11	P57	49.1.R	AA - CD	20.5.1940	200	800
RD12	P60	50.1a.R	1 AA - 4 AU	4.10.1943-2.5.1944	RRR	
RD13	P60	50.1b.R	10 AA - 12 AT	4.10.1943-2.5.1944	RRR	
RD14	P77	52.1a.R	Classic Serial number*	7.5.1945	400	
RD15	P77	52.1b.R	Modern Serial number*	7.5.1945	RR	
RD16	P84	53.1.R	1 AA - 8 BX	19.3.1947	200	800
RD17	P84	54.1.R	6/1 AA - 3 DH	1.7.1949	40	90
RD18	P87	54.1a.R	7 YY	1.7.1949	RRRR	
RD19	P87	55.1a.1.R	1 AA - 5 EO	10.4.1955	20	45
RD20	P87	55.1a.2.R	1 EP - 5 YZ	10.4.1955	20	40
RD21	P87	55.1b.R	AAA - BTS	10.4.1955	45	300
RD22	P87	55.2a	5 ZZ - 2ZU	Serial numbers 100000 - 000001	60	100
RD23	P87	55.2a.R	5 ZZ - 2ZU	Serial numbers > 100001	RRRR	
RD24	P87	55.2a.R	ZZZ - ZZD	Serial numbers 100000 - 000001	RRR	
RD25	P87	55.2b.R	ZZZ - ZZD	Serial numbers > 100001	RRRR	
	**E 40 Gulden**						
RE1	P37	61.1c.R	AV - AY	24.2.1927 - 1.2.1923	RRRR	
	**F 50 Gulden**						
RF1	P47	64.1.a.R	AP - AU	24.4.1929 - 18.4.1929	500	
RF2	P47	64.1.b.R	AV - CB	21.5.1931 - 25.4.1929	90	300
RF3	P47	64.1b.1.R	BM	4.7.1930	RRRR	
RF4	P47	64.1b.2.R	BR - BS	21.5.1931 - 25.4.1929	RRRR	

Netherlands Continued

MWR	SCWPM	AV	Prefix	Date and Remarks	Prices F	VF
			F 50 Gulden			
RF5	P58	65.1.R	AA - CQ	19.3.1941 -2.1.1941	150	850
RF6	P78	67.1.R	AA - DY	7.5.1945		350
			G 60 Gulden			
RG1	P38	72.1c.R	AQ - AU	5.2.1927 -09.04.1923	RRRR	
			H 100 Gulden			
RH1	P39	80.1b.5.1.R	BF - BS	8.12.1928 - 23.1.1922	RR	
RH2	P39	80.1b.5.2.R	BT - BX	6.9.1929 - 2.9.29	RRR	
RH3	P51	81.1.R	AA - AO	7.3.1931 - 1.10.1930	30	120
RH4	P51	81.1a.R	AP - AQ	9.3.1931 and 10.3.1931	RRRR	
RH5	P51	81.2.R	AR - AV	6.6.1932 - 1.6.1932	80	220
RH6	P51	81.3a.R	AW - CT	1.7.1935 - 17.7.1939	20	40
RH7	P51	81.3b.R	CU - DM	18.11.1940 - 7.12.1940	20	40
RH8	P51	81.4a.R	DN - ER	25.4.1941 - 30.5.1941	20	40
RH9	P51	81.4b.1.R	ES - HU	12.10.1942 - 2.1.1942	20	40
RH10	P51	81.4b.2.R	HV - KZ	30.3.1944 - 3.1.1944	10	20
RH11	P79	83.1a.R	signature above title*	7.5.1945	RR	
RH12	P79	83.1b.R	signature through title*	7.5.1945	RR	
RH13	P82	84.1.R	1 AA - 6 CA	9.7.1947	60	480
RH14	P82	84.1a.R	6/1 BJ, 5/1 BK , 6/1 BL, 5/1 BM & 6/1 BU	9.7.1947	90	360
RH15	P88	85.1a.R	1 AA - 5 CO	2.2.1953	60	150
RH16	P88	85.1a.1.R	7 YY	2.2.1953	RRRR	
RH17	P88	85.1b.R	1 CP - 5 VX	2.2.1953	200	800
RH18	P88	85.1b.1.R	2/1 FV & 2/1 FY	2.2.1953	RRRR	
RH19	P88	85.1b.2.R	5/1 GP, 5/1 GQ & 5/1 GR	2.2.1953	RRRR	
RH20	P88	85.2a	1 BO	Serial numbers 100000 - 000001	RRRR	
RH21	P88	85.2a.R	1 BO	Serial numbers > 100001	RRRR	
RH22	P88	85.2b	1 ZZ - 5 ZU	Serial numbers 000001 - 100000	90	280
RH23	P88	85.2b.R	1 ZZ - 5 ZU	Serial numbers > 100001	RRRR	
			I 200 Gulden			
RI1	P40	92.1b.4.R	AE	1.12.1922 - 18.2.1927	RRRR	
			K 300 Gulden			
RK1	P41	97.1b.4.R	AD	2.12.1922 - 19.2.1927	RRRR	
			L 500 Gulden			
RL1	P52	101.1.R	AA - AF	1-4.12.1930	350	1500

Netherlands Continued

MWR	SCWPM	AV	Prefix	Date and Remarks	Prices F	VF
			M 1000 Gulden			
RM1	P48	106A.2	AO - AQ	12.10.1931-14.10.1931	100	450
RM2	P48	106A.3	AR - AV	1.9.1938 - 7.10.1938	100	450
RM3	P48	106A.3.1	AW - AX	8.10.1938 - 11.10.1938	RRRR	
RM4	P89	108.1a.R	AA - AK	15.7.1956	RR	
RM5	P89	108.1b.R	AL - EH	15.7.1956	500	1600

RRRR means 0 to 5 examples known   RRR means 6 to 10 examples known   RR means 11 to 25 examples known
*RB34,35,36,37 without double circle at upper left on back. With wedge-shaped cut marks

*RD14    *RD15    *RH11    *RH12

Netherlands RA1

Netherlands RA5

Netherlands RB1

Netherlands RB9

Netherlands RB16

Netherlands RB20

Netherlands RB34

Netherlands RC8

Netherlands RC9

Netherlands RC11

Netherlands RD5

Netherlands RD10

Netherlands RD20

Netherlands RD21

Netherlands RF2

Netherlands RF5

Netherlands RH3

Netherlands RH7

New Zealand

Replacement notes started in 1968, the 1968 to 1990 issued notes have a star "*" prefix or suffix. There are variations in prices according to the letters and digits preceding the star as shown later; examples include "OA*," " OB*," "Y90*," "Y91*"

MWR	SCWPM	Prefix	Date	Signatures	Printer	Prices VF	UNC
	**A 1 Dollar**
RA1	P163b	OA*	1968-75	D.L.Wilks	TDLR	1350	5500
RA2	P163b	0B*	1968-75	D.L.Wilks	TDLR	1350	5500
RA3	P163b	0C*	1968-75	D.L.Wilks	TDLR	1350	5500
RA4	P163b	Y90*	1968-75	D.L.Wilks	TDLR	200	590
RA5	P163c	Y90*	1975-77	R.L.Knight	TDLR	75	300
RA6	P163c	Y91*	1975-77	R.L.Knight	TDLR		20
RA7	P163d	Y91*	1977-81	H.R.Hardie	TDLR		20
RA8	P163d	Y92*	1977-81	H.R.Hardie	TDLR		15
RA9	P169a	AA*	1981-85	H.R.Hardie with title Chief Cashier	BWC		15
RA10	P169a	AB*	1981-85	H.R.Hardie with title Chief Cashier	BWC	10	50
	**B 2 Dollars**
RB1	P164b	0A0*	1968-75	D.L.Wilks	TDLR	1350	5500
RB2	P164b	0A1*	1968-75	D.L.Wilks	TDLR	1350	5500
RB3	P164b	0A2*	1968-75	D.L.Wilks	TDLR	1350	5500
RB4	P164b	9Y0*	1968-75	D.L.Wilks	TDLR	450	1500
RB5	P164b	9Y1*	1968-75	D.L.Wilks	TDLR	11000	32000
RB6	P164c	Y91*	1975-77	R.L.Knight	TDLR	150	400
RB7	P164c	Y92*	1975-77	R.L.Knight	TDLR	10	40
RB8	P164d	Y92*	1977-81	H.R.Hardie	TDLR	10	40
RB9	P164d	Y93*	1977-81	H.R.Hardie	TDLR	15	35
RB10	P170a	EA*	1981-85	H.R.Hardie with title Chief Cashier	BWC		20
RB11	P170a	EB*	1981-85	H.R.Hardie with title Chief Cashier	BWC		15
	**C 5 Dollars**
RC1	P165b	001*	1968-75	D.L.Wilks	TDLR	1350	5500
RC2	P165b	002*	1968-75	D.L.Wilks	TDLR	1350	5500
RC3	P165b	990*	1968-75	D.L.Wilks	TDLR	1150	4000
RC4	P165c	990*	1975-77	R.L.Knight	TDLR	100	400
RC5	P165c	991*	1975-77	R.L.Knight	TDLR	55	150
RC6	P165d	991*	1977-81	H.R.Hardie	TDLR	55	150
RC7	P165d	992*	1977-81	H.R.Hardie	TDLR	30	100
RC8	P171a	JA*	1981-85	H.R.Hardie with title Chief Cashier	BWC	30	100
RC9	P171b	JA*	1985-89	S.T.Russell with title GOVERNOR	BWC	50	150
RC10	P177a	ZZ	1992-93	D.T.Brash	TDLR	50	150
RC11	P177c	ZZ Uncut Sheet	1993-99	D.T.Brash	TDLR	20	40

New Zealand Continued

MWR	SCWPM	Prefix	Date	Signatures	Printer	VF	UNC
\multicolumn{8}{c}{**D 10 Dollars**}
RD1	P166b	A0*	1968-75	D.L.Wilks	TDLR	1100	3800
RD2	P166b	A1*	1968-75	D.L.Wilks	TDLR	5400	18000
RD3	P166b	99A*	1968-75	D.L.Wilks	TDLR	250	1000
RD4	P166b	99B*	1968-75	D.L.Wilks	TDLR	6500	17000
RD5	P166c	99B*	1968-75	R.L.Knight	TDLR	100	250
RD6	P166c	99C*	1968-75	R.L.Knight	TDLR	250	1750
RD7	P166d	99C*	1968-75	H.R.Hardie	TDLR	50	140
RD8	P166d	99D*	1968-75	H.R.Hardie	TDLR	150	500
RD9	P172a	NA*	1981-85	H.R.Hardie with title Chief Cashier	BWC	45	150
RD10	P172a	NB*	1981-85	H.R.Hardie with title Chief Cashier	BWC	45	150
RD11	P172b	NB*	1985-89	S.T.Russell with title GOVERNOR	BWC	30	150
RD12	P178	ZZ	1993-99	D.T.Brash	TDLR	35	90
RD13	P182a	ZZ	1994-95	D.T.Brash	TDLR	35	90
RD14	P182b	ZZ	1996-97	D.T.Brash	TDLR	35	80
RD15	P186a	ZZ	2003	D.T.Brash	TDLR	20	50
\multicolumn{8}{c}{**E 20 Dollars**}
RE1	P167b	AA*	1968-75	D.L.Wilks	TDLR	800	2800
RE2	P167b	YJ*	1968-75	D.L.Wilks	TDLR	350	1500
RE3	P167c	YJ*	1975-77	R.L.Knight	TDLR	500	3500
RE4	P167d	YJ*	1977-81	H.R.Hardie	TDLR	125	590
RE5	P167d	YK*	1977-81	H.R.Hardie	TDLR	600	2200
RE6	P173a	TA*	1981-85	H.R.Hardie with title Chief Cashier	BWC	50	150
RE7	P179a	ZZ	1992-99	D.T.Brash	TDLR	50	200
RE8	P183	ZZ	1992-99	D.T.Brash	TDLR	35	100
\multicolumn{8}{c}{**F 50 Dollars**}
RF1	P180	ZZ	1992-2000	D.T.Brash	TDLR	100	320
\multicolumn{8}{c}{**G 100 Dollars**}
RG1	P181	ZZ	1992-99	D.T.Brash	TDLR	500	1250

New Zealand RA6

New Zealand RA7

New Zealand RA9

New Zealand RB7

New Zealand RB8

New Zealand RB9

New Zealand RB10

New Zealand RC5

New Zealand RC6

New Zealand RC7

New Zealand RC8

New Zealand RC9

New Zealand RD9

New Zealand RD10

New Zealand RD13

New Zealand RD15

New Zealand RE4

New Zealand RE5

New Zealand RE6

New Zealand RE7

Nicaragua

Replacement notes of Nicaragua started in 1985, they have the prefix "ZA" or "ZB" and later on, "A/R" and "Z/1" prefix. Replacement notes are still being issued. The "ZB" prefix is scarce and may cost more.

Monetary Unit: 1 Cordoba = 100 Centavos 1912-87 - 1 New Cordoba = 1000 old Cordobas 1988-90 - 1 Cordoba Oro = 100 Centavos 1990-

MWR	SCWPM	Date	Prefix	VF	UNC
A 10 Cordobas					
RA1	P151	1985(1988)	ZA		25
RA2	P201a	2007/2009	A/R		15
RA3	P201b	2007/2012	A/R		15
RA4	P209r	26.03.2014	R		10
B 20 Cordobas					
RB1	P152	1985(1988)	ZA		10
RB2	P202a	2007/2009	A/R		15
RB3	P202b	2007/2012	Z/1		15
RB4	P210r	26.03.2014	R		15
C 50 Cordobas					
RC1	P153	1985(1988)	ZA		35
RC2	P203	L12.9.2007	A/R		20
RC3	P207	1.1.2011	BCN R		35
RC4	P211r	26.03.2014	R		35
D 100 Cordobas					
RD1	P154	1985(1988)	ZA		30
RD2	P204	L12.9.2007	A/R		45
RD3	P208	2012	Z/1		30
RD4	P212r	26.03.2014	R		25
E 200 Cordobas					
RE1	P205a	2007/2009	A/R	30	130
RE2	P205b	2007/2012	Z/1	25	90
RE3	P213r	26.03.2014	R	20	50
F 500 Cordobas					
RF3	P155	1985(1988)	ZA		30
RF5	P206	2012	Z/1	20	80
RF6	P214r	26.03.2014	R	20	70

Nicaragua Continued

MWR	SCWPM	Date	Prefix	VF	UNC
G 1000 Cordobas					
RG3	P156	1985(1988)	ZA	5	20
RG4	P216r	2016	R	20	75
I 10,000 Cordobas					
RI1a	P158	ND 1989	ZA		20
RI1b	P158	ND 1989	ZB		35
L 100,000 Cordobas					
RL2	P159	ND 1989	ZA		40
N 500,000 Cordobas					
RN2	P163	ND 1990	ZB		35

Nicaragua RA1

Nicaragua RA2

Nicaragua RB1

Nicaragua RB2

Nicaragua RC1

Nicaragua RC3

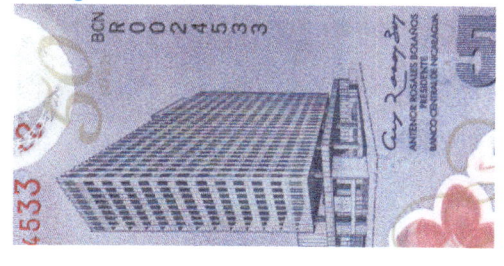

Nicaragua RD2

Nicaragua RE1

Nicaragua RF3

Nicaragua RG3

Nicaragua RI1a

Nicaragua RI1b

Nigeria

Replacement notes of Nigeria started in 1973 with the prefix "DZ" as the denominator and later on as a two-letter prefix. The replacement notes may have a "Z" denominator; this was observed in the 1 and 20 Nairas.

Monetary Unit: 1 Shilling = 12 Pence
1 Pound = 20 Shillings to 1973
1 Naira (10 Shillings) = 100 Kobo, 1973-

MWR	SCWPM	Date	Prefix	Sign	VF	UNC
A 50 Kobo						
RA1	P14a	ND (1973-1978)	DZ/	1	30	120
RA2	P14b	ND (1973-1978)	DZ/	2	35	150
RA3	P14c	ND (1973-1978)	DZ/	3	30	100
RA4	P14d	ND (1973-1978)	DZ/	4	30	100
RA5	P14e	ND (1973-1978)	DZ/	5	30	100
RA6	P14f	ND (1973-1978)	DZ/	6	20	75
RA7	P14g	ND (1973-1978)	DZ/	7	20	75
RA8	P14h	ND (1973-1978)	DZ/	8	20	75
RA9	P14i	ND (1973-1978)	DZ/	9	10	45
B 1 Naira						
RB1	P15a	ND (1973-1978)	DZ/	1	100	250
RB2	P15b	ND (1973-1978)	DZ/	2	100	250
RB3	P15c	ND (1973-1978)	DZ/	3	100	250
RB4	P15d	ND (1973-1978)	DZ/	4	75	200
RB5	P19a	ND 1979-84	DZ/ - Z/	4	75	200

MWR	SCWPM	Date	Prefix	Sign	Prices VF	UNC
	**B 1 Naira**
RB6	P19b	ND 1979-84	DZ/	5	10	30
RB7	P19c	ND 1979-84	DZ/	6	8	30
RB8	P23a	ND (1984 -)	DZ/	6	5	50
RB9	P23b	ND (1984 -)	DZ/	7	5	40
RB10	P23c	ND (1984 -)	DZ/	8	5	20
RB11	P23d	ND (1984 -)	DZ/	9	5	20
	**C 5 Naira**
RC1	P16a	ND (1973-1978)	DZ/	1	70	190
RC2	P16b	ND (1973-1978)	DZ/	2	70	190
RC3	P16c	ND (1973-1978)	DZ/	3	70	190
RC4	P16d	ND (1973-1978)	DZ/	4	70	190
RC5	P20a	ND (1979-1984)	DZ/	4	70	190
RC6	P20b	ND (1979-1984)	DZ/	5	70	190
RC7	P20c	ND (1979-1984)	DZ/	6	70	190
RC8	P24a	ND (1984-2000)	DZ/	6	20	75
RC9	P24b	ND (1984-2000)	DZ/	7	20	75
RC10	P24c	ND (1984-2000)	DZ/	8	20	75
RC11	P24d	ND (1984-2000)	DZ/	9	20	75
RC12	P24e	ND (1984-2000)	DZ/	10	20	75
RC13	P24f	ND (1984-2000)	DZ/	11	15	65
RC14	P24g	2001	DZ/	11	10	50
RC15	P24g	2002	DZ/	11	10	50
RC16	P24h	2004	DZ/	12	10	50
RC17	P24h	2005	DZ/	12	10	50
RC18	P24i	2005	DZ/	13	8	45
RC19	P24j	2005	DZ/	14	8	45
RC20	P32a	2006	DZ/	14		20
RC21	P32b	2007	DZ/	14		15
RC22	P32c	2008	DZ/	14		10
RC23	P38a	2009	DZ/	14		10
RC24	P38b	2009	DZ/	15		10
RC25	P38c	2011	DZ/	15		10
RC26	P38d	2013	DZ/	16		10
RC27	P38e	2014	DZ/	17		10
RC28	P38f	2015	DZ/	18		10
RC29	P38g	2016	18	DZ/		10
RC31	P38	2018	18	DZ/		10
RC32	P38	2019	19	DZ/		10
	**D 10 Naira**
RD1	P17a	ND (1973-1978)	DZ/	1	100	200
RD2	P17b	ND (1973-1978)	DZ/	2	100	200
RD3	P17c	ND (1973-1978)	DZ/	3	100	200
RD4	P17d	ND (1973-1978)	DZ/	4	150	475

Nigeria Continued

MWR	SCWPM	Date	Prefix	Sign	Prices VF	UNC
D 10 Naira							
RD5	P21a	ND 1979-84	DZ/	4	10	40
RD6	P21b	ND 1979-84	DZ/	5		40
RD7	P21c	ND 1979-84	DZ/	6		40
RD8	P25a	ND 1979-84	DZ/	6		40
RD9	P25b	ND 1979-84	DZ/	7		40
RD10	P25c	ND 1979-84	DZ/	8		30
RD11	P25d	ND 1979-84	DZ/	9		30
RD12	P25e	ND 1979-84	DZ/	10		30
RD13	P25f	2001	DZ/	11		20
RD14	P25f	2002	DZ/	11		20
RD15	P25f	2003	DZ/	11		20
RD16	P25g	2003	DZ/	12		20
RD17	P25g	2004	DZ/	12		20
RD18	P25g	2005	DZ/	12		20
RD19	P25k	2005	DZ/	13		20
RD20	P25l	2005	DZ/	14		20
RD21	P33a	2006	DZ/	14		15
RD22	P33b	2007	DZ/	14		15
RD23	P33c	2008	DZ/	14		15
RD24	P33d	2009	DZ/	14		15
RD25	P39a	2009	DZ/	14		10
RD26	P39a	2009	DZ/	15		10
RD27	P39b	2010	DZ/	15		10
RD28	P39b	2010	DZ/	16		10
RD29	P39c	2011	DZ/	16		6
E 20 Naira						
RE1	P18a	1977-84	DZ/	2	15	100
RE2	P18b	1977-84	DZ/	3	15	90
RE3	P18c	1977-84	DZ/	4	15	90
RE4	P18d	1977-84	DZ/	5	15	90
RE5	P18e	1977-84	DZ/	6	15	90
RE6	P26a	ND1984-	DZ/	6	15	90
RE7	P26b	ND1984-	DZ/	7	15	90
RE8	P26c	ND1984-	DZ/	8	15	90
RE9	P26d	ND1984-	DZ/	9		100
RE10	P26e	ND1984-	DZ/	10		60
RE11	P26f	ND1984-	DZ/	10		60
RE12	P26g	2001	DZ/	11		15
RE13	P26g	2002	DZ/	11		15
RE14	P26g	2003	DZ/	11		15
RE15	P26h	2003	DZ/	12		15
RE16	P26h	2004	DZ/	12		15

Nigeria Continued

MWR	SCWPM	Date	Prefix	Sign	Prices VF	UNC
			E 20 Naira			
RE17	P26i	2005	DZ/	13		15
RE18	P26j	2005	DZ/	14		15
RE19	P26j	2006	DZ/ - Z/	14	5	30
RE20	P34a	2006	DZ/	14		10
RE21	P34b	2007	DZ/	14		10
RE22	P34c	2007	DZ/	14		10
RE23	P34d	2008	DZ/	14		10
RE24	P34e	2009	DZ/	14		10
RE25	P34e	2009	DZ/	15		10
RE26	P34f	2010	DZ/	15		10
RE27	P34f	2010	DZ/	16		10
RE28	P34g	2011	DZ/	16		15
RE36	P34m	2017	DZ/	18		10
			F 50 Naira			
RF1	P27a	ND1991	DZ/	8	10	40
RF2	P27b	ND1991	DZ/	9		40
RF3	P27c	ND1991	DZ/	10		40
RF4	P27d	2001	DZ/	11		25
RF5	P27e	2004	DZ/	12		20
RF6	P27f	2005	DZ/	13		15
RF7	P27f	2005	DZ/	14		15
RF8	P35a	2006	DZ/	14		15
RF9	P35b	2007	DZ/	14		15
RF10	P35c	2008	DZ/	14		15
RF11	P40a	2009	DZ/	14		10
RF12	P40a	2009	DZ/	15		10
RF13	P40b	2010	DZ/	15		10
RF14	P37	30.09.2010	DZ/	17		15
RF15	P40c	2011	DZ/	16		10
RF16	P40d	2013	DZ/	17		10
RF18	P40f	2016	DZ/	18		10
RF22	P40	2020	DZ/	20		10
RF23	P40	2021	DZ/	20		10
			G 100 Naira			
RG1	P28a	1999	DZ/	11		25
RG2	P28b	1999	DZ/	11		25
RG3	P28c	2001	DZ/	11		20
RG4	P28d	2004	DZ/	12		15
RG5	P28e	2005	DZ/	13		15
RG6	P28f	2005	DZ/	14		15
RG7	P28g	2006	DZ/	14		15
RG8	P28h	2007	DZ/	14		15
RG9	P28i	2009	DZ/	14		15

Nigeria Continued

MWR	SCWPM	Date	Prefix	Sign	VF	UNC
			G 100 Naira			
RG10	P28i	2009	DZ/	15		15
RG11	P28j	2010	DZ/	15		15
RG12	P28j	2010	DZ/	16		15
RG13	P28k	2011	DZ/	16		15
RG14	P28l	2012	DZ/	16		15
RG15	P28l	2012	DZ/	17		15
RG22	P41	2021	DZ/	20		15
			H 200 Naira			
RH1	P29a	2000	DZ/	11	5	25
RH2	P29a	2001	DZ/	11	5	20
RH3	P29a	2002	DZ/	11	3	20
RH4	P29b	2003	DZ/	12	3	20
RH5	P29c	2004	DZ/	13	3	20
RH6	P29c	2005	DZ/	13	3	20
RH7	P29d	2005	DZ/	13	3	20
RH8	P29e	2006	DZ/	14	3	15
RH9	P29f	2007	DZ/	14	3	15
RH10	P29g	2008	DZ/	14	3	15
RH11	P29h	2009	DZ/	14	3	15
RH12	P29h	2009	DZ/	15	3	15
RH13	P29i	2010	DZ/	15	3	15
RH14	P29i	2010	DZ/	16	3	15
RH15	P29i	2010	DZ/	16	3	15
RH16	P29j	2011	DZ/	16	3	12
RH17	P29k	2012	DZ/	16	3	12
RH18	P29l	2012	DZ/	17		10
RH20	P29n	2014	DZ/	17		10
RH27	P29	2021	DZ/	20		10
			I 500 Naira			
RI1	P30a	2001	DZ/	10	5	55
RI2	P30a	2002	DZ/	10	5	50
RI3	P30b	2004	DZ/	11	5	40
RI4	P30c	2005	DZ/	13	5	40
RI5	P30d	2005	DZ/	14	5	40
RI6	P30f	2006	DZ/	14	5	35
RI7	P30g	2007	DZ/	14	5	30
RI8	P30	2008	DZ/	14	5	30
RI9	P30h	2009	DZ/	14	5	30
RI10	P30h	2009	DZ/	15	5	30
RI11	P30i	2010	DZ/	16	5	25
RI12	P30j	2011	DZ/	16	5	25
RI13	P30k	2012	DZ/	17	5	25

Nigeria Continued

MWR	SCWPM	Date	Prefix	Sign	VF	UNC
	**I 500 Naira**						
RI18	P30p	2017	DZ/	18		10
RI19	P30	2018	DZ/	18		10
RI22	P30	2021	DZ/	19		10
RI23	P30	2022	DZ/	20		10
	**J 1000 Naira**						
RJ1	P36a	2005	DZ	14	10	65
RJ2	P36b	2006	DZ	14	10	65
RJ3	P36c	2007	DZ	14	10	60
RJ4	P36d	2009	DZ	15	10	40
RJ5	P36e	2010	15	DZ/	10	40
RJ6	P36f	2010	16	DZ/	10	40
RJ7	P36g	2011	16	DZ/	10	40
RJ8	P36h	2012	17	DZ/	10	40
RJ9	P36i	2013	17	DZ/	10	40
RJ10	P36j	2014	17	DZ/	10	40
RJ19	P36	2020	19	DZ/		15
RJ21	P36	2022	20	DZ/		15
RJ23	PW49	2022	20	DZ/		15

Nigeria Signatures

1 Clement Nyong Isong

unknown

2 Mallam Adamu Ciroma

Alhaji A. O. G. Otiti

3 Ola Vincent

Amusa A. O. G.Otiti

4 Ola Vincent

unknown

5 Ola Vincent

Cletus N. Nwagwu

6 Abdulkadir Ahmed

Cletus N. Nwagwu

7 Abdulkadir Ahmed

unknown

8 Abdulkadir Ahmed

Alhaji M. Adetoro

9 Abdulkadir Ahmed

Alhaji M. A. Sadiq

10 Paul Agbai Ogwuma

Alhaji M. A. Sadiq

Nigeria Signatures

11 Joseph Oladele Sanusi	Alhaji M. A. Sadiq	12 Joseph Oladele Sanusi	P.I.C.Anene
13 Charles C. Soludo	P.I.C.Anene	14 Charles C. Soludo	Benjamin C. Onyido
15 Sanusi L. Aminu Sanusi	Benjamin C. Onyido	16 Sanusi L. Aminu Sanusi	Muhammad Nda
17 Sanusi L. Aminu Sanusi	Mahmoud K. Umar	18 Godwin Emefiele	Olufemi Fabamwo
18 Godwin Emefiele	Ekwere Eleje	18 Godwin Emefiele	Ahmed Bello Umar

Nigeria RA2

Nigeria RB4

Nigeria RC13

Nigeria RD17

Nigeria RE28

Nigeria RF11

Norway

Replacement notes of Norway started in 1945 and ended in 1987, they have one of the following prefixes "Z-0", "Z-1", "Z-5", "Z-8", "X", "G-2", "Q" and "H". The 1, 2 and 5 Kroner have either a "Z-0" or "Z-8" prefix. The 10, 50, 100 and 1000 Kroner (1966-1980) have an "X" prefix. The 10 and 100 Kroner (1977-1981) have an "H" prefix. The 500 and 1000 Kroner (1971-1976) have a "G-2" prefix. The 10 and 100 Kroner (1972-1977) have a "Q" prefix, "Q" prefixes are "QA", "QB" and so on. MWR coding is reserved for future discoveries of NR.

Monetary Unit: 1.00 Norwegian Krone (NOK) = 100 ore

MWR	SCWPM	Date	Prefix	Sign.	VG	F/VF
A 1 Krone						
RA1	P15	1946	Z-0	E.Thorp	4,000	4,800
RA3	P15	1947	Z-0	E.Thorp	4,000	
RA5	P15	1948	Z-0	E.Thorp	3,000	4,000
RA6	P15	1948	Z-8	E.Thorp	4,000	
RA7	P15	1949	Z-0	E.Thorp	4,000	
RA9	P15	1950	Z-0	E.Thorp	NR	
B 2 Kroner						
RB1	P16	1946	Z-0	E.Thorp	NR	
RB3	P16	1947	Z-0	E.Thorp	VG3500	
RB5	P16	1948	Z-0	E.Thorp	900	4,200
RB6	P16	1948	Z-8	E.Thorp	900	4,700
RB7	P16	1949	Z-0	E.Thorp	700	1,700
RB9	P16	1950	Z-0	E.Thorp	NR	
RB10	P16	1950	Z-8	E.Thorp	900	4,700
C 5 Kroner						
RC1	P25	1945	Z-0	Meldahl Nielsen	900	F5200
RC2	P25	1945	Z-8	Meldahl Nielsen	900	5,000
RC5	P25	1947	Z-0	E.Thorp	900	5,000
RC7	P25	1948	Z-0	E.Thorp	1,500	6,400
RC13	P25	1951	Z-0	E.Thorp	VG3300	F4300
RC14	P25	1951	Z-8	E.Thorp	VG3300	F4300
RC15	P25	1952	Z-0	E.Thorp	VG4500	F5500
RC17	P25	1953	Z-0	E.Thorp	VG4500	F5500
RC18	P25	1953	Z-8	E.Thorp	VG5700	F6700
RC19	P25	1954	Z-0	E.Thorp	1,200	1,500
RC21	P30	1955	Z-0	Brofoss/Thorp	1,100	1,400

MWR	SCWPM	Date	Prefix	Sign.	VG	F/VF
	**C 5 Kroner**
RC22	P30	1955	Z-8	Brofoss/Thorp	450	1,400
RC23	P30	1956	Z-0	Brofoss/Thorp	400	1,300
RC25	P30	1957	Z-0	Brofoss/Thorp	250	800
RC27	P30	1959	Z-0	Brofoss/Ottesen	VG 1100	F 1400
RC29	P30	1960	Z-0	Brofoss/Ottesen	150	500
RC31	P30	1961	Z-0	Brofoss/Ottesen	150	600
RC33	P30	1962	Z-0	Brofoss/Ottesen	150	520
RC35	P30	1963	Z-0	Brofoss/Ottesen	VG 1200	
	**D 10 Kroner**
RD1	P26	1945	Z-0	Meldahl Nielsen	150	600
RD2	P26	1945	Z-8	Meldahl Nielsen	150	600
RD4	P26	1946	Z-8	E.Thorp	150	600
RD5	P26	1947	Z-0	E.Thorp	150	600
RD9	P26	1949	Z-0	E.Thorp	150	600
RD11	P26	1950	Z-0	E.Thorp	VG2500	F3100
RD15	P26	1952	Z-0	E.Thorp	VG3000	
RD19	P31	1954	Z-0	Jahn/ Thorp	VG 250	F 300
RD21	P31	1954	Z-0	Brofoss/Thorp	250	900
RD22	P31	1954	Z-8	Brofoss/Thorp	900	3,600
RD23	P31	1955	Z-0	Brofoss/Thorp	VG 600	F 750
RD25	P31	1956	Z-0	Brofoss/Thorp	VG 600	F 900
RD27	P31	1957	Z-0	Brofoss/Thorp	150	750
RD29	P31	1958	Z-0	Brofoss/Thorp	150	750
RD30	P31	1958	Z-8	Brofoss/Thorp	VG 2800	F 3500
RD31	P31	1959	Z-0	Brofoss/Ottesen	150	450
RD32	P31	1959	Z-8	Brofoss/Ottesen	VG 2800	F 3500
RD33	P31	1960	Z-0	Brofoss/Ottesen	150	650
RD35	P31	1961	Z-0	Brofoss/Ottesen	100	350
RD37	P31	1962	Z-0	Brofoss/Ottesen	VG 300	F 450
RD39	P31	1963	Z-0	Brofoss/Ottesen	VG 500	F 700
RD40	P31	1964	Z-0	Brofoss/Ottesen	VG 300	F 450
RD41	P31	1965	Z-0	Brofoss/Ottesen	VG150	F 300
RD43	P31	1966	Z-0	Brofoss/Petersen	150	650
RD44	P31	1966	X	Brofoss/Petersen	50	140
RD45	P31	1967	Z-0	Brofoss/Petersen	VG 550	F 700
RD46	P31	1967	X	Brofoss/Petersen	75	120
RD47	P31	1968	Z-0	Brofoss/Petersen	250	950
RD48	P31	1968	X	Brofoss/Petersen	25	40

Norway Continued

MWR	SCWPM	Date	Prefix	Sign.	Prices VG	F/VF
				D 10 Kroner		
RD49	P31	1969	Z-0	Brofoss/Petersen	150	500
RD50	P31	1969	X	Brofoss/Petersen	15	50
RD51	P31	1970	Z-0	Brofoss/Odegaard	150	500
RD52	P31	1970	X	Brofoss/Odegaard	15	25
RD53	P31	1971	Z-0	Getz Wold/Odegaard	90	400
RD54	P31	1971	X	Getz Wold/Odegaard	15	20
RD55	P31	1972	Z-0	Getz Wold/Odegaard	60	200
RD56	P31	1972	X	Getz Wold/Odegaard	75	120
RD57	P31	1973	Z-0	Getz Wold/Odegaard	50	200
RD58	P31	1972	Z-5	Getz Wold/Odegaard	300	1,100
RD59	P36	1972	QA	Getz Wold/Odegaard	100	125
RD60	P36	1973	QA	Getz Wold/Odegaard	50	190
RD61	P36	1974	QA	Getz Wold/Odegaard	40	120
RD62	P36	1975	QA	Getz Wold/Odegaard	20	50
RD63	P36	1976	QA	Getz Wold/Odegaard	20	60
RD64	P36	1977	QA	Getz Wold/Sagard	30	100
RD65	P36	1977	HA	Getz Wold/Sagard	25	40
RD66	P36	1978	HA	Getz Wold/Sagard	25	60
RD67	P36	1979	HA	Getz Wold/Sagard	30	100
RD68	P36	1981	HA	Getz Wold/Sagard	15	50
				E 50 Kroner		
RE1	P27	1945	Z-0	Meldahl Nielsen	NR	
RE2	P27	1945	Z-8	Meldahl Nielsen	800	5,000
RE13	P27	1951	Z-0	Jahn/Thorp	VG 4000	F 5500
RE15	P27	1952	Z-0	Jahn/Thorp	VG 4000	F 5500
RE23	P27	1955	Z-0	Brofoss/Thorp	VG 3200	F 4000
RE25	P27	1956	Z-0	Brofoss/Thorp	VG 4000	F 5500
RE27	P27	1957	Z-0	Brofoss/Thorp	VG 4000	F 5500
RE28	P27	1957	Z-0	Brofoss/Thorp	2,000	2,400
RE29	P27	1957	Z-8	Brofoss/Thorp	G 3500	VG 6500
RE31	P27	1958	Z-0	Brofoss/Thorp	500	1,500
RE33	P27	1959	Z-0	Brofoss/Ottesen	VG 1800	F 2600
RE35	P27	1960	Z-0	Brofoss/Ottesen	500	2,500
RE37	P27	1961	Z-0	Brofoss/Ottesen	900	2,900
RE39	P27	1963	Z-0	Brofoss/Ottesen	400	1,500
RE40	P27	1963	Z-8	Brofoss/Ottesen	G 3500	VG 6500
RE41	P27	1964	Z-0	Brofoss/Ottesen	500	1,500

Norway Continued

MWR	SCWPM	Date	Prefix	Sign.	Prices VG	F/VF
E 50 Kroner						
RE43	P27	1965	Z-0	Brofoss/Ottesen	400	1,600
RE44	P27	1965	Z-8	Brofoss/Ottesen	G 3500	VG 6500
RE45	P37	1966	Z-0	Brofoss/Petersen	90	250
RE46	P37	1966	Z-8	Brofoss/Petersen	VG 1400	F 1800
RE47	P37	1966	X	Brofoss/Petersen	35	75
RE48	P37	1967	Z-0	Brofoss/Petersen	80	280
RE49	P37	1967	X	Brofoss/Petersen	175	300
RE50	P37	1969	Z-0	Brofoss/Petersen	190	450
RE51	P37	1971	Z-0	Getz Wold/Odegaard	200	600
RE52	P37	1971	Z-5	Getz Wold/Odegaard	200	800
RE53	P37	1971	X	Getz Wold/Odegaard	40	150
RE54	P37	1972	Z-0	Getz Wold/Odegaard	90	350
RE55	P37	1972	Z-5	Getz Wold/Odegaard	150	600
RE56	P37	1972	X	Getz Wold/Odegaard	160	550
RE57	P37	1973	Z-0	Getz Wold/Odegaard	275	550
RE58	P37	1973	Z-5	Getz Wold/Odegaard	300	800
RE59	P37	1973	X	Getz Wold/Odegaard	20	60
RE60	P37	1974	Z-0	Getz Wold/Odegaard	100	350
RE61	P37	1974	Z-5	Getz Wold/Odegaard	VG 550	F 750
RE62	P37	1975	Z-0	Getz Wold/Odegaard	80	310
RE63	P37	1975	Z-5	Getz Wold/Odegaard	VG 550	F 750
RE64	P37	1976	Z-0	Getz Wold/Sagard	80	300
RE65	P37	1977	Z-0	Getz Wold/Sagard	25	90
RE66	P37	1979	Z-0	Getz Wold/Sagard	120	250
RE67	P37	1980	Z-0	Getz Wold/Sagard	150	250
RE68	P37	1981	Z-0	Getz Wold/Sagard	25	90
RE69	P37	1982	Z-0	Getz Wold/Sagard	25	55
RE70	P37	1983	Z-0	Getz Wold/Sagard	50	170
F 100 Kroner						
RF1	P28	1945	Z-0	Meldahl Nielsen	NR	
RF2	P28	1945	Z-8	Meldahl Nielsen	600	1,900
RF5	P28	1947	Z-0	E.Thorp	1,500	10,000
RF9	P28	1949	Z-0	E.Thorp	1,700	9,000
RF11	P33	1949	Z-0	Jahn/ Thorp	600	2,000
RF13	P33	1950	Z-0	Jahn/ Thorp	VG 400	F 600
RF14	P33	1950	Z-8	Jahn/ Thorp	VG 3000	F 4000
RE15	P33	1951	Z-0	Jahn/ Thorp	VG 2000	F 2500
RF19	P33	1953	Z-0	Jahn/ Thorp	VG 650	F 900

Norway Continued

MWR	SCWPM	Date	Prefix	Sign.	VG	F/VF
			F	100 Kroner		
RF21	P33	1954	Z-0	Jahn/Thorp	400	1,200
RF23	P33	1954	Z-0	Brofoss/Thorp	400	1,100
RF24	P33	1954	Z-8	Brofoss/Thorp	VG 3000	F 4000
RF25	P33	1955	Z-0	Brofoss/Thorp	VG 1500	F 2000
RF27	P33	1956	Z-0	Brofoss/Thorp	250	750
RF28	P33	1956	Z-8	Brofoss/Thorp	800	3,200
RF29	P33	1957	Z-0	Brofoss/Thorp	150	750
RF31	P33	1958	Z-0	Brofoss/Thorp	150	600
RF32	P33	1958	Z-8	Brofoss/Thorp	VG 2800	F 3800
RF33	P33	1959	Z-0	Brofoss/Ottesen	100	650
RF35	P33	1960	Z-0	Brofoss/Ottesen	100	650
RF36	P33	1960	Z-8	Brofoss/Ottesen	1,000	4,500
RF37	P33	1961	Z-0	Brofoss/Ottesen	300	700
RF39	P33	1962	Z-0	Brofoss/Ottesen	300	1,100
RF40	P38	1962	Z-0	Brofoss/Ottesen	25	75
RF41	P38	1962	Z-8	Brofoss/Ottesen	350	1,200
RF42	P38	1963	Z-0	Brofoss/Ottesen	25	75
RF43	P38	1963	Z-8	Brofoss/Ottesen	250	780
RF44	P38	1964	Z-0	Brofoss/Ottesen	40	100
RF45	P38	1964	Z-8	Brofoss/Ottesen	300	800
RF46	P38	1965	Z-0	Brofoss/Ottesen	80	250
RF47	P38	1965	Z-8	Brofoss/Ottesen	400	1,500
RF48	P38	1965	Z-0	Brofoss/Petersen	40	100
RF49	P38	1965	Z-8	Brofoss/Petersen	200	650
RF50	P38	1966	Z-0	Brofoss/Petersen	40	100
RF51	P38	1966	Z-8	Brofoss/Petersen	500	2,000
RF52	P38	1966	X	Brofoss/Petersen	25	70
RF53	P38	1967	Z-0	Brofoss/Petersen	40	100
RF54	P38	1967	X	Brofoss/Petersen	20	60
RF55	P38	1968	Z-0	Brofoss/Petersen	40	100
RF56	P38	1968	Z-1	Brofoss/Petersen	50	120
RF57	P38	1968	Z-8	Brofoss/Petersen	50	160
RF58	P38	1968	X	Brofoss/Petersen	50	160
RF59	P38	1969	Z-1	Brofoss/Petersen	35	100
RF60	P38	1970	Z-1	Brofoss/Odegaard	35	100
RF61	P38	1970	Z-5	Brofoss/Odegaard	35	100
RF62	P38	1970	X	Brofoss/Odegaard	15	50
RF63	P38	1971	Z-1	Getz Wold/Odegaard	100	400

Norway Continued

MWR	SCWPM	Date	Prefix	Sign.	VG	F/VF
F 100 Kroner						
RF64	P38	1971	Z-5	Getz Wold/Odegaard	50	130
RF65	P38	1971	X	Getz Wold/Odegaard	10	50
RF66	P38	1972	Z-0	Getz Wold/Odegaard	40	120
RF67	P38	1972	Z-5	Getz Wold/Odegaard	60	220
RF68	P38	1972	X	Getz Wold/Odegaard	20	50
RF69	P38	1973	Z-0	Getz Wold/Odegaard	30	100
RF70	P38	1973	Z-5	Getz Wold/Odegaard	40	120
RF71	P38	1973	X	Getz Wold/Odegaard	20	60
RF72	P38	1974	Z-0	Getz Wold/Odegaard	60	120
RF73	P38	1975	Z-0	Getz Wold/Odegaard	40	100
RF74	P38	1975	Z-5	Getz Wold/Odegaard	40	120
RF75	P38	1976	Z-0	Getz Wold/Odegaard	40	100
RF76	P38	1977	Z-1	Getz Wold/Sagard	40	100
RF77	P41	1977	QA	Getz Wold/Sagard	40	100
RF78	P41	1977	QA	Getz Wold/Sagard	20	70
RF79	P41	1977	HA	Getz Wold/Sagard	15	50
RF80	P41	1979	HA	Getz Wold/Sagard	95	250
RF81	P41	1980	HA	Getz Wold/Sagard	15	50
G 500 Kroner						
RG1	P34	1971	G-2	Getz Wold/Odegaard	600	2,500
RG2	P34	1972	G-2	Getz Wold/Odegaard	500	2,200
RG4	P34	1974	G-2	Getz Wold/Odegaard	400	1,700
RG5	P34	1975	G-2	Getz Wold/Odegaard	500	1,900
RG6	P34	1976	G-2	Getz Wold/Odegaard	200	680
RG7	P39	1978	Z-0	Getz Wold/Sagard	150	600
RG8	P39	1982	Z-0	Getz Wold/Sagard	150	600
RG9	P39	1985	Z-0	Skanland/Sagard	150	680
H 1000 Kroner						
RH1	P35	1971	G-2	Getz Wold/Odegaard	400	1,500
RH2	P35	1972	G-2	Getz Wold/Odegaard	400	1,400
RH3	P35	1973	G-2	Getz Wold/Odegaard	350	1,400
RH4	P35	1974	G-2	Getz Wold/Odegaard	350	1,300
RH5	P40	1975	Z-0	Getz Wold/Odegaard	1200	3000
RH6	P40	1975	Z-5	Getz Wold/Odegaard	VG 1100	F 1400
RH7	P40	1975	X	Getz Wold/Odegaard	200	900
RH8	P40	1978	Z-0	Getz Wold/Sagard	150	600
RH9	P40	1978	X	Getz Wold/Sagard	100	520

Norway Continued

MWR	SCWPM	Date	Prefix	Sign.	Prices VG	F/VF
H 1000 Kroner					
RH10	P40	1980	Z-0	Getz Wold/Sagard	120	600
RH11	P40	1980	X	Getz Wold/Sagard	100	520
RH12	P40	1983	Z-0	Getz Wold/Sagard	120	600
RH13	P40	1984	Z-0	Getz Wold/Sagard	120	600
RH14	P40	1985	Z-0	Getz Wold/Sagard	120	600
RH15	P40	1985	Z-0	Skanland/Sagard	120	600
RH16	P40	1987	Z-0	Skanland/Sagard	120	600

Norway RC31

Norway RD44

Norway RD67

Norway RE49

Norway RF79

Norway RH5

Oman

Replacement notes started in 1995, they are identified by an Arabic letter over "/99".

Monetary Unit: 1.00 Rial Omani =1000 Baisa

MWR	SCWPM	Prefix	Date	Sign.	VF	UNC
A 100 Baisa						
RA1	P31	99/ ج	1995	4		15
RA1	P31	99/ ج	1995	4		10
B 200 Baisa						
RB1	P32	99/ ج	1995	4		75
C 1/2 Rial						
RC1	P33	99/ ج	1995	4		15
D 1 Rial						
RD1	P34	99/ ج	1995	4		50
RD2	P43	99 / د	2005	4		30
RD3	P48	99 / هـ	2015-1437 CORRECT DATE	4		30
RD3	P48	99 / هـ	2015-1437 CORRECT DATE	4		30
RD3	P48	99 / هـ	2015-1437 CORRECT DATE	4		20
E 5 Rials						
RE1	P35a	99/ ج	1995 , without reflective "Khanjar" on back	4		400
RE2	P35b	99/ ج	1995 , with reflective "Khanjar" pattern on back	4		350
RE3	P39	99/ ج	2000	4		200
RE4	P44	99 / د	2010	4		40
F 10 Rials						
RF1	P36	99/ ج	1995	4		200
RF2	P40	99/ ج	2000	4		150
RF3	P45	99 / د	2010	4		140
G 20 Rials						
RG1	P37	99/ ج	1995	4		300
RG2	P41	99/ ج	2000	4		250
RG3	P46	99 / د	2010	4		75
H 50 Rials						
RH1	P38	99/ ج	1995	4		500
RH2	P42	99/ ج	2000	4		370
RH3	P47	99 / د	2010	4		NR
RH4	P47	99 / د	2012	4		375

Oman Signatures

Sultan Qaboos bin Said

Oman RA1

Oman RF3

Pakistan

Replacement notes started in 1969. Notes of 20 R's and lower denominations have a fractional "1/X," "2/X," "3/X" prefix, or "X" as the leading prefix followed by any other letter. Replacement notes of 50 R's denominations and above are said to be reprinted with serial numbers added manually to match the replaced note. The 50 R's replacements are distinguishable by the serial prefix being slightly offset from the number. However, the offsetting of the serial number is a frequent occurrence due to poor quality control. It is doubtful that the 50 R's replacements exist or are distinguishable. The 10 Rupees of 1973 star note is a replacement: used and has "**". It is printed by TDLR. Star notes in Pick 24A, P31b are not replacement notes. They may have been used by TDLR to prevent duplication of serial numbers.

Monetary Unit: 1 Rupee = 16 Annas to 1961
1 Rupee = 100 Paisa (Pice), 1961-

MWR	SCWPM	Prefix	Serial No from	Serial No to	Date	Sign	VF	UNC
A 1 Rupee									
RA1	P9A	1/X	069	264	1969	S10		150
RA2	P10a	1/X	510	586	1973	S10		150
RA3	P10b	1/X			1973	S11		120
RA4	P10b	2/X	005	314	1973	S11		120
RA5	P24	1/X	048893		1975	S11		150
RA6	P24A	1/X	1324	8611	1975-81	S11		75
RA7	P24A	2/X			1975-81	S11		60
RA8	P24A	2/X	776	786	1975-81	S12		60
RA9	P24A	3/X	0201	553516	1975-81	S12		50
RA10	P24A	3/X			1975-81	S13		40
RA11	P24A	4/X	0017		1975-81	S13		40
RA12	P25	1/X (6 digit S.N)	0975	1086	1981-82	S13		40
RA13	P26a	1/X (6 digit S.N)	203	9559	1982	S13		40
RA14	P26a	2/X (6 digit S.N)	0612	5801	1982	S13		35
RA15	P26b	1/X (7 digit S.N)	0046	0370	1982	S13		35
RA16	P27a	2/X (6 digit S.N)	7911	9228	(1983-)	S13		30
RA17	P27a	3/X (6 digit S.N)	0371	4000	(1983-)	S13		25
RA18	P27a	1/X (7 digit S.N)			(1983-)	S13		25
RA19	P27b	3/X (6 digit S.N)	5213		(1983-)	S14		25
RA20	P27b	1/X (7 digit S.N)	0403		(1983-)	S14		25
RA21	P27c	1/X (7 digit S.N)			(1983-)	S15(1)		25
RA22	P27d	3/X (6 digit S.N)	6161	6739	(1983-)	S16		25
RA23	P27d	1/X (7 digit S.N)	0861	0990	(1983-)	S16		25
RA24	P27e	3/X (6 digit S.N)	7562	8015	(1983-)	S15(2)		25
RA25	P27f	3/X (6 digit S.N)			(1983-)	S17(1)		25
RA26	P27g	1/X (7 digit S.N)	1564	1580	(1983-)	S18		25
RA27	P27i	1/X (7 digit S.N)	2060	2319	(1983-)	S19		25
RA28	P27j	1/X (7 digit S.N)	3038	41154	(1983-)	S20		20
RA29	P27k	1/X (7 digit S.N)	3187	6690	(1983-)	S21		20
RA30	P27l	1/X (7 digit S.N)	7106	7136	(1983-)	S22		20

MWR	SCWPM	Prefix	Serial No from	Serial No to	Date	Sign	VF	UNC
	**B 2 Rupee**							
RB1	P37	1/X	0040934	0040934	(1986-)	G09		200
RB2	P37	1/X	0086448	0306840	(1986-)	G10		50
RB3	P37	1/X	0451	0472	(1986-)	G11		50
RB4	P37	1/X	0564	0614	(1986-)	G12		45
RB5	P37	1/X	0740	1324	(1986-)	G11		45
RB6	P37	1/X small prefix font (4.71mm)	14832	15360	(1986-)	G13		35
RB7	P37	1/X large prefix font (5.33mm)	1610	251	(1986-)	G13		35
	**C 5 Rupee**							
RC1B	P20b	1/X (6 digit S.N)			ND (1972-1975)	G09		200
RC1	P38	1/X (6 digit S.N)	074973	151032	(1986-)	G09		200
RC2	P38	1/X (6 digit S.N)	3694	3945	(1986-)	G10		30
RC3	P38	1/X (6 digit S.N)	5315	6401	(1986-)	G11		30
RC4	P38	1/X (6 digit S.N)	7412		(1986-)	G12		25
RC5	P38	1/X (6 digit S.N)	797014	9597	(1986-)	G11		20
RC6	P38	2/X (6 digit S.N)	080363	217621	(1986-)	G11		20
RC7	P38	2/X (6 digit S.N)	2692	6140	(1986-)	G13		20
RC8	P38	2/X (7 digit S.N)	0224	3105	(1986-)	G13		15
RC9	P38	2/X (7 digit S.N) Bold S.N	3351	4910	(1986-)	G13		15
RC10	P38	2/X	5405	8974	(1986-)	G14		5
RC11	P38	3/X (With Pinholes)	0249	1077	(1986-)	G14		5
RC12	P38	3/X (Without Pinholes)	1240	1980	(1986-)	G14		5
RC13	P53a	X	0000	0288	2008	G15		5
RC14	P53b	X	0431	0626	2009	G16		5
	**D 10 Rupee**							
RD1	P21c	**			1973	G7	400	1000
RD2	P39	X		0234717	(1986-)	G11(2)		500
RD3	P39	X (WMK 1)	1377	1415	(1986-)	G13		40
RD4	P39	X (WMK 2)	1780	1961	(1986-)	G13		15
RD5	P39	X (With staple holes)	2237	5460	(1986-)	G14		30
RD6	P39	X (Without staple holes)	7536	8919	(1986-)	G14		20
RD7	P39	1/X	0003	0422	2006	G14		20
RD8	P39	1/X	0465	0678566	2006	G15		20
RD9	P45a	X - Mat coating	0005	0134	2006	G15		15
RD10	P45a	X - Gloss coating	0106	0242	2006	G15		15
RD11	P45a	X - Semi gloss coating	04159	0475966	2006	G15		15
RD12	P45b	X	0488853	0772801	2007	G15		15
RD13	P45c	X			2008	G15		15
RD14	P45d	X	0781188	0952174	2009	G16		15
RD15	P45e	X	0966649	1192112	2010	G16		15

Pakistan Continued

MWR	SCWPM	Prefix	Serial No from	Serial No to	Date	Sign	Prices VF	Prices UNC
\multicolumn{9}{c}{**D   10 Rupee**}
RD16	P45e	X	1209309	1310	2010	G17		15
RD17	P45f	X	1506316	1612429	2011	G18		15
RD18	P45h	X	1624379	1724238	2013	G18		10
RD19	P45i	X	1740068	1796762	2014	G18		10
RD20	P45i	X	1800	1889131	2014	G19		10
RD21	P45j	X	1890578	1979215	2015	G19		10
\multicolumn{9}{c}{**E   20 Rupee**}
RE1	P46a	X	0033	1344	2005	G14		10
RE2	P46b	X	1359818	2302	2006	G15		10
RE3	P55a	X	0097	0194	2007	G15		10
RE4	P55c	X	0258	0439225	2009	G16		10
RE5	P55d	X	0451397	0483377	2010	G16		5
RE6	P55d	X	0483	0636695	2010	G17		5
RE7	P55e	X	0725051	0735	2011	G17		5
RE8	P55e	X	0765	0780007	2011	G18		5
RE9	P55f	X	0807	0812	2012	G18		200
RE10	P55g	X	0831465	0860	2013	G18		5
RE11	P55h	X	0905	0919019	2014	G18		5
RE12	P55h	X	0925254	0998901	2014	G19		5
RE13	P55i	X	1001501	1017130	2015	G19		5
RE14	P55j	X	1050	1117131	2016	G19		5
\multicolumn{9}{c}{**F   50 Rupee**}
RF3	P48c	X			2008	G15		25
\multicolumn{9}{c}{**G   100 Rupee**}
RG1	P55d	Star prefix			1976 -1982 *	G9	15	60

Pakistan Signatures
Governors of the State Bank of Pakistan

G9 A. G. N. Kazi

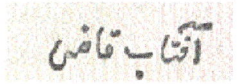

G10 Wasim Oun Jafrey

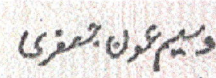

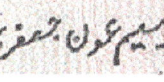

G11 Imtiaz A. Hanafi

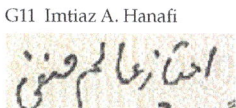

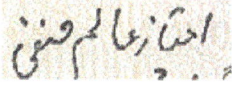

G12 Qasim Parekh

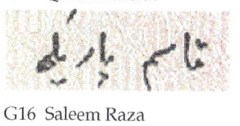

G13 Dr. Muhammad Yaqub

G14 Ishrat Hussain

G15 Dr. Shamshad Akhtar

G16 Saleem Raza

G17 Shahid Hafeez Kardar

G18 Yaseen Anwar

G19 Ashraf Wathra

Secretaries of Finance

S10 A. G. N. Kazi

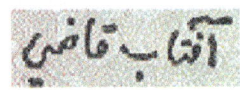

S11 Abdul Rauf Shaikh

S12 Aftab Ahmad Khan

S13 Habibullah Baig

S14 Izharul Haq

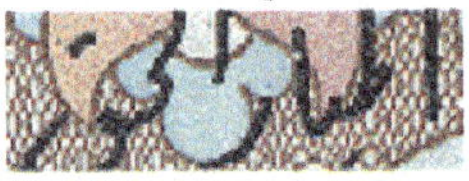

S15 Saeed Ahmad Qureshi

S16 R. A. Akhund

S17 Qazi Alimullah

S18 Khalid Javed

S19 Javed Talat

S20 Mian Tayeb Hasan

S21 Moeen Afzal

S22 Mohammed Y. Khan

Pakistan RC10

Pakistan RC13

Pakistan RD5

Pakistan RD7

Pakistan RE2

Pakistan RE3

Papua New Guinea

Replacement notes of Papua New Guinea started in 2008, they have the prefix "ZZZ."

Printer TDLR

Monetary Unit: 1.00 Kina = 100 Toea

MWR	SCWPM	Date	Prefix	Prices VF	UNC
		D 20 kina			
RD1	P36a	2008	ZZZZ		30
		F 100 kina			
RF1	P37a	2008	ZZZZ		30

Papua New Guinea RD1

Paraguay

Replacement notes of Paraguay started in 1963, they have the prefix "Z."

Printer TDLR

Monetary Unit: 1.00 Paraguay (PYG) = 100 centimos

MWR	SCWPM	Date	Remarks	VF	UNC
A			**1 Guarani**		
RA1	P192	L1952	Back Banco Central	15	60
RA2	P193a	L1952	Palace+SN at lower left & lower right	15	60
RA3	P193b	L1952	Palace+SN at upper left & lower right	20	90
B			**5 Guaranies**		
RB1	P194	L1952		35	100
RB2	P195a	L1952	SN at lower left & lower right	30	90
RB3	P195b	L1952	SN at upper left & lower right	30	90
C			**10 Guaranies**		
RC1	P196a	L1952	SN at lower left & lower right	20	90
RC2	P196b	L1952	SN at upper left & lower right	20	90
D			**50 Guaranies**		
RD1	P197a	L1952	SN at lower left & lower right	35	100
RD2	P197b	L1952	SN at upper left & lower right	20	90
E			**100 Guaranies**		
RE1	P198	L1952	Green , Cien Guarani on the back	20	90
RE2	P199a	L1952	Orange ,SN at lower left & lower right	20	75
RE3	P199b	L1952	Orange,SN at upper left & lower right	15	40
RE4	P205	L1952(1982)	Green , Sa Guarani on the back	10	40
F			**500 Guaranies**		
RF1	P200	L1952	SN at lower left & lower right	NR	
RF2	P206	L1952	SN at upper left & lower right	NR	
G			**1000 Guaranies**		
RG1	P201a	L1952	SN at lower left & lower right	NR	
RG2	P201b	L1952	SN at upper left & lower right	NR	
RG3	P207	L1952(1982)	Purple	NR	
H			**5,000 Guaranies**		
RH1	P208	L1952(1982)	Red - Orange	NR	
I			**10,000 Guaranies**		
RI1	P209	L1952(1982)	Dark brown	25	75
J			**50,000 Guaranies**		
RJ1	P210	L1952(1990)	Deep purple	NR	

Paraguay RA3

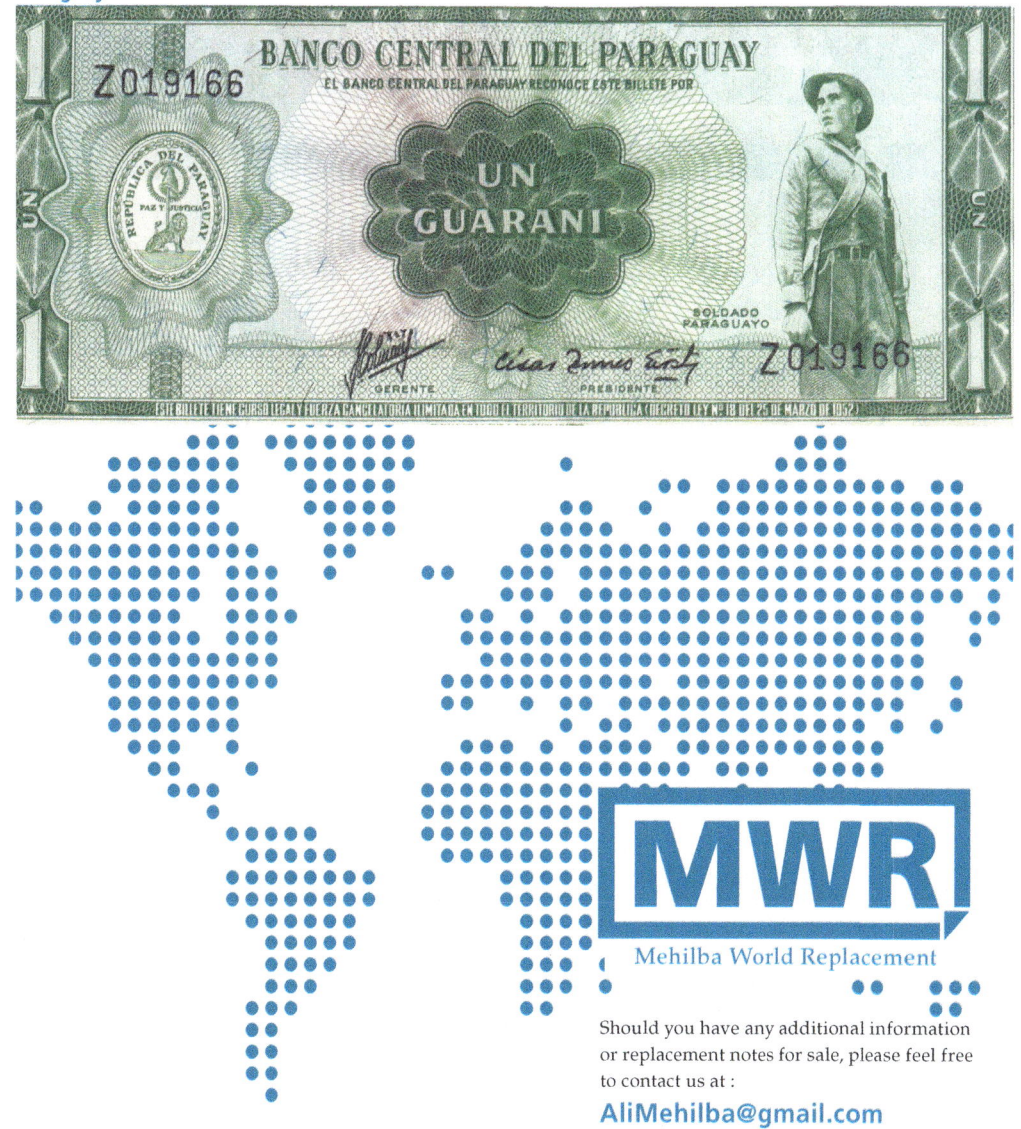

Peru

Replacement notes of Peru started in 1968, they have the following prefixes "Y," "Z," "Z999," and the suffixes "A," "B," and "Z."

Monetary Unit: 1 Sol = 1 Sol de Oro = 100 Centavos, 1879-1985
1 Libra = 10 Soles - 1 Inti = 1000 Soles de Oro, 1986-1991 - 1 Nuevo Sol = 100 Centimes = 1 Million Intis, 1991 - 1 Sol = 100 Centavos (10 Dineros)

MWR	SCWPM	Prefix	Date	Printer	Sign	VF	UNC
A 5 Soles de Oro							
RA1	P92	Z999	23.02.1968	TDLR	3 Signatures	25	100
RA2	P99a	Z999	20.06.1969	TDLR	2 Signatures	20	80
RA3	P99b	Z999	16.10.1970	TDLR	2 Signatures	20	70
RA4	P99b	Z999	09.09.1971	TDLR	2 Signatures	20	70
RA5	P99b	Z999	04.05.1972	TDLR	2 Signatures	20	70
RA6	P99c	Z999	24.05.1973	TDLR	2 Signatures	20	70
RA7	P99c	Z999	16.05.1974	TDLR	2 Signatures	20	70
RA8	P99c	Z999	15.08.1974	TDLR	2 Signatures	20	70
B 10 Soles de Oro							
RB1	P93	Z999	23.02.1968	TDLR	3 Signatures	25	100
RB2	P100a	Z999	20.06.1969	TDLR	2 Signatures	20	80
RB3	P100b	Z999	16.10.1970	TDLR	2 Signatures	20	70
RB4	P100b	Z999	09.09.1971	TDLR	2 Signatures	20	70
RB5	P100c	Z999	04.05.1972	TDLR	2 Signatures	20	70
RB6	P100c	Z999	24.05.1973	TDLR	2 Signatures	20	70
RB7	P100c	Z999	16.05.1974	TDLR	2 Signatures	20	70
RB8	P106	Z999	02.10.1975	TDLR	3 Signatures	20	70
RB9	P112	Z999	17.11.1976	TDLR	3 Signatures	15	50
B 10 Intis							
RB10	P128	Z Prefix and Z suffix	03.04.1985	TDLR	3 Signatures		20
RB11	P128	Z Prefix and Z suffix	17.01.1986	TDLR	3 Signatures		20
RB12	P129	Y Prefix and A suffix	26.06.1987	IPS-Roma	3 Signatures		10
B 10 Nuevos Soles							
RB13	P179b	Y Prefix and A suffix	21.12.2006		3 Signatures	35	90
RB14	P182	Y Prefix and A suffix	13.08.2009		3 Signatures		35
RB15	P187	Y Prefix and A suffix	17.01.2013		3 Signatures	15	45
B 10 Soles							
RB18	PW196	Y Prefix and A suffix	21.03.2019		3 Signatures		10
C 20 Nuevos Soles							
RC1	P176a	Y Prefix and A suffix	27.09.2001		3 Signatures	25	75
RC2	P183	Y Prefix and A suffix	13.08.2009		3 Signatures	15	45

MWR	SCWPM	Prefix	Date	Printer	Sign	VF	UNC
	**C 20 Nuevos Soles**							
RC3	P188	Y Prefix and A suffix	17.01. 2013		3 Signatures	10	35
RC5	P188	Y Prefix and A suffix	21.03.2019		3 Signatures		20
	**D 50 Soles de Oro**							
RD1	P94	Z999	23.02.1968	TDLR	3 Signatures	40	100
RD2	P101a	Z999	20.06.1969	TDLR	2 Signatures	40	100
RD3	P101b	Z999	16.10.1970	TDLR	2 Signatures	40	100
RD4	P101b	Z999	09.09.1971	TDLR	2 Signatures	40	100
RD5	P101b	Z999	04.05.1972	TDLR	2 Signatures	15	60
RD6	P101c	Z999	24.05.1973	TDLR	2 Signatures	15	60
RD7	P101c	Z999	16.05.1974	TDLR	2 Signatures	15	60
RD8	P101c	Z999	15.08.1974	TDLR	2 Signatures	15	60
RD9	P107	Z999	02.10.1975	TDLR	3 Signatures	15	60
RD10	P113	Z999	17.11.1976	TDLR	3 Signatures	15	60
RD11	P113	Z999	15.12.1977	TDLR	3 Signatures	5	25
	**D 50 Intis**							
RD12	P130	Z Prefix and Z suffix	03.04.1985	TDLR	3 Signatures	25	75
	**D 50 Nuevos Soles**							
RD13	P184	Y Prefix and A suffix	13.08. 2009		3 Signatures	50	120
RD14	P189	Y Prefix and A suffix	22.03.2012		3 Signatures	15	70
	**E 100 Soles de Oro**							
RE1	P95	Z999	23.02.1968	TDLR	3 Signatures	50	120
RE2	P102a	Z999	20.06.1969	TDLR	2 Signatures	50	120
RE3	P102b	Z999	16.10.1970	TDLR	2 Signatures	50	120
RE4	P102b	Z999	09.09.1971	TDLR	2 Signatures	40	100
RE5	P102b	Z999	04.05.1972	TDLR	2 Signatures	40	100
RE6	P102c	Z999	24.05.1973	TDLR	2 Signatures	40	100
RE7	P102c	Z999	16.05.1974	TDLR	2 Signatures	40	100
RE8	P102c	Z999	15.08.1974	TDLR	2 Signatures	40	100
RE9	P108	Z999	02.10.1975	TDLR	3 Signatures	30	90
RE10	P114	Y Prefix and A suffix	15.12.1977	IPS	3 Signatures	30	90
	**E 100 Intis**							
RE11a	P133	Y Prefix and A suffix	26.061987	BDDK	3 Signatures		20
RE11b	P133	Y Prefix and B suffix	26.061987	BDDK	3 Signatures		10
	**E 100 Nuevos Soles**							
RE12	P181	Y Prefix and A suffix	21.12.2006		3 Signatures	30	100
RE13	P185	Y Prefix and A suffix	13.08. 2009		3 Signatures	25	100
RE14	P190	Y Prefix and A suffix	22.03.2012		3 Signatures	20	90
RE17	PW199	Y Prefix and A suffix	21.03.2019		3 Signatures		45

Peru Continued

MWR	SCWPM	Prefix	Date	Printer	Sign	VF	UNC
	**F 200 Soles de Oro**						
RF1	P96	Z999	23.02.1968	TDLR	3 Signatures	50	175
RF2	P103a	Z999	20.06.1969	TDLR	2 Signatures	50	150
RF3	P103b	Z999	24.05.1973	TDLR	2 Signatures	50	150
RF4	P103b	Z999	16.05.1974	TDLR	2 Signatures	50	150
RF5	P103b	Z999	15.08.1974	TDLR	2 Signatures	50	150
	**F 200 Nuevos Soles**						
RF6	P186	Y Prefix and A suffix	13.08. 2009		3 Signatures	40	150
RF7	P191	Y Prefix and A suffix	22.05. 2012		3 Signatures	40	150
	**G 500 Soles de Oro**						
RG1	P97	Z999	23.02.1968	TDLR	3 Signatures	20	150
RG2	P104a	Z999	20.06.1969	TDLR	2 Signatures	20	100
RG3	P104b	Z999	16.10.1970	TDLR	2 Signatures	20	100
RG4	P104b	Z999	09.09.1971	TDLR	2 Signatures	20	100
RG5	P104b	Z999	04.05.1972	TDLR	2 Signatures	20	100
RG6	P104b	Z999	24.05.1973	TDLR	2 Signatures	20	100
RG7	P104c	Z999	16.05.1974	TDLR	2 Signatures	20	100
RG8	P104c	Z999	15.08.1974	TDLR	2 Signatures	20	100
RG9	P110	Z999	02.10.1975	TDLR	3 Signatures	20	100
RG10	P115	Y Prefix and A suffix	22.07.1976	IPS-Roma	3 Signatures	20	100
RG10A	P112	Z999	02.10.1975	TDLR	3 Signatures		25
RG11	P125A	Y Prefix and A suffix	18.03.1982	TDLR	3 Signatures	15	90
RG12	P125A	Z Prefix and Z suffix	18.3.1982	TDLR	3 Signatures	15	90
	**G 500 Intis**						
RG13	P134a	Y Prefix and A suffix	1.3.1985	BDDK	3 Signatures	20	50
RG14	P135	Y Prefix and A suffix	6.3.1986	FNMT	3 Signatures	20	50
RG15a	P134b	Y Prefix and A suffix	26.6.1987	BDDK	3 Signatures	10	30
RG15b	P134b	Y Prefix and B suffix	26.6.1987	BDDK	3 Signatures		10
	**H 1000 Soles de Oro**						
RH1	P98	Z999	23.02.1968	TDLR	3 Signatures	70	200
RH2	P105a	Z999	20.06.1969	TDLR	2 Signatures	70	200
RH3	P105a	Z999	16.10.1970	TDLR	2 Signatures	70	200
RH4	P105b	Z999	09.09.1971	TDLR	2 Signatures	70	200
RH5	P105b	Z999	04.05.1972	TDLR	2 Signatures	50	150
RH6	P105b	Z999	24.05.1973	TDLR	2 Signatures	50	150
RH7	P111	Z999	02.10.1975	TDLR	3 Signatures	50	150
RH8	P116	Y Prefix and A suffix	22.07.1976	BDDK	3 Signatures	40	100
RH9	P118	Z Prefix and Z suffix	01.02.1979	TDLR	3 Signatures	40	100
RH10	P118	Z Prefix and Z suffix	03.05.1979	TDLR	3 Signatures	40	100
RH11	P122	Z Prefix and A suffix	05.11.1981	ABNC	3 Signatures	40	100

Peru Continued

MWR	SCWPM	Prefix	Date	Printer	Sign	VF	UNC
H 1000 Intis							
RH12	P136a	Z Prefix and Z suffix	06.03.1986	TDLR	3 Signatures	10	45
RH13	P136b	Z Prefix and Z suffix	26.06.1987	TDLR	3 Signatures		20
RH14	P136b	Z Prefix and Z suffix	28.06.1988	TDLR	3 Signatures		10
I 5000 Soles de Oro							
RI1	P117a	Y Prefix and A suffix	22.07.1976	BDDK	3 Signatures	10	50
RI2	P117b	Y Prefix and A suffix	05.11.1981	BDDK	3 Signatures	10	45
RI3	P123	Z Prefix and A suffix	05.11.1981	ABNC	3 Signatures	10	40
RI4	P117c	Y Prefix and A suffix	21.06.1985	BDDK	3 Signatures		20
I 5000 Intis							
RI5	P138	Y , Z Prefix	28.06.1988	IPS-Roma	3 Signatures	30	75
RI6	P139	Y , Z Prefix	09.09.1988	TDLR	3 Signatures	30	75
J 10,000 Soles de Oro							
RJ1	P120	Z Prefix and Z suffix	01.02.1979	TDLR	3 Signatures	40	100
RJ2	P120	Z Prefix and Z suffix	05.11.1981	TDLR	3 Signatures	40	100
RJ3	P124	Z Prefix and A suffix	05.11.1981	ABNC	3 Signatures	40	100
J 10,000 Intis							
RJ4	P140	Y , Z Prefix	28.06.1988	IPS-Roma	3 Signatures		10
RJ5	P141	Y , Z Prefix	28.06.1988	TDLR	3 Signatures		10
K 50,000 Soles de Oro							
RK1	P125a	Z Prefix and A suffix	05.11.1981	TDLR	3 Signatures	40	100
RK2	P125a	Z Prefix and A suffix	02.11.1984	TDLR	3 Signatures	40	100
RK3	P125B	Z Prefix and Z suffix	23.08.1985	TDLR	3 Signatures	40	100
K 50,000 Intis							
RK4	P142	Y , Z Prefix	28.06.1988	IPS-Roma	3 Signatures	10	30
RK5	P143	Y , Z Prefix	28.06.1988	TDLR	3 Signatures	10	30
L 100,000 Soles de Oro							
RL1	P126	Y Prefix and A suffix	23.08.1985	TDLR	3 Signatures	25	60
L 100,000 Intis							
RL2	P144	Y , Z Prefix	21.11.1988	TDLR	3 Signatures	10	45
RL3	P144A	Y , Z Prefix	21.12.1988	TDLR	3 Signatures	10	45
RL4	P145	Y , Z Prefix	21.12.1989	BdeM	3 Signatures	5	20
M 500,000 Soles de Oro							
RM1	P127	Y Prefix and ZZ suffix	23.08.1985	TDLR	3 Signatures	40	100
M 500,000 Intis							
RM2	P146	Y , Z Prefix	21.11.1988	TDLR	3 Signatures	35	100
RM3	P146A	Y , Z Prefix	21.12.1988	TDLR	3 Signatures	35	80
RM4	P147	Y , Z Prefix	21.12.1989	BdeM	3 Signatures		20

Peru Continued

MWR	SCWPM	Prefix	Date	Printer	Sign	VF	UNC
	**N 1,000,000 Intis**						
RN1	P148	Y , Z Prefix	05.01.1990	TDLR	3 Signatures	40	100
	**O 5,000,000 Intis**						
RO1	P149	Y , Z Prefix	05.01.1990	BdeM	3 Signatures	75	175
RO2	P150	Y , Z Prefix	16.01.1991	IPS-Roma	3 Signatures	50	150

Peru RB9

Peru RB11

Peru RB12

Peru RB13

Peru RB14

Peru RC2

Peru RD11

Peru RD13

Peru RE11b

Peru RE12

Peru RE13

Peru RG15b

Peru RH14

Peru RI2

Peru RI4

Peru RJ4

Peru RK4

Peru RL4

Philippines

Replacement notes of the Philippines occur for all dates and all signature varieties since 1912. Replacements of the second signature of the 1912 of the bank of the Philippines Islands, have a star "*" prior to the serial number. Replacements also occur on most of the USA printed notes, the SBNC fractional currency and a few of the JIM notes. The Philippines probably have the largest number of replacement notes by type compared to any other country. For replacement notes issued by the Japanese Government, the serial numbers starts with the digit "1". All USA administration notes have a star (*) , similar to the US notes, up to and including the 1949 issues. The 1949 English text issue replacements had stars for the 5c, 10c and 20c notes, while all other values, 1/2 Peso - 500 Pesos had an asterisk (*)before the serial number.
From the 1949 issue onwards, all Philippines notes used an asterisk to denote replacement notes.

Printers: SBNC, TDLR, USBEP, SPP Manila, Japanese Government, Gieske/Devrient.

Monetary Unit: 1 Peso = 100 Centavos to 1967
1 Piso = 100 Sentimos, 1967-

MWR	SCWPM	Prefix	Date	Sign	VF	UNC
\multicolumn{7}{c}{A 5 Centavo}
RA1	P125	* Prefix Red #	1949	22	125	475
\multicolumn{7}{c}{B 10 Centavo}
RB1	P127r	* Prefix Red #	1949	22	250	750
\multicolumn{7}{c}{C 20 Centavo}
RC1	P129r	* Prefix Red #	1949	22	100	800
\multicolumn{7}{c}{D Half Peso}
RD1	P132	* Prefix	1949	24	75	600
\multicolumn{7}{c}{E 1 Peso}
RE1	P44	* Prefix	1918	4	3500	
RE2	P51	* Prefix	1921	7	3500	
RE3	P56	* Prefix	1924	8	1500	
RE4	P60a	* Prefix	1918	10	1500	
RE5	P60b	* Prefix	1918	11	2000	
RE6	P68a	* Prefix	1924	12	2000	
RE7	P68b	* Prefix	1924	12	2000	
RE8	P68c	* Prefix	1924	13	2000	
RE9	P73a	* Prefix	1929	14	800	1500
RE10	P73b	* Prefix	1929	15	800	1500
RE11	P73c	* Prefix	1929	16	800	1500
RE12	P81	* Prefix	1936	17	250	850

Philippines Continued

MWR	SCWPM	Prefix	Date	Sign	VF	UNC
			E 1 Peso			
RE13	P89a	* Prefix	1941	18	200	800
RE14	P94	* Suffix	1944	19	100	450
RE15	P109	"1" is first digit of serial number	1943		20	50
RE16	P117a	* Suffix (Thick o/p)	1949	19	120	250
RE17	P117b	* Suffix (Medium o/p)	1949	19	120	250
RE18	P117c	* Suffix (Thin o/p)	1949	19	120	250
RE19	P133a	Prefix + (GENUINE o/p)	1949	22	30	100
RE20	P133b	Prefix +	1949	22	30	100
RE21	P133c	Prefix +	1949	23	30	100
RE22	P133d	Prefix +	1949	24	20	80
RE23	P133e	Prefix +	1949	25	20	80
RE24	P133f	Prefix +	1949	26	20	80
RE25	P133g	Prefix +	1949	27	20	80
RE26	P133h	Prefix +	1949	28	20	80
			E 1 Piso			
RE27	P142a	Prefix +	1969 - 1972	28	20	50
RE28	P142b	Prefix +	1969 - 1972	29	20	50
			F 2 Pesos			
RF1	P45	* Prefix	1916	5	1000	
RF2	P52	* Prefix	1921	7	1000	
RF3	P61	* Prefix	1918	10	1000	
RF4	P69a	* Prefix	1924	12	900	
RF5	P69b	* Prefix	1924	12	900	
RF6	P69c	* Prefix	1924	13	900	
RF7	P74a	* Prefix	1929	15	750	
RF8	P74b	* Prefix	1929	16	600	
RF9	P82	* Prefix	1936	17	200	850
RF10	P90	* Prefix	1941	18	350	
RF11	P95a	* Suffix	1944	19	175	
RF12	P95b	* Suffix	1944	21	1000	2000
RF13	P118a	* Suffix (Thick o/p)	1949	19	1000	
RF14	P118b	* Suffix (Thick o/p) Unknown	1949	21	500	
RF15	P134a	Prefix +	1949	22	20	90
RF16	P134b	Prefix +	1949	23	15	80
RF17	P134c	Prefix +	1949	25	15	70
RF18	P134d	Prefix +	1949	27	15	70
			F 2 Pisos			
RF19	P152a	Prefix +	1974 - 1977	29		25
RF20	P159a	Prefix +	1977 - 1985	29		25

Philippines Continued

MWR	SCWPM	Prefix	Date	Sign	Prices VF	UNC
F 2 Pesos							
RF21	P159b	Prefix +	1977 - 1985	30		20
RF22	P159c	Prefix + Red #	1977 - 1985	30		20
RF23	P166a	Prefix +	1981 Commemorative	30		20
G 5 Pesos							
RG1	P7b	* Prefix	01.01.1912	1	1500	3000
RG2	P13	* Prefix	01.01.1920	1	400	900
RG3	P16	* Prefix	01.01.1928	2	600	
RG4	P22	* Prefix	01.01.1933	3	500	1000
RG5	P43	* Prefix	1919	Black Overprint	5000	
RG6	P46a	* Prefix	1916	5	1500	
RG7	P46b	* Prefix	1916	6	350	
RG8	P53	* Prefix	1921	7	350	750
RG9	P57	* Prefix	1937	9	500	1000
RG10	P62	* Prefix	1918	10	1000	5000
RG11	P70	* Prefix	1924	13	500	1500
RG12	P75	* Prefix	1929	14	400	1000
RG13	P83	* Prefix	1936	17	350	1200
RG14	P91a	* Prefix	1941	18	250	500
RG15	P96	* Suffix	1944	19	200	400
RG16	P110a	"1" is first digit of serial number	1943		70	175
RG17	P119a	* Suffix (Thick o/p)	1949	19	70	175
RG18	P119b	* Suffix (Thin o/p)	1949	19	70	175
RG19	P135a	Prefix +	1949	22	20	90
RG20	P135b	Prefix +	1949	23	20	90
RG21	P135c	Prefix +	1949	24	20	90
RG22	P135d	Prefix +	1949	25	15	90
RG23	P135e	Prefix +	1949	27	15	80
RG24	P135f	Prefix +	1949	29	15	70
G 5 Pisos							
RG25	P143a	Prefix +	1969 - 1972	28	20	60
RG26	P143b	Prefix +	1969 - 1972	29	20	60
RG27	P148a	Prefix +	1972 - 1974	29	20	50
RG28	P153a	Prefix +	1974 - 1977	29	10	40
RG29	P160a	Prefix +	1977 - 1985	29		40
RG30	P160b	Prefix +	1977 - 1985	30		15
RG31	P160c	Prefix + Red #	1977 - 1985	30		15
RG32	P160d	Prefix + Red #	1977 - 1985	31		15
RG33	P168a	Prefix +	1985 - 1994	31		25
RG34	P168b	Prefix +	1985 - 1994	32		15

Philippines Continued

MWR	SCWPM	Prefix	Date	Sign	VF	UNC
		G 5 Pisos				
RG35	P168c	Prefix + Red #	1985 - 1994	32		50
RG36	P168d	Prefix + Red #	1985 - 1994	33		20
RG37	P168e	Prefix + Red #	1985 - 1994	35		20
RG38	P175a	Prefix +	1986 Commemorative	32		20
RG39	P176a	Prefix +	1987 Commemorative	32		20
RG40	P177a	Prefix +	1989 Commemorative	32		20
RG41	P178a	Prefix +	1990 Commemorative	32		20
RG42	P178b	Prefix + Red #	1990 Commemorative	33		20
RG43	P179	Prefix + Red #	1991 Commemorative	33		20
RG44	P180	Prefix + Red #	1994 - 1997	35		20
		H 10 Pesos				
RH1	P8b	* Prefix	01.01.1912	1	800	
RH2	P14	* Prefix	01.01.1920	1	600	
RH3	P17	* Prefix	01.01.1928	2	350	
RH4	P23	* Prefix	01.01.1933	3	600	
RH5	P43 A	* Prefix	1919	Black Overprint	15000	
RH6	P47a	* Prefix	1916	5	1500	
RH7	P47b	* Prefix	1916	6	500	
RH8	P54	* Prefix	1921	8	850	
RH9	P58	* Prefix	1937	9	800	
RH10	P63	* Prefix	1918	10	2900	
RH11	P71	* Prefix	1924	13	2500	
RH12	P76	* Prefix	1929	16	1000	
RH13	P84a	* Prefix	1936	17	600	
RH14	P92a	* Prefix	1941	18	450	1000
RH15	P97	* Suffix	1944	19	400	1000
RH16	P111	"1" is first digit of serial number	1943		10	50
RH17	P120	* Suffix (Thick o/p)	1949	19	100	300
RH18	P136a	Prefix +	1949	22	200	700
RH19	P136b	Prefix +	1949	23	40	120
RH20	P136c	Prefix +	1949	24	30	100
RH21	P136d	Prefix +	1949	25	20	85
RH22	P136e	Prefix +	1949	27	15	65
RH23	P136f	Prefix +	1949	29	15	60

Philippines Continued

MWR	SCWPM	Prefix	Date	Sign	Prices VF	UNC
			H 10 Pisos			
RH24	P144a	Prefix +	1972 - 1969	28		35
RH25	P144b	Prefix +	1969 - 1972	29		35
RH26	P149a	Prefix +	1972 - 1974	29		30
RH27	P154a	Prefix +	1974 - 1977	29		30
RH28	P161a	Prefix +	1977 - 1985	29		25
RH29	P161b	Prefix +	1977 - 1985	30		10
RH30	P161c	Prefix +	1977 - 1985	31		25
RH31	P161d	Prefix + Red #	1977 - 1985	31		20
RH32	P167a	Prefix +	1981 Commemorative	30		10
RH33	P169a	Prefix +	1985 - 1994	31		10
RH34	P169b	Prefix +	1985 - 1994	32		20
RH35	P169c	Prefix +	1985 - 1994	33		20
RH36	P169d	Prefix + Red #	1985 - 1994	33		10
RH37	P169e	Prefix + Red #	1985 - 1994	34		10
RH38	P181a	Prefix + Red #	1994 - 1997	35		10
RH39	P181b	Prefix +	1994 - 1997	35		10
RH40	P187a	Prefix +	1997	35		10
RH41	P187b	Prefix +	1998	35		10
RH42	P187c	Prefix + Black #	1998	35		10
RH43	P187d	Prefix + Red #	1998	35		10
RH44	P187e	Prefix + Red #	1999	36		10
RH45	P187f	Prefix + Red #	1999	36		10
RH46	P187f	Prefix + Red #	2000	37		10
RH47	P187f	Prefix + Red #	2001	37		10
RH48	P187g	Prefix + Red #	2001	38		10
RH49	P187h	Prefix + Red #	2001	38		10
RH50	P187i	Prefix + Black #	2001	37		10
			I 20 Pesos			
RI1	P9b	* Prefix	01.01.1912	1	1500	
RI2	P15	* Prefix	01.01.1920	1	1500	
RI3	P18	* Prefix	01.01.1928	2	750	
RI4	P24	* Prefix	01.01.1933	3	900	
RI5	P43B	* Prefix	1919	Black Overprint	2500	
RI6	P48	* Prefix	1919	6	1000	2000
RI7	P55	* Prefix	1921	7	1200	
RI8	P59	* Prefix	1937	9	750	1200

Philippines Continued

MWR	SCWPM	Prefix	Date	Sign	Prices VF	UNC
			20 Pesos			
RI9	P63A	* Prefix	1918	10	2500	
RI10	P64	* Prefix	1918	11	2500	
RI11	P77	* Prefix	1929	15	350	700
RI12	P85	* Prefix	1936	17	1500	3000
RI13	P93	* Prefix	1941	18	3000	
RI14	P98a	* Suffix	1944	19	400	1200
RI15	P98b	* Suffix	1944	20	750	1500
RI16	P121a	* Suffix (Thick o/p)	1949	19	150	650
RI17	P121b	* Suffix (Thick o/p)	1949	21	150	650
RI18	P137a	Prefix +	1949	22	100	400
RI19	P137b	Prefix +	1949	23	20	90
RI20	P137c	Prefix +	1949	25	15	90
RI21	P137d	Prefix +	1949	27	10	70
RI22	P137e	Prefix +	1949	29	10	60
			20 Pisos			
RI23	P145a	Prefix +	1969 - 1972	28		30
RI24	P145b	Prefix +	1969 - 1972	29		30
RI25	P150a	Prefix +	1972 - 1974	29		20
RI26	P155a	Prefix +	1974 - 1977	29		15
RI27	P162a	Prefix +	1977 - 1985	29		15
RI28	P162b	Prefix +	1977 - 1985	30		15
RI29	P162c	Prefix +	1977 - 1985	31		15
RI30	P170a	Prefix +	1985 - 1994	31		15
RI31	P170b	Prefix +	1985 - 1994	32		15
RI32	P170c	Prefix +	1985 - 1994	33		15
RI33	P170f	Prefix +	1985 - 1994	34		15
RI34	P170e	Prefix + Red #	1985 - 1994	34		15
RI35	P182a	Prefix + Red #	1994 - 1997	35		15
RI36	P182b	Prefix +	1994 - 1997	35		15
RI37	P182b	Prefix +	1998	35		15
RI38	P182c	Prefix +	1998	36		15
RI39	P182c	Prefix + Black #	1999	36		15
RI40	P182d	Prefix + Blue #	1999	37		15
RI41	P182e	Prefix + Blue #	2000	37		15
RI42	P182f	Prefix + Blue #	2001	37		15
RI43	P182g	Prefix + Blue #	2001	38		15
RI44	P182h	Prefix +	2001	38		15
RI45	P182h	Prefix +	2002	38		15
RI46	P182h	Prefix +	2003	38		15

Philippines Continued

MWR	SCWPM	Prefix	Date	Sign	Prices VF	UNC
I 20 Pisos						
RI47	P182h	Prefix +	2004	38		15
RI48	P182h	Prefix +	2005	38		15
RI49	P182i	Prefix +	2005	39		15
RI50	P182i	Prefix +	2006	39		15
RI51	P182i	Prefix +	2007	39		15
RI52	P182i	Prefix + Small Date	2008	39		15
RI53	P182i	Prefix + Large Date	2008	39		15
RI54	P182i	Prefix +	2008A	39		15
RI55	P182i	Prefix + Large Date	2009	39		15
RI56	P182i	Prefix + Small Date	2009	39	7	25
RI57	P182i	Prefix +	2010	39	7	25
RI58	P182j	Prefix +	2010	40	7	20
RI59	P182j	Prefix +	2011	40		20
RI60	P182j	Prefix +	2012	40		10
RI61	P206	Prefix +	2010	40		10
RI62	P206	Prefix +	2012	40		10
RI63	P206	Prefix +	2013	40		10
RI64	P206	Prefix +	2014	40		10
RI67	P206	Prefix +	2014C	40		10
RI71	P.W230	Prefix +	2022	43		10
RI72	P.W230	Prefix +	2023	43		20
J 50 Pesos						
RJ1	P10b	* Prefix	01.01.1912	1	1500	
RJ2	P19	* Prefix	01.01.1928	2	1500	
RJ3	P49	* Prefix	1919	6	500	1000
RJ4	P65a	* Prefix	1918	10	7500	
RJ5	P65b	* Prefix	1918	11	6000	
RJ6	P78	* Prefix	1929	16	1000	
RJ7	P86	* Prefix	1936	17	2500	
RJ8	P99a	* Suffix	1944	19	350	800
RJ9	P99b	* Suffix	1944	21	500	1000
RJ10	P122a	* Suffix (Thick o/p)	1949	19	300	650
RJ11	P122b	* Suffix (Thick o/p)	1949	21	300	650
RJ12	P138a	Prefix +	1949	22	700	
RJ13	P138b	Prefix +	1949	23	100	375
RJ14	P138c	Prefix +	1949	24	75	275
RJ15	P138d	Prefix +	1949	27	40	195
RJ16	P146a	Prefix +	1969 - 1972	28		25
RJ17	P146b	Prefix +	1969 - 1972	29		25

Philippines Continued

MWR	SCWPM	Prefix	Date	Sign	VF	UNC
			J 50 Pisos			
RJ18	P151a	Prefix +	1972 - 1974	29		25
RJ19	P156a	Prefix +	1974 - 1977	29		25
RJ20	P156b	Prefix +	1974 - 1977	29		25
RJ21	P163a	Prefix +	1977 - 1985	29		15
RJ22	P163b	Prefix +	1977 - 1985	30		15
RJ23	P163c	Prefix +	1977 - 1985	31		15
RJ24	P165	Prefix +	1978 Commemorative	29		15
RJ25	P171a	Prefix +	1985 - 1994	32		15
RJ26	P171b	Prefix +	1985 - 1994	33		15
RJ27	P171c	Prefix +	1985 - 1994	34		15
RJ28	P183a	Prefix + Red #	1995	35		15
RJ29	P183b	Prefix + Red #	1998	35		15
RJ30	P183c	Prefix + Red #	1999	36		15
RJ31	P183	Prefix + Red #	1999	37		15
RJ32	P183c	Prefix + Red #	2000	37		15
RJ33	P183c	Prefix + Red #	2001	37		15
RJ34	P183d	Prefix +	2001	37		15
RJ35	P191a	Prefix + Red # (ND)	1999 Commemorative	35		15
RJ36	P191b	Prefix + Red #	1999 Commemorative	35		150
RJ37	P193a	Prefix +	2001	38		15
RJ38	P193a	Prefix +	2002	38		15
RJ39	P193a	Prefix +	2003	38		15
RJ40	P193a	Prefix + Large Date	2004	38		15
RJ41	P193a	Prefix + Small Date	2004	38		15
RJ42	P193b	Prefix +	2005	38		15
RJ43	P193b	Prefix +	2006	39		15
RJ44	P193b	Prefix +	2008	39		15
RJ45	P193b	Prefix +	2009	39		15
RJ46	P193c	Prefix +	2010	40		15
RJ47	P193c	Prefix +	2011	40		15
RJ48	P193c	Prefix +	2012	40		15
RJ49	P201	Prefix +	2009 Commemorative	39		15
RJ50	P201	Prefix +	2012 Commemorative	40		15
RJ51	P207	Prefix +	2010	40		15
RJ52	P207	Prefix +	2012	40		15
RJ54	P207	Prefix +	2014	40		10
RJ55A	P207	Prefix +	2015A	40		10
RJ57	P207	Prefix +	2016G	40		10
RJ57A	P207	Prefix +	2016H	40		10
RJ61	P.W231A	Prefix +	2023	43		10

Philippines Continued

MWR	SCWPM	Prefix	Date	Sign	VF	UNC
	K 100 Pesos						
RK1	P11b	* Prefix	01.01.1912	1	2000	
RK2	P20	* Prefix	01.01.1928	2	1750	
RK3	P50	* Prefix	1920	6	5000	
RK4	P66a	* Prefix	1918	10	4000	
RK5	P66b	* Prefix	1918	11	3000	
RK6	P79	* Prefix	1929	16	5500	
RK7	P87	* Prefix	1936	17	7500	
RK8	P100a	* Suffix	1944	19	750	2000
RK9	P100b	* Suffix	1944	20	1000	2500
RK10	P100c	* Suffix	1944	21	1000	2500
RK11	P112a	"1" is first digit of serial number	1944	Black on light blue and tan underprint.	15	40
RK12	P113a	"1" is first digit of serial number	1945	Black on brown on light green underprint.	15	40
RK13	P123a	* Suffix (Thick o/p)	1949	19	400	800
RK14	P123b	* Suffix (Thick o/p)	1949	20	400	800
RK15	P123c	* Suffix (Thick o/p)	1949	21	400	800
RK16	P139a	Prefix +	1949	22	100	350
	K 100 Pisos						
RK17	P147a	Prefix +	1969 - 1972	28		20
RK18	P147b	Prefix +	1969 - 1972	29		20
RK19	P157a	Prefix +	1974 - 1977	29		20
RK20	P157b	Prefix +	1974 - 1977	29		20
RK21	P158a	Prefix +	1974 - 1985	29		20
RK22	P164a	Prefix +	1977 - 1985	29		20
RK23	P164b	Prefix +	1977 - 1985	30		20
RK24	P164c	Prefix +	1977 - 1985	31		20
RK25	P172a	Prefix + black #	1985 - 1994	31		20
RK26	P172b	Prefix + Red # (one known)	1985 - 1994	32		20
RK27	P172c	Prefix +	1985 - 1994	33		20
RK28	P172d	Prefix + Red #	1985 - 1994	33		20
RK29	P172e	Prefix + Red #	1985 - 1994	34		20
RK30	P172f	Prefix + Blue #	1985 - 1994	34		20
RK31	P184a	Prefix + Red #	1994 - 1997	35		20
RK32	P184b	Prefix + Red #	1998	35		20
RK33	P184c	Prefix + Red #	1998	36		20
RK34	P184d	Prefix +	1998	36		20
RK35	P184d	Prefix +	1999	37		20
RK36	P184e	Prefix +	1999	37		20

Philippines Continued

MWR	SCWPM	Prefix	Date	Sign	Prices VF	UNC
	K 100 Pisos					
RK37	P184e	Prefix +	2000	37		20
RK38	P184f	Prefix +	2001	37		20
RK39	P184	Prefix +	2001	38		20
RK40	P188a	Prefix + Red # (ND)	1998 Commemorative	35		20
RK41	P188b	Prefix + Red #	1998 Commemorative	35		20
RK42	P194a	Prefix +	2001	38		20
RK43	P194a	Prefix +	2002	38		20
RK44	P194a	Prefix +	2003	38		20
RK45	P194a	Prefix +	2004	38		20
RK46	P194b	Prefix +	2005	39		20
RK47	P194b	Prefix +	2006	39		20
RK48	P194b	Prefix +	2007	39		20
RK49	P194b	Prefix +	2008	39		20
RK50	P194c	Prefix + (Arroyo error)	2005	39		20
RK51	P194b	Prefix +	2005	39		20
RK52	P194b	Prefix +	2006	39		20
RK53	P194b	Prefix +	2007	39		20
RK54	P194b	Prefix +	2008	39		20
RK55	P194b	Prefix +	2009	39		20
RK56	P194b	Prefix +	2010	39		20
RK57	P194d	Prefix +	2010A	39		20
RK58	P194d	Prefix +	2011	40		20
RK59	P194d	Prefix +	2012	40		20
RK60	P199	Prefix +	2008 Commemorative	39		20
RK61	P202	Prefix +	2009 Commemorative	39		20
RK62	P202	Prefix +	2011 Commemorative	40		20
RK63	P202	Prefix +	2012 Commemorative	40		20
RK64	P208	Prefix +	2010	40		20
RK65	P212	Prefix +	2011	40		20
RK66	P212A	Prefix +	2011	40		20
RK70	P208	Prefix +	2014A	40		20
RK72	P208	Prefix +	2015	40		20
RK73	P208	Prefix +	2015A	40		20
RK74	P222b	Prefix +	2016	40		10
RK75	P222b	Prefix +	2016A	40		10
RK75	P222b	Prefix +	2016A	40		10
RK75	P222b	Prefix +	2016A	40		10
RK75	P222b	Prefix +	2016A	40		10
RK79	P.W232	Prefix +	2022	43		15
RK80	P.W232A	Prefix +	2023	43		15

Philippines Continued

MWR	SCWPM	Prefix	Date	Sign	Prices VF	UNC
			K 100 Pisos			
RK81	P.W232A	Prefix +	2024	44		15
			L 200 Pesos			
RL1	P12b	* Prefix	01.01.1912	1	3500	
RL2	P21	* Prefix	01.01.1928	2	2500	
RL3	P140a	Prefix +	1949	22	90	200
			L 200 Pisos			
RL4	P195a	Prefix +	2002	38	10	45
RL5	P195a	Prefix +	2003	38	10	45
RL6	P195a	Prefix +	2004	38	10	45
RL7	P195b	Prefix +	2007	39	10	45
RL8	P195b	Prefix +	2008	39	10	45
RL9	P195b	Prefix +	2009	39	10	45
RL10	P195c	Prefix +	2010	39	10	45
RL11	P203	Prefix +	2009 Commemorative	39	10	45
RL12	P203	Prefix +	2011 Commemorative	39	10	45
RL13	P209	Prefix +	2010	40	10	45
RL14	P209	Prefix +	2013	40		15
RL16	P209	Prefix +	2015	41		15
RL20	P.W226	Prefix +	2020	42		20
			M 500 Pesos			
RM1	P67	* Prefix	1918	10	7500	
RM2	P72	* Prefix	1924	12	10000	
RM3	P80	* Prefix	1929	15	7500	
RM4	P88	* Prefix	1936	17	5000	
RM5	P101a	* Suffix	1944	19	7500	10000
RM6	P101b	* Suffix	1944	20	7500	10000
RM7	P101c	* Suffix	1944	21	7500	10000
RM8	P114a	"1" is first digit of serial number	1944	Block letters PF	15	45
RM9	P114b	"1" is first digit of serial number	1944	Block letters PG	15	45
RM10	P124a	* Suffix (Thick o/p)	1949	19	2500	
RM11	P124b	* Suffix (Thick o/p)	1949	20	1500	
RM12	P124c	* Suffix (Thick o/p)	1949	21	1500	
RM13	P141	Prefix +	1949	22	75	200
			M 500 Pisos			
RM14	P173a	Prefix +	1985 - 1994	32	15	60
RM15	P173b	Prefix +	1985 - 1994	33	15	60
RM16	P173c	Prefix +	1985 - 1994	34	15	60
RM17	P185a	Prefix + Red #	1998	35	15	60
RM18	P185b	Prefix + Red #	1998	35	15	60

Philippines Continued

MWR	SCWPM	Prefix	Date	Sign	Prices VF	UNC
	**M 500 Pisos**						
RM19	P185b	Prefix + Red #	1999	36	15	60
RM20	P185c	Prefix + Red #	1999	37	15	60
RM21	P185c	Prefix + Red #	2001	37	15	60
RM22	P196a	Prefix +	2001	38	15	60
RM23	P196a	Prefix +	2001	38	15	60
RM24	P196a	Prefix +	2002	38	15	60
RM25	P196a	Prefix +	2003	38	15	60
RM26	P196a	Prefix +	2004	38	15	60
RM27	P196a	Prefix +	2005	38	15	60
RM28	P196b	Prefix +	2005	39	15	60
RM29	P196b	Prefix +	2006	39	15	60
RM30	P196b	Prefix +	2007	39		60
RM31	P196b	Prefix +	2008	39		40
RM32	P196b	* Prefix (very few known)	2008	39		40
RM33	P196b	Prefix +	2008A	39		40
RM34	P196b	Prefix +	2009	39		40
RM35	P196b	Prefix +	2010	39		40
RM36	P196b	Prefix +	2010A	40		40
RM37	P196c	Prefix +	2010	40		40
RM38	P196c	Prefix +	2011	40		40
RM39	P196c	Prefix +	2012	40		40
RM40	P204	Prefix +	2009 Commemorative	40		40
RM41	P204	Prefix +	2012 Commemorative	40		40
RM42	P210	Prefix +	2010	40		20
RM43	P210	Prefix +	2012	40		20
RM45	P210	Prefix +	2014	40		15
RM48	P210	Prefix +	2015A	40		15
RM49	P210	Prefix +	2016	41		10
RM53	P210	Prefix +	2022	42		10
RM55	P.W234	Prefix +	2023	43		10
	**N 1000 Pisos**						
RN1	P115	"1" is first digit of SN	1945		10	60
RN2	P174a	Prefix +	1985 - 1994	32	10	75
RN3	P174b	Prefix +	1985 - 1994	34	10	75
RN4	P186a	Prefix + Red #	1994 - 1997	35	10	75
RN5	P186b	Prefix + Red #	1998	35	10	60
RN6	P186b	Prefix + Red #	1999	36	10	60
RN7	P186c	Prefix + Red #	1999	37	10	60
RN8	P186c	Prefix + Red #	2000	37	10	60
RN9	P186d	Prefix + Red #	2001	38	10	60

MWR	SCWPM	Prefix	Date	Sign	Prices VF	UNC
	N 1000 Pisos						
RN10	P197a	Prefix +	2001	38	10	60
RN11	P197a	Prefix +	2002	38	10	60
RN12	P197a	Prefix +	2003	38	10	60
RN13	P197a	Prefix +	2004	38	10	60
RN14	P197b	Prefix +	2005	38	10	60
RN15	P197b	Prefix +	2006	39	10	60
RN16	P197c	Prefix +	2007	39	10	60
RN17	P197b	Prefix +	2008	39		45
RN18	P197b	Prefix +	2009	39		45
RN19	P197b	Prefix +	2010	39		45
RN20	P197c	Prefix +	2007	40		45
RN21	P197d	Prefix +	2010	40		45
RN22	P197d	Prefix +	2011	40		45
RN23	P197d	Prefix +	2012	40		40
RN24	P205	Prefix +	2009 Commemorative	40		45
RN25	P211	Prefix +	2010	40		45
RN29	P211	Prefix +	2015	40		45
RN30	P211	Prefix +	2016	40		45
RN33	P211	Prefix +	2017	41		45
RN34	P211	Prefix +	2018F	41		45
RN35	PW228	Prefix +	2020	42		45
RN36	PW228	Prefix +	2021	42		45

RK11 ND (1944). Black on light blue and tan underprint. Rizal Monument at right.
Back: Purple on green underprint. Watermark: Banana tree.
RK12 ND (1945). Black on brown on light green underprint. Similar to RH11.
Block letters PV. Back: Yellow-brown. Rare

Philippines Signatures

1 D. Garcia

E. Sendres

2 D. Garcia

Fulg. Borromeo

3 D.Garcia

P.J. Campos

4 D. Pekson

V. Concepcion

5 S. Ferguson

H. Parker Willis

6 S. Mercado

V. Concepcion

7 S. Mercado	Miguel Urson	8 S. Mercado	Rafael Corpus
9 F. P. Paterno	Jose Yulo	10 Francis Burton Harrison	A. P. Fitzsimmons
11 Francis Burton Harrison	V. Carmona	12 Leonard Wood	Salv. Lagdameo
13 H. L. Stimson	Salv. Lagdameo	14 Dwight F. Davis	Salv. Lagdameo
15 Theodore Roosevelt	Salv. Lagdameo	16 Manuel Quezon	Salv. Lagdameo
17 Manuel Quezon	Antonio Ramos	18 Manuel Quezon	A.S. de Leon
19 Sergio Osmeña	J. Hernandez	20 Sergio Osmeña	M. Guevara
21 Manuel Roxas	M. Guevara	22 Elpido Quirino	Miguel Cuaderno Sr
23 Raymon Magsaysay	Miguel Cuaderno Sr	24 Carlos Garcia	Miguel Cuaderno Sr
25 Carlos Garcia	Andres V. Castillo	26 Diosdado Macapagal	Andres V. Castillo

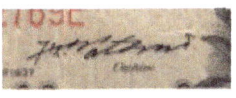

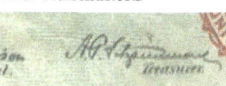

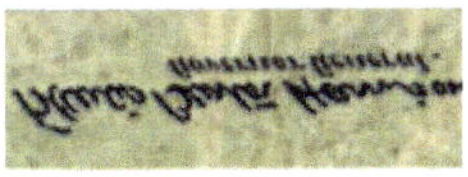

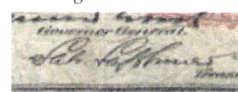

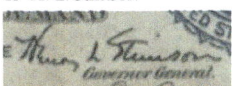

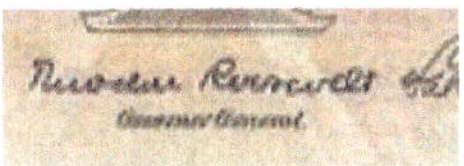

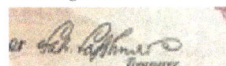

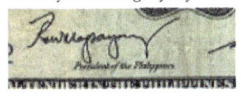

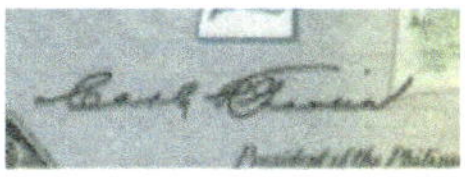

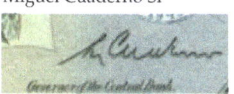

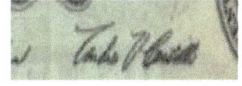

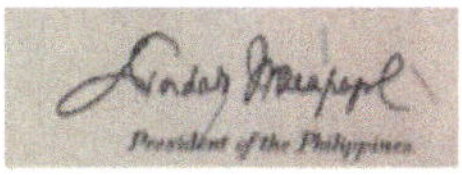

27 Ferdin E. Marcos	Andres V. Castillo	28 Ferdin E. Marcos	Alfonso Calalang
29 Ferdin E. Marcos	Gregorio S. Licaros	30 Ferdin E. Marcos	Jaime C. Laya
31 Ferdin E. Marcos	Jose B. Fernez Jr	32 Corazon C. Aquino	Jose L. Cuisa Jr
33 Corazon C. Aquino	Jose L. Cuisa Jr	34 Fidel V. Ramos	Jose L. Cuisa Jr
35 Fidel V. Ramos	Gabriel C. Singson	36 Joseph E. Estrada	Gabriel C. Singson
37 Joseph E. Estrada	Rafael B. Benaventura	38 Gloria Macapagal-Arroyo	Rafael B. Benaventura
39 Gloria Macapagal-Arroyo	Amo M. Tetangco	40 Benigno S. Aquino III	Amo M. Tetangco
41 Duterte	Amo M. Tetangco	42 Duterte	Amo M. Tetangco
42 Marcos Jr.	Medalla	43 Marcos Jr.	Remolona Jr.

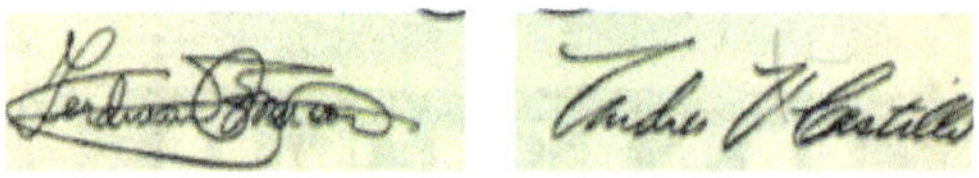

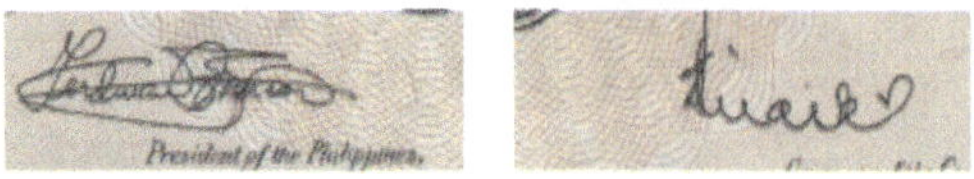

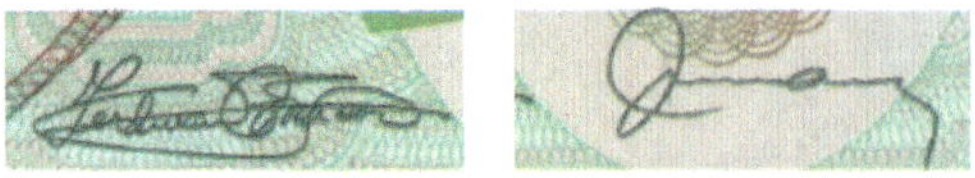

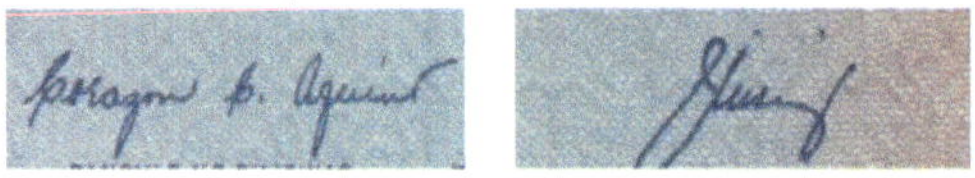

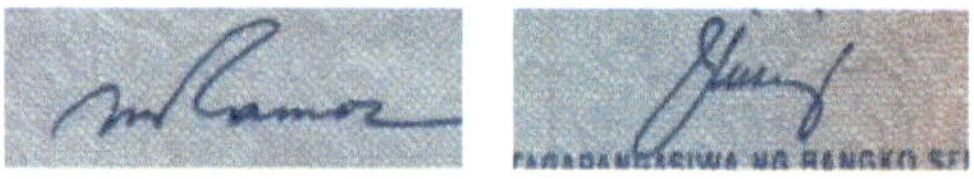

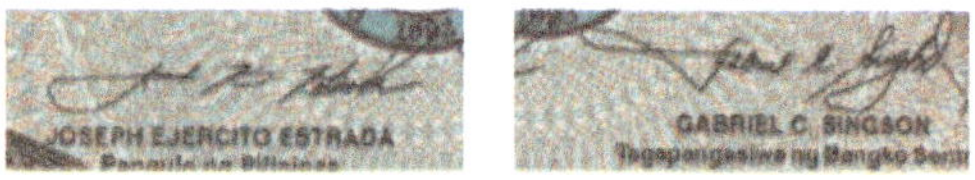

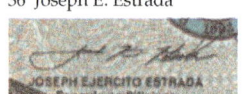

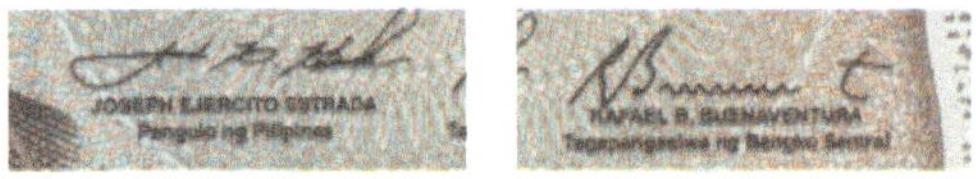

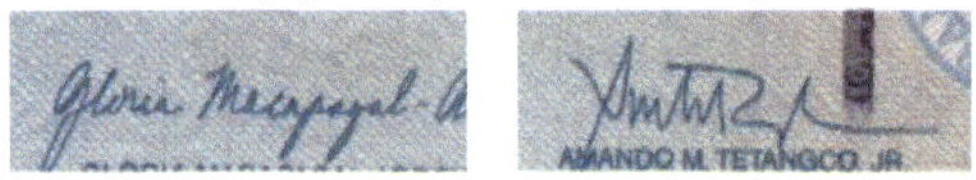

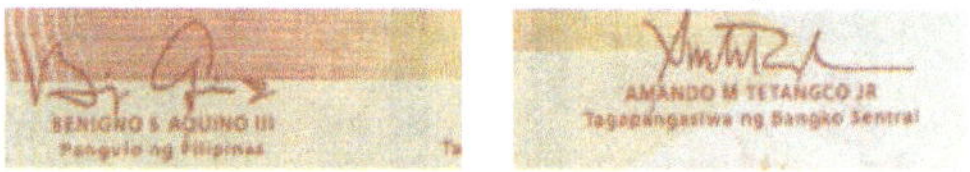

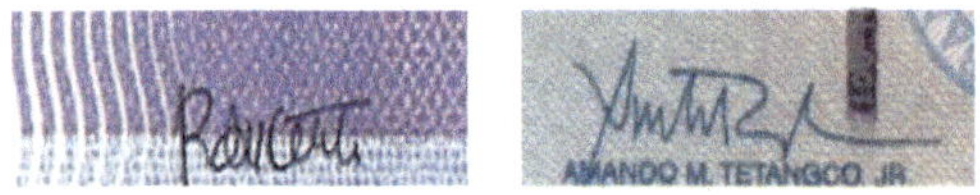

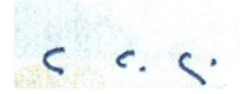

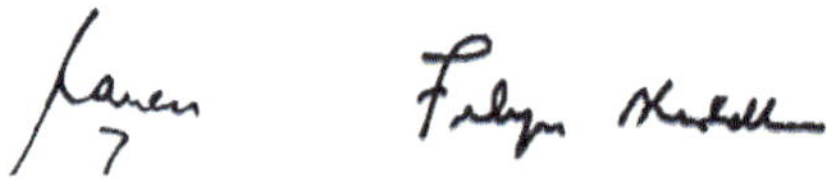

Philippines RA1

Philippines RE12

Philippines RE14

Philippines RE26

Philippines RF11

Philippines RF18

Philippines RG8

Philippines RG23

Philippines RH16

Philippines RH23

Philippines RI22

Philippines RJ16

Philippines RK11

Philippines RK25

Poland

Replacement notes of Poland can be divided into 2 groups:
1. Confirmed notes in recent issues (1994)
2. Older notes not documented to be replacement notes (1944-1946)

Monetary Unit: 1.00 Zloty = 100 Groszy, 1919

MWR	SCWPM	Date	Prefix	Printer	VF	UNC
1. Confirmed notes in recent issues (1944)							
B 10 złotych							
RB2	P173r	25.03.1994	ZA	TDLR	25	100
RB3	P173r	25.03.1994	YB	PWPW	10	35
RB4	P173r	25.03.1994	YC	PWPW	10	35
RB5	P173r	25.03.1994	YD	PWPW	10	35
RB6	P173r	25.03.1994	YE	PWPW	10	35
RB7	P173r	25.03.1994	YF	PWPW	10	35
C 20 złotych							
RC4	P174r	25.03.1994	ZA	TDLR	50	250
RC5	P174r	25.03.1994	YB	PWPW	10	35
RC6	P174r	25.03.1994	YC	PWPW	10	35
RC7	P174r	25.03.1994	YD	PWPW	10	35
RC8	P174r	25.03.1994	YE	PWPW	10	35
RC9	P174r	25.03.1994	YF	PWPW	10	35
D 50 złotych							
RD3	P175r	25.03.1994	ZA	TDLR	50	200
RD4	P175r	25.03.1994	YA	PWPW	500	Rare
RD5	P175r	25.03.1994	YB	PWPW	25	40
RD6	P175r	25.03.1994	YC	PWPW	50	200
RD7	P175r	25.03.1994	YD	PWPW	18	25
E 100 złotych							
RE4	P176r	25.03.1994	ZA	TDLR	120	350
RE5	P176r	25.03.1994	YA	PWPW	120	400
RE6	P176r	25.03.1994	YB	PWPW	15	90
RE7	P176r	25.03.1994	YC	PWPW	15	90
RE8	P176r	25.03.1994	YD	PWPW		45
RE9	P176r	25.03.1994	YE	PWPW		40
RE10	P176r	25.03.1994	YF	PWPW		35
RE11	P176r	25.03.1994	YG	PWPW		35

Poland Continued

MWR	SCWPM	Date	Prefix	Printer	Prices VF	UNC
E 100 złotych							
RE12	P176r	25.03.1994	YH	PWPW		35
RE13	P176r	25.03.1994	YI	PWPW		35
RE14	P176r	25.03.1994	YJ	PWPW		35
RE15	P176r	25.03.1994	YK	PWPW		35
RE16	P176r	25.03.1994	YL	PWPW		35
F 200 złotych						
RF1	P177r	25.03.1994	ZA	TDLR	150	650
RF2	P177r	25.03.1994	YA	PWPW	180	800
RF3	P177r	25.03.1994	YB	PWPW	40	200

2. Older notes not documented to be replacement (1944- 1946)

MWR	SCWPM	Date	Prefix	Printer	VF	UNC
A 5 złotych						
RA1	P109	1944	xA	Goznak	50	200
B 10 złotych						
RB1	P111	1944	Kb	DN	80	400
C 20 złotych						
RC1	P113a	1944	Rz	PWPW	60	350
RC2	P113b	1944	Wz	PWPW	80	400
RC3	P113c	1944	xA	Goznak	60	350
D 50 złotych						
RD1	P115a	1944	Dh	PWPW	150	500
RD2	P115b	1944	Hd	PWPW	150	500
E 100 złotych						
RE1	P117a	1944	Dr	DN	150	450
RE2	P117b	1944	Rd	DN	150	450
RE3	P129	15.05.1946	Mz	PWPW	800	1600
G 500 złotych						
RG1	P119a	1944	Dh	PWPW	300	1000
RG2	P119b	1944	Hd	PWPW	300	1000
RG3	P121a	15.01.1946	Dx	PWPW	220	700
RG4	P121b	15.01.1946	Dy	PWPW	220	700
RG5	P121c	15.01.1946	Dz	PWPW	220	700
H 1000 złotych						
RH1	P120	1945	Dh	PWPW	800	2000
RH2	P122a	15.01.1946	Bw	PWPW	120	500
RH3	P122b	15.01.1946	Wb	PWPW	120	600

Poland RA1

Poland RB1

Poland RB3

Poland RC1

Poland RC8

Poland RD1

Poland RD5

Poland RE1

Poland RE8

Poland RF1

Poland RG2

Poland RH1

Portugal

Replacement notes of the Portugal started in 1964, they have a prefix of one, two or three letters, please refer to the table below. The catalog number of Portugal is included in the table. The "Z" prefix is not a replacement note. Please note that chapa on the note indicates the issue.

Monetary Unit: 1.00 Escudo = 100 Centavos, 1910-2001

MWR	SCWPM	Chapa	Cat No	Date	Prefix	XF	UNC
A				**20 escudos**			
RA1	P173	8	19A	7/27/1971	HC	15	75
RA2	P173	8	19A	7/27/1971	HD	15	75
RA3	P176a	9	20A	9/13/1978	B	15	60
RA4	P176a	9	20A	9/13/1978	C	15	60
B				**50 escudos**			
RB1	P168	8	30A	2/28/1964	CBB	35	120
RB2	P168	8	30A	2/28/1964	CBC	35	120
RB3	P174b	9	31A	1980/02/01	OT	35	120
C				**100 escudos**			
RC1	P169a	7	38A	1965/11/30	GCH,	20	120
RC2	P169b	7	38B	9/20/1978	GXC	25	150
RC3	P178a	8	39A	9/2/1980	A-	25	150
RC4	P178b	8	39B	2/24/1981	PF	20	120
RC5	P178b	8	39B	2/24/1981	PH	20	120
RC6	P178b	8	39B	2/24/1981	ALX	20	120
RC7	P178c	8	39C	1/31/1984	CJF-	20	120
RC8	P178d	8	39D	3/12/1985	DRL	30	150
RC9	P178e	8	39E	6/4/1985	ENG	30	150
RC10	P179a	9	40A	10/16/1986	ABC	30	120
RC11	P179a	9	40A	10/16/1986	AJC	30	100
RC12	P179b	9	40B	2/12/1987	ANR-	30	90
RC13	P179d	9	40D	12/3/1987	BDD	30	90
RC14	P179d	9	40D	12/3/1987	BXT	30	90
RC15	P179e	9	40E	5/26/1988	BXX	30	80
RC16	P179f	9	40F	11/24/1988	CTP	10	40
D				**500 escudos**			
RD1	P170b	10	49B	9/6/1979	JRB	30	150
RD2	P177	11	50A	10/4/1979	C 1st emission	30	150
RD3	P177	11	50A	04/10/1979(82)	FV	40	175
RD4	P177	11	50A	04/10/1979(82)	FX	30	150
RD5	P180a	12	51A	11/20/1987	ABC-	20	130
RD6	P180b	12	51B	8/4/1988	ANX	20	130
RD7	P180c	12	51C	10/4/1989	BDL	20	130
RD8	P180d	12	51D	2/13/1992	CCJ	20	100

Portugal Continued

MWR	SCWPM	Chapa	Cat No	Date	Prefix	XF	UNC
D 500 escudos							
RD9	P180e	12	51E	3/18/1993	CGS	20	100
RD10	P180f	12	51F	11/4/1993	CJC	20	80
RD11	P187a	13	52A	4/17/1997	*Star suffix	20	80
E 1000 escudos							
RE1	P172a	10	64A	5/19/1967	NDQ	20	130
RE2	P172a	10	64A	5/19/1967	NDX	20	130
RE3	P172a	10	64A	5/19/1967	NFF	20	130
RE4	P172a	10	64A	5/19/1967	NFL	20	130
RE5	P175a	11	65A	5/28/1968	AIC 1st emission	20	130
RE6	P175a	11	65A	5/28/1968	ARK	20	130
RE7	P175a	11	65A	5/28/1968	BDZ	20	130
RE8	P175a	11	65A	5/28/1968	BZV	20	130
RE9	P175b	11	65B	9/16/1980	CKG	20	130
RE10	P175b	11	65B	9/16/1980	CKH	20	130
RE11	P175c	11	65C	12/3/1981	FLD	20	130
RE12	P175c	11	65C	12/3/1981	GTK	20	130
RE13	P175d	11	65D	9/21/1982	GTM	20	130
RE14	P175e	11	65E	10/26/1982	HDH	20	130
RE15	P181a	12	66A	8/2/1983	B	20	100
RE16	P181b	12	66B	6/12/1986	OP	20	100
RE17	P181c	12	66C	2/26/1987	ACM	20	100
RE18	P181d	12	66D	9/3/1987	AQB	20	100
RE19	P181e	12	66E	12/22/1988	BFL	20	100
RE20	P181f	12	66F	11/9/1989	CHG	20	100
RE21	P181g	12	66G	7/26/1990	*Star suffix	10	50
RE22	P181k	12	66M	3/3/1994	*Star suffix	10	60
F 2000 escudos							
RF1	P186a	1	68A	5/23/1991	*Star suffix	35	125
RF2	P186d	1	68E	10/21/1993	*Star suffix	35	125
G 5000 escudos							
RG1	P182a	1	70A	9/10/1980	C	35	190
RG2	P182b	1	70B	1/27/1981	EL	30	180
RG3	P182c	1	70C	5/24/1983	OZ	30	180
RG4	P182d	1	70D	6/4/1985	ACK	30	180
RG5	P182e	1	70E	1/7/1986	AMH	30	180
RG6	P183a	2	71A	2/12/1987	ABH	20	120
RG7	P183b	2	71B	12/3/1987	ATV	20	120
RG8	P184a	2-A	72A	10/28/1988	ABM	20	120
RG9	P184b	2-A	72B	7/6/1989	APB	20	120
RG10	P184c	2-A	72C	10/19/1989	BDM	20	120
RG11	P184d	2-A	72D	10/31/1991	*Star suffix	20	100
H 10,000 escudos							
RH1	P185a	1	74A	1/12/1989	ABK	50	280

Portugal Continued

MWR	SCWPM	Chapa	Cat No	Date	Prefix	Prices XF	UNC
H 10,000 escudos							
RH2	P185b	1	74B	2/14/1989	ALH	50	280
RH3	P185b	1	74B	1989/12/16	BBP	40	250
RH4	P185c	1	74C	5/16/1991	BFG	40	250
RH5	P185c	1	74C	5/16/1991	BKH	40	250
RH6	P185c	1	74C	5/16/1991	BBP	40	250

Portugal RA1

Portugal RA2

Portugal RA3

Portugal RB2

Portugal RB3

Portugal RC2

Portugal RC3

Portugal RC5

Portugal RC7

Portugal RC9

Portugal RD3

Portugal RD9

Portugal RD10

Portugal RE15

Portugal RE21

Portugal RE22

Portugal RF1

Portugal RF2

Portugal RG11

Portugal RH1

Qatar

Replacement notes of Qatar started with the third issue in 1996. Regular issues have a fractional of one Arabic letter over a digit, each prefix letter indicates the denomination. Replacement notes have an extra Arabic letter in fractional prefix (R) " ر " e.g. ر/١

Monetary Unit: 1.00 Riyal (QAR) = 100 Dirham

MWR	SCWPM	Date	Signature & Remarks	Prefix	VF	UNC
A 1 Riyal						
RA1	P7	ND (1980's)	1	رو/١		300
RA2	P13a	ND1985	1	رو/١		200
RA3	P13b	ND1985	1	رو/١		200
RA4	P14a	ND1996	2, Security thread reads: Qatar Monetary Agency	رو/١		110
RA5	P14b	ND1996	2, Security thread reads: Qatar Central Bank	رو/١		100
RA6	P20	ND2003	3	رو/١		40
RA7	P20	ND2008	4	رو/١		10
RA9	PW32	2022	5	رو/١		10
B 5 Riyals						
RB1	P8a	ND (1980's)	1, WMR Hawk - nostrils visible	ره/١		700
RB2	P8b	ND (1980's)	1, WMR Hawk - nostrils not visible	ره/١		700
RB3	P15a	ND1996	2, Security thread reads: Qatar Monetary Agency	ره/١		700
RB4	P15a	ND1996	2, Security thread reads: Qatar Central Bank	ره/١		700
RB5	P21	ND2003	3	ره/١		60
RB6	P29	ND2008	4	ره/١		20
RB8	PW33	2020	5	ره/١		15
C 10 Riyals						
RC1	P9	ND (1980's)	1	رد/١		300
RC2	P16a	ND1996	2, Security thread reads: Qatar Monetary Agency	رد/١		200
RC3	P16b	ND1996	2, Security thread reads: Qatar Central Bank	رد/١		175
RC4	P22	ND2003	3	رد/١		70
RC5	P30	ND2008	4	رد/١		45
RC7	P30	ND2008	5	رد/١		20
RC9	PW34	2020	5	رد/١		20
RC11	PW34	2022	5	رد/١		20
CC 22 Riyals						
RCC1	PW39	2022	6	RQ/1		50
D 50 Riyals						
RD1	P10	ND (1980's)	1	رج/١		800
RD2	P17	ND1996	2	رج/١		500

Qatar Continued

MWR	SCWPM	Date	Signature & Remarks	Prefix	VF	UNC
E 100 Riyals							
RD3	P23	ND2003	3	ج / ١		120
RD4	P31	ND2008	4	ج / ١		80
RD6	PW35	2020	5	ج / ١		35
E 100 Riyals							
RE1	P11	ND (1980's)	1	رب / ١		800
RE2	P18	ND1996	2	رب / ١		600
RE3	P24	ND2003	3	رب / ١		150
RE4	P26	ND2007	4	رب / ١		150
RE6	PW36	2020	5	رب / ١		50
EE 200 Riyals							
REE1	PW37	2020	5	رب / ١		90
F 500 Riyals							
RF1	P12	ND (1980's)	1	ل / ١		1,500
RF2	P19	ND1996	2	ل / ١		600
RF3	P25	ND2003	3	ل / ١		375
RF4	P27	ND2007	4	ل / ١		300
RF6	PW38	2020	5	ل / ١		250

Qatar Signatures

Central Bank Governor
1

Minister of Finance
Abdulaziz al-Thani

Central Bank Governor
3 Abdullah B. K. Al-Attiya

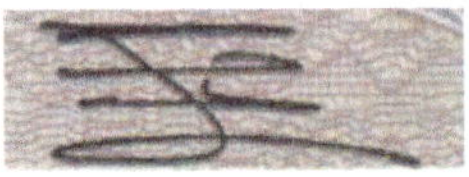

Minister of Finance
Yousef Hussein Kamal

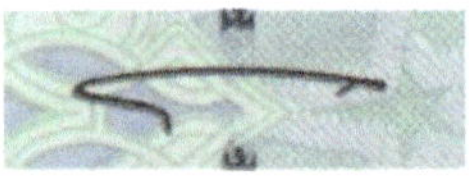

2 Abdullah B. K. Al-Attiya

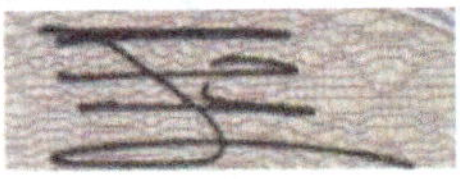

Mohammad al-Thani

4 Abdullah Saud Al-Thani

Yousef Hussein Kamal

5 Abdullah B. K. Al-Attiya

Ali Shareef Al Emadi

6 Bandar Bin Mohammed

Ali bin Ahmed

Qatar RA6

Qatar RA7

Qatar RB6

Qatar RC4

Qatar RC5

Qatar RD4

Rhodesia

Replacement notes of Rhodesia started in 1970. Each denomination has a different prefix to identify replacement notes (W/1 - X/1- Y/1 -Z/1) for $1, $2, $5 and $10 respectively. All replacement denominations dated 1970-73 are extremely rare

Monetary Unit: 1.00USD = 100 Cents, 1970-80

MWR	SCWPM	Prefix	Date	Watermark	VF	UNC
A 1 Dollar						
RA4	P34b	W/1	1-Nov-76	C. Rhodes	10	90
RA5	P34c	W/1	18-Apr-78	C. Rhodes	10	80
RA6	P38	W/1	2-Aug-79	Zimbabwe bird	10	35
B 2 Dollars						
RB4	P35b	X/1	15-Apr-77	C. Rhodes	20	175
RB5	P35c	X/1	5-Aug-77	C. Rhodes	20	175
RB6	P35d	X/1	10-Apr-79	C. Rhodes	60	175
RB7	P35d	X/1	10-Apr-79	Zimbabwe bird	20	150
RB8	P39	X/1	24-May-79	Zimbabwe bird	20	140
C 5 Dollars						
RC3	P36b	Y/1	20-Oct-78	C. Rhodes		125
RC4	P40	Y/1	15-May-79	Zimbabwe bird	20	125
D 10 Dollars						
RD4	P37a	Z/1	1-Mar-76	C. Rhodes	40	150
RD5	P41	Z/1	2-Jan-79	Zimbabwe bird	20	120

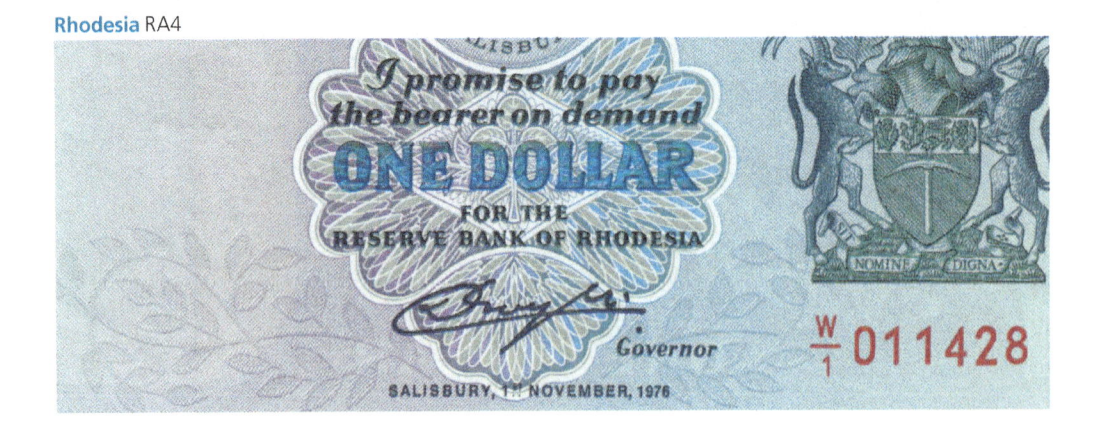

Rhodesia RA4

Rhodesia RB8

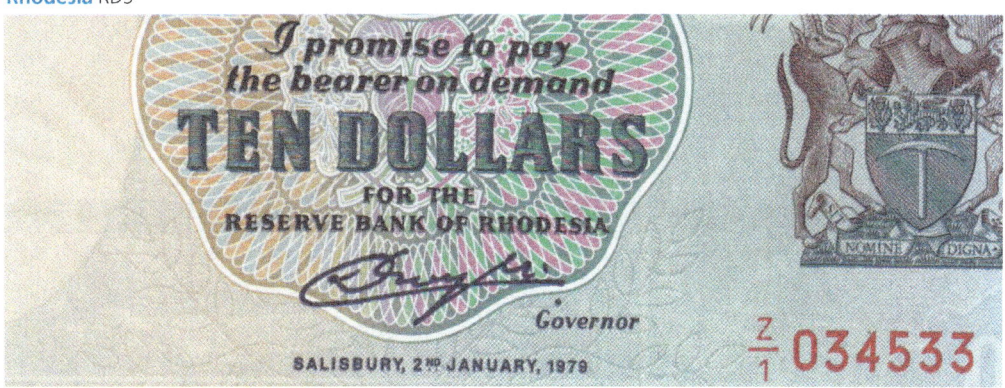

Rhodesia RD5

Russia

The only known replacement note is the 100 Rubley 1961, it has a "ЯЯ" prefix.

MWR	SCWPM	Prefix	Date	Price VF	UNC
		A 1 Ruble			
RA1	P222	ЯА	1961	7	30
		C 10 Rubles			
RC1	P233	ЯА	1961	10	30
		D 25 Rubles			
RD1	P234	ЯА	1961	25	65
		E 50 Rubles			
RE1	P235	ЯА	1961	25	65
		F 100 Rubles			
RF1	P236	ЯА	1961	25	80

Rwanda

Replacement notes of Rwanda started in 1964, they have the prefix "ZZ" or "VV" or "XX" as shown in the table below. All confirmed replacement notes have a double-letter prefix, I do not believe that a "Z" prefix alone is a replacement note.

Monetary Unit: 1.00 Franc = 100 Centimes

MWR	SCWPM	Date	Prefix	Remarks	VF	UNC
A				**20 Francs**		
RA1	P6a	1.7.1964	ZZ	Sig.Title Vice Gouverneur and Gouverneur	10	35
RA2	P6b	1.7.1965	ZZ	Sig.Title Vice Gouverneur and Administateur	10	35
RA3	P6c	1.7.1971	ZZ	Sig.Title Gouverneur and Administateur	10	35
RA4	P6d	30.10.1974	ZZ	Sig.Title Administateur and Administateur	10	35
RA5	P6e	1.1.1976	ZZ	Sig.Title Administateur and Gouverneur	10	35
B				**50 Francs**		
RB1	P7a	1964-69	ZZ	Sig.Title Vice Gouverneur and Gouverneur	20	90
RB2	P7b	1971-74	ZZ	Sig.Title Administateur and Gouverneur W/ ST	20	80
RB3	P7c	1.1.1976	ZZ	Sig.Title Administateur and Gouverneur W/o ST	20	70
C				**100 Francs**		
RC1	P8a	1.7.1964	ZZ	Sig.Title Vice Gouverneur and Gouverneur	20	90
RC2	P8b	1.7.1965	ZZ	Sig.Title Vice Gouverneur and Administateur	20	120
RC3	P8c	1.7.1971	ZZ	Sig.Title Administateur and Gouverneur W/ ST	20	80
RC4	P8d	30.10.1974	ZZ	Sig.Title Administateur and Gouverneur W/o ST	20	70
RC4A	P8d	1.1.1976	ZZ	Sig.Title Administateur and Gouverneur W/o ST	20	70
RC5	P12a	1.1.1978	VV	Zebras , back woman	10	70
RC6	P19a	24.4.1989	XX	Zebras , back woman,New Spelling Amafaranga	10	35
RC6s	P29s	1/9/2003	XX	Specimen	10	35
D				**500 Francs**		
RD1	P9a	1964-69	ZZ	Sig.Title Vice Gouverneur and Gouverneur	20	120
RD2	P9b	1971-76	ZZ	Sig.Title Administateur and Gouverneur	20	80
RD3	P26	1.12.1998	XX		20	80
RD5	P34	1.2.2008	ZZ		20	70
RD6	P38	1.1.2013	XX			30
E				**1000 Francs**		
RE1	P10a	1964-69	ZZ	Sig.Title Vice Gouverneur and Gouverneur	45	150
RE2	P10b	1971-74	ZZ	Sig.Title Vice Gouverneur and Administateur	20	120

Rwanda Continued

MWR	SCWPM	Date	Prefix	Remarks	VF	UNC
				E 1000 Francs		
RE3	P17a	1.7.1981	ZZ		10	40
RE4	P21	1.1.1988	VV	Sig.Title 2 E Vice Gouverneur and Gouverneur	10	40
RE4A	P27	1.12.1998	XX		10	40
RE5	P31	1.7.2004	ZZ			50
RE6	P35	1.2.2008	ZZ			10
RE8	P39b	1.2.2019	XX			10
				F 5000 Francs		
RF1	P22	1.1.1988-89	XX	Sig.Title 2 E Vice Gouverneur and Gouverneur	20	120
RF2	P28	1.12.1998	XX		10	45
RF3	P33	1.4.2004	XX		10	45
RF4	P37	1.2.2009	XX		10	45

Rwanda RA5

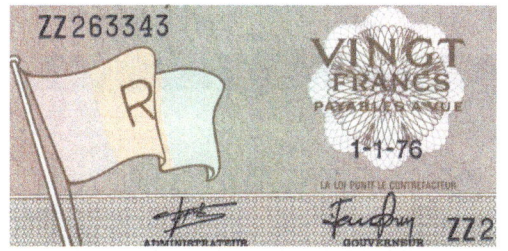

Rwanda RC5

Rwanda RE4

Rwanda RF1

Saint Thomé et Prince

Replacement notes of Saint Thomé et Prince started in 1993, they have "ZZ" prefix and are the only confirmed replacement notes.

Printer: TDLR

Monetary Unit: 1 Dobra = 100 centimos 1977-

MWR	SCWPM	Date	Prefix	VF	UNC
		AA 100 Dobres			
RAA1	P63	L2016	ZE		50
		AB 200 Dobres			
RAB1	PW81	23.12.2020	ZZ		75
		A 500 Dobres			
RA1	P63	26.8.1993	ZZ		35
		C 5,000 Dobres			
RC1	P65a	22.10.1996	ZZ		40
RC2	P65b	26.8.2004	ZZ		40
RC3	P65c	26.8.2006	ZZ		35
RC4	P65d	31.12.2013	ZZ		30
		D 10,000 Dobres			
RD1	P66a	22.10.1996	ZZ		50
RD2	P66b	26.8.2004	ZZ		40
RD3	P66c	26.8.2006	ZZ		30
		E 20,000 Dobres			
RE1	P67a	22.10.1996	ZZ		60
RE2	P67b	26.8.2004	ZZ		60
RE3	P67c	26.8.2006	ZZ		50
		F 50,000 Dobres			
RF1	P68a	22.10.1996	ZZ		120
RF2	P68b	26.8.2004	ZZ		120
RF3	P68c	26.8.2006	ZZ		90
RF4	P68e	31.12.2013	ZZ		45

St. Thome RA1

St. Thome RF2

Samoa

Replacement notes of Samoa started in 2008, all issued notes have either a single "Z" or double "ZZ" prefix.

Printer: TDLR

Monetary Unit: 1.00 Tala = 100 Sene

MWR	SCWPM	Date	Prefix	Sign	VF	UNC
AA 1 Tala						
RAA1	P19a	ND1980/2020	ZZ	6		40
A 5 Tala						
RA1	P38a	2008	ZZ	2		40
RA2	P38b	2012	ZZ	3		40
RA3	P38c	2017	ZZ	4		10
B 10 Tala						
RB1	P39a	2008	ZZ	2		40
RB2	P39b	2017	ZZ	4		20
RB3	PW45	2019	ZZ	4		50
C 20 Tala						
RC1	P40a	2008	ZZ	2		40
RC2	P40b	2012	ZZ	3		40
RC3	P40c	2017	ZZ	4		30
D 50 Tala						
RD1	P41r	2008	ZZ	2		50
RD2	P42r	2012	ZZ	3		50
RD3	P41c	2017	ZZ	4		45
DD 60 Tala						
RDD1	PW46	2023	ZZ	Lautimuia Uelese Vaai / Maiava Atalina		20
E 100 Tala						
RE1	P37	ND 2006	Z	1		150
RE2	P43r	2008	ZZ	2		100
RE3	P44a	2012	ZZ	3		100
RE4	P44b	2017	ZZ	4		100

Samoa Signatures

Minister of Finance

1 Misa Telefoni Retzlaff

2 Niko Lee Hang
(March 2006 to March 2011)

3 Faumuina Tiatia Faaolatane Liuga
(March 2011 to date)

4 Sili Epa Tuioti

5 Lautimuia Uelese

Governor

Leasi Papalii Tommy

Leasi Papali'i Tommy Scanlan
(April 1989 to 15.08.11)

Maiava Atalina Ainuu-Enari
(15.08.11 to date)

Ainuu-Enari

Maiava Atalina

6 Filipo Vaovasamanaia

Samoa RA1

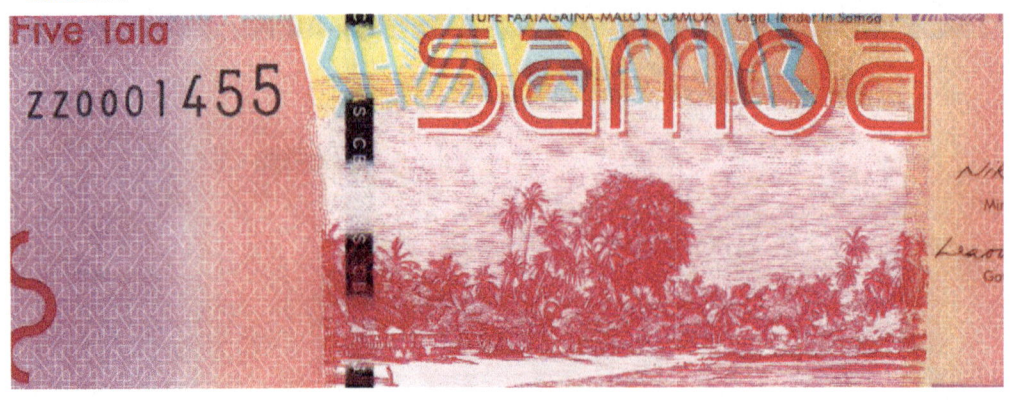

Saudi Arabia

Only three replacement notes of Saudi Arabia are known and confirmed. The first issue of the one and 5 Riyals (1956 and 1954) and the second issue of the 10 Riyal 1954. They have the serial number "01" to "09" prior to the serial number in Arabic: The first issue of the 10 Rials (1953) replacement either doesn't exist or has not been seen.

Monetary Unit: 1.00 Riyal = 20 Ghirsh or 100 Fils

MWR	SCWPM	Date	Sign	Prices VF	UNC
A 1 Riyal					
RA1	P2	1956	2	150	650
B 5 Riyals					
RB1	P3	1954	1	600	1,300
C 10 Riyals					
RC2	P4	1954	1	250	650

Saudi Arabia Signatures

Deputy Chairman of SAMA
1 Najjeb Ibrahim Salha

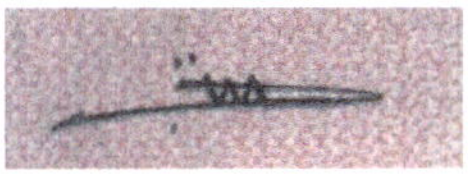

Governor of SAMA
1 George Blowers

Deputy Governor of SAMA
1 Rasem Bey al-Khalidi

Chairman of SAMA
2 Muhammed S. al-Saban

Governor of SAMA
2 R. D. Standish

Saudi Arabia RB1

Saudi Arabia RC2

Scotland

Replacement notes of Scotland started in 1970. They can be identified by the prefixes "Z/1" – "Z/3," "Y/1," "D/ZZ," "E/ZZ." Other replacement notes can be identified by "Z," "ZA," "ZB," "ZZ," "ZC."

Printer: TDLR

Monetary Unit: 1 Pound Sterling = 12 Pounds Scots / 1 Pound = 20 Shillings to 1971 / 1 Pound = 100 New Pence, 1971-1981 / 1 Pound = 100 Pence, 1982-

MWR	SCWPM	Prefix	Serial No From	Serial No To	Date	Sign	VF	UNC
	A 1 Pound Bank Of Scotland
RA1	P111a1	Z/1	0000001	0163000	10.8.1970	1	35	125
RA2	P111a2	Z/1	0163001	0463000	31.8.1971	1	25	90
RA3	P111b1	Z/1	0463001	0641000	1.11.1972	2	25	90
RA4	P111b2	Z/1	0641001	0787000	30.8.1973	2	25	90
RA5	P111c1	Z/1	0787001	1000000	28-Oct-1974	2	20	75
RA6	P111c2	Z/2	0000001	0027800	28-Oct-1974	2	20	75
RA7	P111c3	Z/2	0027801	0142000	26-Nov-1975	2	20	75
RA8	P111c4	Z/2	0142001	0501000	8-Sep-1976	2	20	75
RA9	P111c5	Z/2	0501001	0680000	25-Aug-1977	2	15	60
RA10	P111c6	Z/2	0680001	0780000	3-Oct-1978	2	15	60
RA11	P111d1	Z/2	0780001	0940000	15-Oct-1979	4	10	50
RA12	P111d2	Z/2	0940001	1000000	4-Nov-1980	4	10	50
RA13	P111d3	Z/3	0000001	160000	4-Nov-1980	4	10	50
RA14	P111e	Z/3	0092001	0192000	30-Jul-1981	5	10	50
RA15	P111f1	Z/3	0913001	0243000	7 Oct 1983	5	10	50
RA16	P111f2	Z/3	0244001	0284000	9-Nov-1984	5	10	45
RA17	P111f3	Z/3	0325001	0365000	12-Dec-1985	5	10	45
RA18	P111f4	Z/3	0366001	0501000	18-Nov-1986	5	10	45
RA19	P111g	Z/3	0502001	0552000	19-Aug-1988	6	10	35
	Clydesdale Bank Plc
RA20	P211c1	D/ZZ	005401	035510	8-Apr-1985	16	10	50
RA21	P211c2	D/ZZ	069737	114923	25-Nov-1985	16	10	50
RA22	P211d	D/ZZ	148135	163759	9-Nov-1988	16	10	50
	Royal Bank Of Scotland Plc
RA23	P341Aa	Z/1	096011		1-May-1986	26	15	75
RA24	P341Ab	Z/1			17-Dec-1986	27	15	75
RA25	P346a1	Z/2	176027		17-Dec-1986	27	15	75
RA26	P346a2	Z/3	009012	105640	25-Mar-1987	27	15	75

Scotland Continued

MWR	SCWPM	Prefix	Serial No From	Serial No To	Date	Sign	VF	UNC

Royal Bank Of Scotland Plc

MWR	SCWPM	Prefix	From	To	Date	Sign	VF	UNC
RA27	P351a1	Z/1	162829	185610	13-Dec-1988	27	15	75
RA28	P351a2	Z/1	200008	229455	26 Jul 1989	27	15	75
RA29	P351a3	Z/1	233238	245193	19-Dec-1990	27	15	75
RA30	P351b	Z/1	263020	293313	24-Jul-1991	26	15	75
RA31	P351c1	Z/1	323182	332128	24-Mar-1992	28	10	75
RA32	P351c2	Z/1	354571		24-Feb-1993	28	5	30
RA33	P351c3	Y/1	001318		23-Mar-1994	28	5	30
RA34	P351c4	Z/1	387581		24-Jan-1996	28	5	30
RA35	P351c5	Z/1			1 Oct 1997	28	5	30
RA36	P351d	Z/1	432202	461915	30-Mar-1999	28	5	30
RA37	P351e1	Z/1	464104	464481	27-Jun-2000	29	5	30
RA38	P351e2	Z/1	470089	471563	1-Oct-2001	29	5	30
RA39	P357	Y/1			23.3.1994	28	25	75

B 5 Pounds
Bank Of Scotland

MWR	SCWPM	Prefix	From	To	Date	Sign	VF	UNC
RB1	P112a1	ZA	000001		10.8.1970	1	50	200
RB2	P112a2	ZA		180000	2 Sep 1971	1	50	200
RB3	P112b1	ZA	180001	321000	4-Dec-1972	2	40	150
RB4	P112b2	ZA	409001	505000	5 Sep 1973	2	40	150
RB5	P112b3	ZA	505001	678000	4-Nov-1974	2	40	150
RB6	P112c1	ZA	678001	818000	1-Dec-1975	3	40	150
RB7	P112c2	ZA	824001	920000	21-Nov-1977	3	40	150
RB8	P112c3	ZA	920001	970000	19-Oct-1978	3	40	150
RB9	P112d1	ZA	971001	1000000	28-Sep-1979	4	35	150
RB10	P112d2	ZB	000001	071000	28-Sep-1979	4	35	150
RB11	P112d3	ZB	072001	167000	28-Nov-1980	4	35	150
RB12	P112e1	ZB	168001	270000	27-Jul-1981	5	35	150
RB13	P112e2	ZB	271001	341000	25-Jun-1982	5	35	130
RB14	P112f1	ZB	344186	397826	13-Oct-1983	5	25	110
RB15	P112f2	ZB	428704	464276	12-Sep-1984	5	25	110
RB16	P112f3	ZB	469001	519000	3 Dec 1985	5	25	110
RB17	P112f4	ZB	520001	555000	15-Jan-1987	5	25	110
RB18	P112f5	ZB	556001	616000	29-Feb-1988	5	25	200
RB19	P116a	ZB	617001	638000	20 Jun 1990	6	20	100
RB20	P116b1	ZB	639001	659000	6 Nov 1991	7	20	100
RB21	P116b2	ZB	660001	680000	18 Jan 1993	7	20	100
RB22	P116b3	ZC			7.1.1994	7	20	90
RB23	P119a	ZZ	000001	020000	4 Jan 1995	7	15	135
RB24	P119b	ZZ	021001	041000	13-Sep-1996	8	10	50
RB25	P119c	ZZ	042001	077000	5-Aug-1998	9	10	35
RB26	P119d	ZZ	089588		25-Jun-2002	10	10	30
RB27	P119e	ZZ			1-Jan-2006	13	20	25
RB28	P124a1	ZZ	000626	014007	17-Sep-2007	13	20	90

Scotland Continued

MWR	SCWPM	Prefix	Serial No From	Serial No To	Date	Sign	Prices VF	Prices UNC
			B 5 Pounds					
			Bank Of Scotland					
RB29	P124a2	ZZ	021353	021881	19-Jan-2009	14	15	50
RB30	P124a3	ZZ	041994	047535	01-Aug-2011	15	15	50
RB30A	P130	ZZ	000851	098249	25-Mar-2016	15	15	30
			Clydesdale Bank Plc					
RB31	P218b	E/ZZ	020714	028726	1 Sep 1994	17	30	225
RB32	P218d	E/ZZ	055684	056483	19-Jun-02	18	15	50
RB33	P229I	E/ZZ	076309	107162	06-Aug-09	25	30	225
RB33A	P229N	ZZ/1	008619	027098	13-Feb-15	25	15	40
RB33B	P229O	ZZ/1	041542	106879	13-Feb-16	32	15	30
			Royal Bank Of Scotland Plc					
RB34	P347a1	Z/1	009777		25-Mar-1987	27	20	75
RB35	P347a2	Z/1	102057	151102	22 Jun 1988	27	20	75
RB36	P352a1	Z/1	154465	170033	13-Dec-1988	27	20	110
RB37	P352a2	Z/1	195948	197336	24-Jan-1990	27	20	110
RB38	P352b1	Z/1	232471		23-Mar-1994	28	20	75
RB39	P352b2	Z/1	264394		24-Jan-1996	28	20	75
RB40	P352b3	Z/1			26-Mar-1996	28	20	75
RB41	P352b4	Z/1	318077	333979	29-Apr-1998	28	20	75
RB42	P352c	Z/1	344242	345639	30-Mar-1999	28	20	75
RB43	P352d1	Z/1	349861	350947	27-Jun-2006	29	15	45
RB44	P352d2	Z/1	353536	364138	20-Jan-2005	29	15	45
RB45	P352e	Z/1	414653	444721	30-Nov-2010	30	10	35
RB51	P370	ZZ	008600	031155	11-Feb-2016	33	10	25
			Bank Of Scotland					
RC1	P113a1	ZB	009001	025000	1-May-1974	3	60	225
RC2	P113a2	ZB	025001	085000	3-Jul-1975	3	60	225
RC3	P113a3	ZB	085001	105000	12-Jan-1977	3	60	225
RC4	P113a4	ZB	105001	125000	2-Dec-1977	3	60	225
RC5	P113a5	ZB			29-Sep-1978	3	60	225
RC6	P113b1	ZB	146001	160000	10-Oct-1979	4	50	200
RC7	P113b2	ZB	161001	241001	5-Feb-1981	4	50	200
RC8	P113c1	ZB	242001	282000	22-Jul-1981	5	30	110
RC9	P113c2	ZB	283001	355000	16-Jun-1982	5	30	110
RC10	P113c3	ZB	385503	385519	14-Oct-1983	5	30	90
RC11	P113c4	ZB	501706		17-Sep-1984	5	30	90
RC12	P113c5	ZB	503001	531000	8-Jan-1986	5	30	90
RC13	P113c6	ZB	532001	564000	20-Oct-1986	5	30	90
RC14	P113c7	ZB	565001	645000	6 Aug 1987	5	30	90
RC15	P113d1	ZB	646001	692000	1 Sep 1989	6	30	90
RC16	P113d2	ZB	693001	717000	31-Oct-1990	6	30	90
RC17	P117a1	ZB	718001	768000	7-May-1992	6	25	85

Scotland Continued

MWR	SCWPM	Prefix	Serial No From	Serial No To	Date	Sign	VF	UNC
	C 10 Pounds Bank Of Scotland
RC18	P117a2	ZB	769001	790000	9 Mar 1993	6	25	85
RC19	P117a3	ZC			13.4.1994	6	25	85
RC20	P120a	ZZ	000001	035000	1 Feb 1995	8	15	60
RC21	P120b	ZZ	036001	071000	5-Aug-1997	8	15	60
RC22	P120c	ZZ	072001	097000	18-Aug-1998	9	15	60
RC23	P120d	ZZ	098001	114926	18-Jun-2001	11	15	50
RC24	P120e1	ZZ	116863	116915	26-Nov-2003	12	15	40
RC25	P120e2	ZZ	123507	143685	24-Sep-2004	12	15	40
RC26	P120f	ZZ	146861	146862	1 Jan 2006	13	15	40
RC27	P125a1	ZZ	000072	019453	17-Sep-2007	13	15	70
RC28	P125a2	ZZ	052236	115078	19-Jan-2009	14	15	60
RC28A	P131	ZZ			01-Jun-2016	15	10	50
	Clydesdale Bank Plc
RC29	P213b	D/ZZ	005012	012337	8-Apr-1985	16	10	50
RC30	P214a1	D/ZZ	090087		7-May-1988	16	50	150
RC31	P214a2	D/ZZ	104001	123599	3-Sep-1989	16	50	150
RC32	P214a3	D/ZZ	147112		1 Mar 1990	16	50	150
RC33	P219a	E/ZZ	027960	031417	3-Sep-1992	16	40	100
RC34	P219b	E/ZZ	052648	064998	5 Jan 1993	19	40	120
RC35	P219c1	E/ZZ	074325	086284	22-Mar-1996	20	30	75
RC36	P219c2	E/ZZ	042134		1 May 1997	20	30	75
RC37	P226a	E/ZZ	017035	036329	1 May 1997	20	30	75
RC38	P226b1	E/ZZ	048427	055814	5-Nov-1998	21	15	60
RC39	P226b2	E/ZZ	061877	101533	12-Oct-1999	21	15	60
RC40	P226c	E/ZZ	103347	119189	26-Jan-2003	23	15	50
RC41	P226d	E/ZZ	121008	128261	25-Apr-2003	24	15	50
RC42	P226e	E/ZZ	131203	174826	21-Nov-2004	25	15	50
RC43	P226f1	E/ZZ	179205	195101	14-Mar-2006	25	15	50
RC44	P226f2	E/ZZ	197023	202341	16-Apr-2007	25	15	60
RC45	P229J	E/ZZ	206797	252033	25-Jan-2009	25	15	40
RC45A	P229J	E/ZZ	261269	310875	25-Jan-2013	25	15	40
RC45B	P229J	E/ZZ	284213	314750	25-Jan-2014	25	15	40
RC45C	P229Q	E/ZZ	284213	314750	25-Jan-2017	32	15	40
	ROYAL BANK OF SCOTLAND PLC
RC46	P348a1	Z/1	031635		17-Dec-1986	27	40	175
RC47	P348a2	Z/1	000230		25-Mar-1987	27	40	175
RC48	P348a3	Z/1			24-Feb-1988	27	40	175
RC49	P348a4	Z/1	121717	178019	22-Feb-1989	28	40	60
RC50	P348a5	Z/1			24-Jan-1990	28	40	60
RC51	P353a1	Z/1	225641	245158	28-Jan-1992	28	15	60
RC52	P353a2	Z/1	734647		7-May-1992	28	15	60
RC53	P353a3	Z/1	258917	285816	24-Feb-1993	29	15	50

Scotland Continued

MWR	SCWPM	Prefix	Serial No From	Serial No To	Date	Sign	VF	UNC

C 10 Pounds
ROYAL BANK OF SCOTLAND PLC

MWR	SCWPM	Prefix	From	To	Date	Sign	VF	UNC
RC54	P353a4	Z/1	290162	354349	23-Mar-1994	29	15	50
RC55	P353b1	Z/1	359006	362286	27-Jun-2000	29	15	50
RC56	P353b2	Z/1	371022	379502	01-Oct-2001	29	15	50
RC57	P353b3	Z/1	381879	420232	19-Sep-2006	29	15	50
RC58	P353b4	Z/1	422129	423674	20-Dec-2007	29	15	50
RC59	P353c	Z/1	434284	445164	30-Nov-2010	30	15	40
RC60	P353	Z/1	399570	476719	31-Jan-2016	33	15	30
RC60A	P371	ZZ			26-Dec-2016	33	15	30

D 20 Pounds
Bank Of Scotland

MWR	SCWPM	Prefix	From	To	Date	Sign	VF	UNC
RD1	P118a1	Z	000001	011000	1-Jul-1991	7	50	150
RD2	P118a2	Z	012001	030000	3 Feb 1992	7	50	150
RD3	P118a3	Z	013001	049000	12 Jan 1993	7	50	150
RD4	P121a	ZZ	000001	037000	1-May-1995	7	50	150
RD5	P121b1	ZZ	038001	058000	25-Oct-1996	8	45	120
RD6	P121b2	ZZ	059001	089000	1 Apr 1998	8	45	120
RD7	P121c	ZZ	090001	107931	22-Mar-1999	9	45	120
RD8	P121d	ZZ	121600	130689	18-Jun-2001	11	40	110
RD9	P121e1	ZZ	0132534	140280	26-Nov-2003	12	40	110
RD10	P121e2	ZZ	142679	169991	24-Sep-2004	12	40	110
RD11	P126a1	ZZ	000111	061245	17-Sep-2007	13	40	120
RD12	P126a2	ZZ	056716	069537	19-Jan-2009	14	40	110

Clydesdale Bank Plc

MWR	SCWPM	Prefix	From	To	Date	Sign	VF	UNC
RD13	P215b	D/ZZ	014289		11 Jul 2009	16	150	475
RD14	P220a1	E/ZZ	018675	022610	2 Aug 1991	16	0	225
RD15	P220a2	E/ZZ	033209	038728	3 Sep 1992	16	75	200
RD16	P220b	E/ZZ	042688		5-Jan-1993	19	75	200
RD17	P221a	E/ZZ	061306	074243	1 Sep 1994	17	75	200
RD18	P221b	E/ZZ	081993	092896	2-Dec-1996	20	60	175
RD19	P227a	E/ZZ	097821	114633	30-Sep-1997	20	60	175
RD20	P228a	E/ZZ	081993	092896	1 Nov 1997	20	50	150
RD21	P228b	E/ZZ	038358	085155	12-Oct-1999	21	50	150
RD22	P228c	E/ZZ	088173	094923	19-Jun-2002	22	60	175
RD23	P228d	E/ZZ	104181	106715	26-Jan-2003	23	50	150
RD24	P228e	E/ZZ	110504	125947	26-Apr-2003	24	50	150
RD25	P228f	E/ZZ	131304	144962	21-Nov-2004	25	50	150
RD26	P228g1	E/ZZ	146012	178518	6 Jun 2005	25	50	150
RD27	P228g2	E/ZZ	180028	199379	24-Jun-2006	25	50	150
RD28	P229a	E/ZZ	028527	035955	09-Apr-1999	21	60	120
RD29	P229Ka	E/ZZ	202018	346935	11 Jul 2009	25	40	100
RD29A	P229Kb	E/ZZ	348080	394175	11 Jul 2013	25	30	80
RD29B	P229Kc	E/ZZ	409077	554222	11 Jul 2014	25	30	80
RD29C	P229Kd	E/ZZ	388879	569462	11 Jul 2015	31	30	80

Scotland Continued

MWR	SCWPM	Prefix	Serial No From	Serial No To	Date	Sign	Prices VF	Prices UNC
	**D 20 Pounds**							
	**ROYAL BANK OF SCOTLAND PLC**							
RD30	P349a1	Z/1	009503		27-Mar-1987	27	60	200
RD31	P349a2	Z/1	000230		24-Jan-1990	27	60	200
RD32	P354a	Z/1			27-Mar-1991	26	50	175
RD33	P354b1	Z/1	047876	082696	28-Jan-1992	28	50	150
RD34	P354b2	Z/1	098990	134423	24-Feb-1993	28	50	150
RD35	P354b3	Z/1	141436	151211	26-Mar-1997	28	50	150
RD36	P354b4	Z/1	166366	190729	29-Apr-1998	28	50	150
RD37	P354c	Z/1	195576	230363	30-Mar-1999	28	50	150
RD38	P354d1	Z/1	232050	253364	27-Jun-2000	29	50	150
RD39	P354d2	Z/1	181474	254663	19-Sep-2006	29	50	150
RD40	P354d3	Z/1	256085	283551	20-Dec-2007	29	50	150
RD41	P354e	Z/1	316368	337837	30-Nov-2010	30	40	120
RD42	P354e	Z/1	337523	373949	23-May-2012	30	25	100
	**E 50 Pounds**							
	**Bank Of Scotland**							
RE1	P122a	ZZ			1-May-1995	7	130	375
RE2	P122b	ZZ			15-Apr-1999	8	100	250
RE3	P122c	ZZ	005120		29-Jan-2003	12	75	220
RE4	P122d	ZZ	010029	010253	1-Jan-2006	13	75	220
RE5	P127a	ZZ	000004	007373	17-Sep-2007	13	75	200
RE6	P127b	ZZ	010908	056716	19-Jan-2009	14	75	200
RE7	P127c	ZZ	015681	020780	1 Aug 2011	15	75	200
	**Clydesdale Bank Plc**							
RE8	P233a	E/ZZ	000232	014294	16-Aug-2009	25	75	175
RE8A	P233b	E/ZZ	016322	016335	16-Aug-2015	25	75	150
	**Royal Bank Of Scotland Plc**							
RE9	P366	Z/1			14-Sep-2005	29	75	225
	**F 100 Pounds**							
	**Bank Of Scotland**							
RF1	P118Aa	Z/3	524839		14-Feb-1990	6	350	850
RF2	P123a	ZZ	000001	001220	17-Jul-1995	7	300	750
RF3	P123b	ZZ	002001	35000	18-Aug-1997	8	200	675
RF4	P123c	ZZ	004168		19-May-1999	9	150	450
RF5	P123d	ZZ			26-Nov-2003	12	150	450
RF6	P123e	ZZ	010115	010210	1-Jan-2006	13	150	400
RF7	P128a1	ZZ	000124	004347	17-Sep-2007	13	150	400
RF8	P128a2	ZZ	005603	007183	19-Jan-2009	14	150	400
RF9	P128a3	ZZ	007199	007857	1-Aug-2011	15	150	400
	**Clydesdale Bank Plc**							
RF10	P234a	E/ZZ	000309	003460	7 June 2009	25	150	400
	**Royal Bank Of Scotland Plc**							
RF11	P350a1	Z/1	000775	000974	25-Mar-1987	27	325	800

Scotland Continued

F 100 Pounds
Royal Bank Of Scotland Plc

MWR	SCWPM	Prefix	Serial No From	Serial No To	Date	Sign	VF	UNC
RF12	P350a2	Z/1			24-Jan-1990	27	325	800
RF13	P350b1	Z/1			28-Jan-1992	28	275	675
RF14	P350b2	Z/1			23-Mar-1994	28	275	675
RF15	P350b3	Z/1			24-Jan-1996	28	275	675
RF16	P350b4	Z/1			26-Mar-1997	28	275	675
RF17	P350b5	Z/1	010135	011663	30-Sep-1998	28	150	675
RF18	P350c	Z/1	013255	013256	30-Mar-1999	28	150	550
RF19	P350d	Z/1	016051	016116	27-Jun-2000	29	150	400

Scotland Signatures

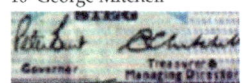

1 Polwarth, T. W. Walker 
2 Clydesmuir, T. W. Walker 
3 Clydesmuir, A. M. Russell 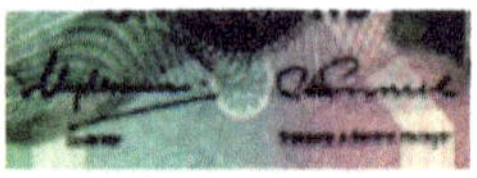
4 Clydesmuir, D. B. Pattullo 
5 T. N. Risk, D. B. Pattullo 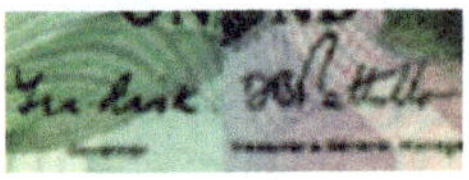
6 T. N. Risk, L. P. Burt 
7 D. B. Pattullo, L. P. Burt 
8 D. Bruce Pattullo Gavin Masterton
9 Alistair Grant Gavin Masterton
10 Peter Burt George Mitchell
11 John Shaw George Mitchell 
12 George Mitchell
13 Dennis Stevenson Colin Matthew 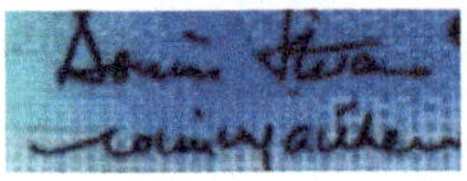
14 Daniels, Kane
15 P. Grant Antonio Horta-Osorio 
16 A. R. Cole Hamilton 
17 F. Cicutto 
18 G. Savage 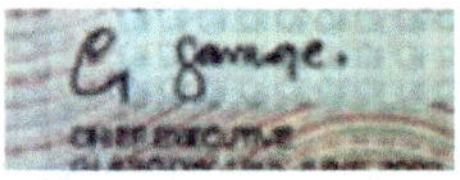
19 Charles Love 
20 Fred Goodwin 
21 J. Wright 
22 Grahm Savage 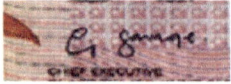
23 Steve Targett 
24 Ross Pimney 
25 David Thorburn 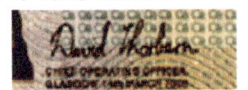
26 C. Winter
27 R. M. Maiden
28 G. R. Mathewson 
29 Fred Goodwin 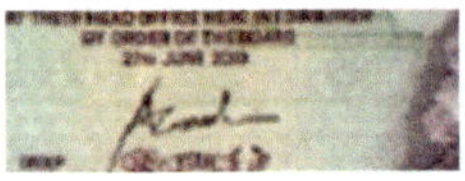
30 Hester 
31 Deborah Crosbie 
32 David Duffy 
33 Mc Ewan

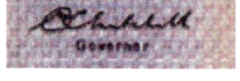

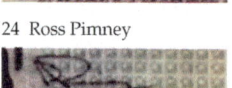

Serbia

Replacement notes of Serbia started in 2003; they have the prefix "ZA."

Monetary Unit: 1.00 Dinar = 100 Para

MWR	SCWPM	Date	Sign	VF	UNC
A			**10 Dinara**		
RA1	P46a	2006	Radovan Jelašić (Радован Јелашић)		5
RA2	P54a	2011	Dejan Šoškić (Дејан Шошкић)		5
RA3	P54b	2013	Dr.Jorgovaka Tabaković		2
B			**20 Dinara**		
RB1	P47a	2006	Radovan Jelašić (Радован Јелашић)		8
RB3	P55b	2013	Dr.Jorgovaka Tabaković		5
C			**50 Dinara**		
RC1	P40a	2005	Radovan Jelašić (Радован Јелашић)		15
RC3	P56a	2011	Dejan Šoškić (Дејан Шошкић)		15
D			**100 Dinara**		
RD1	P41a	2003	Mladjan Dinkić (Млађен Динкић)		20
RD3	P41b	2004	Radovan Jelašić (Радован Јелашић)		10
RD4	P49a	2006	Radovan Jelašić (Радован Јелашић)		10
RD5	P57a	2012	Dejan Šoškić (Дејан Шошкић)		10
RD6	P57b	2013	Dejan Šoškić (Дејан Шошкић)		10
E			**200 Dinara**		
RE1	P42a	2005	Radovan Jelašić (Радован Јелашић)		15
RE2	P58a	2011	Dejan Šoškić (Дејан Шошкић)		10
RE3	P58b	2013	Dr.Jorgovaka Tabaković		10
F			**500 Dinara**		
RF1	P43a	2004	Radovan Jelašić (Радован Јелашић)		20
RF2	P51a	2007	Radovan Jelašić (Радован Јелашић)		20
RF4	P59b	2012	Dr.Jorgovaka Tabaković		10
G			**1000 Dinara**		
RG1	P44a	2003	Mladjan Dinkić (Млађен Динкић)	10	75
RG2	P44b	2003	Kori Udovički (Кори Удовички)	20	100
RG3	P52a	2006	Radovan Jelašić (Радован Јелашић)	10	60
RG4	P60a	2011	Dejan Šoškić (Дејан Шошкић)		25
RG5	P60b	2014	Dr.Jorgovaka Tabaković		25
H			**2000 Dinara**		
RH1	P61a	2011	Dejan Šoškić (Дејан Шошкић)		45
RH2	P61b	2012	Dr.Jorgovaka Tabaković		40
I			**5000 Dinara**		
RI1	P45a	2003	Mladjan Dinkić (Млађен Динкић)	60	200
RI2	P53a	2010	Dejan Šoškić (Дејан Шошкић)		200
RI3	P62	2016	Dr.Jorgovaka Tabaković		90

Serbia RA2

ZA 0002222

Serbia RB2

ZA 0031114

Serbia RE2

ZA 0051031

Serbia RF1

ZA 0216292

Serbia RG3

ZA 2042612

Serbia RH1

ZA 0005257

Seychelles

Replacement notes of the Seychelles started in 1998; they have the prefix "ZZ."

Monetary Unit: 1.00 Rupee = 100 cents

MWR	SCWPM	Date	Prefix	Signature	VF	UNC
A			**10 Rupees**			
RA1	P36a	ND1998	ZZ	Norman Weber	15	50
RA2	P36b	ND1998	ZZ	Francis Chang Leng	10	25
RA5	P52	2013(2016)	ZZ	Carline Abel	10	25
B			**25 Rupees**			
RB1	P37a	ND1998	ZZ	Norman Weber		100
RB2	P37b	ND1998	ZZ	Francis Chang Leng		40
C			**50 Rupees**			
RC1	P38	ND1998	ZZ	Norman Weber		30
RC2	P43	2011	ZZ	Pierre Laporte		30
RC3	P49	2016	YY	Caroline Abel		30
D			**100 Rupees**			
RD1	P39	ND1998	ZZ	Norman Weber		60
RD2	P40	ND2001	ZZ	Norman Weber in purple ink		60
RD3	P40	ND2001	ZZ	Francis Chang Leng		60
RD4	P40	ND2001	ZZ	Norman Weber in red ink		50
RD5	P44	2011	ZZ	Pierre Laporte		50
RD6	P44	2013	ZZ	Carline Abel		50
E			**500 Rupees**			
RE1	P41	ND2005	ZZ	Francis Chang Leng		300
RE2	P45	2011	ZZ	Pierre Laporte		140

Seychelles RA2

Seychelles RB1

Seychelles RC2

Seychelles RD5

Sierra Leone

Replacement notes of Sierra Leone started in 1970; they have the "Z/1" prefix which may continue on into "Z/2," "Z/3" etc. Recent issues have the prefix "Z." These replacement notes are hard to find in any grade.

Monetary Unit: 1.00 Sierra Leonean Leone (SLL) = 100 cents

MWR	SCWPM	Date & Remarks	Prefix	VF	UNC
A 50 Cents					
RA1	P4a	ND1972	Z/1	45	175
RA2	P4b	ND1974	Z/1	45	175
RA3	P4c	1.7.1979	Z/1	30	125
RA4	P4d	1.7.1981	Z/1	30	125
RA5	P4e	4.8.1984	Z/1	10	25
B 1 Leone					
RB1	P1c	ND1970	Z/1	15	120
RB2	P5a	19.4.1974	Z/1	10	50
RB3	P5b	1.1.1978	Z/1	10	50
RB4	P5c	1.3.1980	Z/1	10	50
RB5	P5d	1.7.1981	Z/1	10	50
RB6	P5e	4.8.1984	Z/1	5	20
C 2 Leones					
RC1	P2d	ND1970	Z/1	25	100
RC2	P6a	19.4.1974	Z/1	25	100
RC3	P6b	1.1.1978	Z/1	25	100
RC4	P6c	1.7.1978	Z/1	20	80
RC5	P6d	1.7.1979	Z/1	20	80
RC6	P6e	1.5.1980	Z/1	20	80
RC7	P6f	1.7.1983	Z/1	15	75
RC8	P6g	4.8.1984	Z/1	15	75
RC9	P6h	4.8.1985	Z/1	15	75
D 5 Leones					
RD1	P7a	4.8.1975	Z/1	45	200
RD2	P7b	1.7.1978	Z/1	40	175
RD3	P7c	1.3.1980	Z/1	30	150
RD4	P7d	1.7.1981	Z/1	25	120
RD5	P7e	19.4.1984	Z/1	25	100
RD6	P7f	4.8.1984	Z/1	25	100
RD7	P7g	4.8.1985	Z/1	25	100

Sierra Leone Continued

MWR	SCWPM	Date & Remarks	Prefix	VF	UNC
E 10 Leones					
RE1	P8a	1.7.1980	Z/1	40	175
RE2	P8a	1.7.1981	Z/1	40	175
RE3	P8b	19.4.1984	Z/1	30	150
RE4	P8c	4.8.1984	Z/1	30	150
RE5	P15	27.4.1988	Z/1	30	120
RE7	PW37	27.04.2022	Z	10	35
F 20 Leones					
RF1	P16	27.4.1988	Z/1	10	25
RF4	PW38	27.04.2022	Z	10	25
G 50 Leones					
RG1	P17a	27.4.1988 without imprint	Z/1	10	80
RG2	P17b	27.4.1989 TDLR	Z/1	10	80
H 100 Leones					
RH1	P18a	27.4.1988 without imprint	Z/1	15	80
RH2	P18b	27.4.1989 TDLR	Z/1	15	70
RH3	P18c	26.9.1990	Z/1	10	60
I 500 Leones					
RI1	P19	27.4.1991	Z/1	20	60
RI2	P23a	27.4.1995(1996)	Z/1	10	50
RI3	P23b	15.7.1998	Z/1	10	45
RI4	P23c	1.3.2003	Z/1	10	40
J 1000 Leones					
RJ1	P20a	4.8.1993	Z/1	25	90
RJ2	P20b	27.4.1996	Z/1	20	90
RJ3	P20c	27.4.1997	Z/1	15	90
RJ4	P20d	27.4.1998	Z/1	15	90
RJ5	P24a	1.2.2002	Z	15	70
RJ6	P24b	1.3.2003	Z	10	50
RJ7	P24c	4.8.2006	Z		25
RJ8	P30	27.4.2010	Z		25
RJ9	P33	04.08.2013	Z		25
R20	P33	27.04.2021	Z		25
K 2000 Leones					
RK1	P25	1.1.2000	Z/1	25	100
RK2	P26a	1.2.2002	Z	20	80
RK3	P26b	1.3.2003	Z	15	75
RK4	P26c	4.8.2006	Z	15	75
RK5	P31	27.4.2010	Z		30
L 5000 Leones					
RL1	P21a	4.8.1993	Z/1	40	175
RL2	P21b	27.4.1996	Z/1	40	150
RL3	P21c	27.4.1997	Z/1	40	150
RL4	P21d	15.7.1998	Z/1	40	150

Sierra Leone Continued

MWR	SCWPM	Date & Remarks	Prefix	VF	UNC
\multicolumn{6}{c}{**L 5000 Leones**}					
RL5	P28a	1.2.2002	Z	30	120
RL6	P28b	1.3.2003	Z	25	120
RL7	P28c	4.8.2006	Z	10	70
RL8	P32a	27.4.2010	Z	10	60
RL9	P32b	04.08.2013	Z	10	35
\multicolumn{6}{c}{**M 10,000 Leones**}					
RM1	P33	27.4.2010	Z	20	100

Sierra Leone RA5

Sierra Leone RB6

Sierra Leone RC9

Sierra Leone RH2

Sierra Leone RI3

Sierra Leone RJ7

Sierra Leone RJ8

Sierra Leone RK5

Singapore

Replacement notes of Singapore have prefixes as follows: "Z/1"-"Z/4"; "ZZ" or "FF." The $2 ship series have the prefix "ZZ" for the orange issue or "FF" for the purple issue.

Printers: TDLR & BWC

Monetary Unit: 1.00 Dollar = 100 Cents

MWR	SCWPM	Prefix	Date	Sign	VF	UNC
	**A 1 Dollars**
RA1	P18a	Z/1	ND1987	3	30	150
RA2	P18a	Z/2	ND1987	3	30	120
RA3	P18b	Z/2	ND1987	4	30	120
	**B 2 Dollars**
RB1	P27	ZZ	ND1990	4	40	100
RB2	P28	FF	1992	4	30	90
RB3	P34	ZZ	ND1997	4	10	50
RB4	P37	ZZ	ND1999	4		15
	**C 5 Dollars**
RC1	P19	Z/1	1989	4	15	45
	**D 10 Dollars**
RD1	P3c	Z/1	1972-73	1	15	45
RD2	P3d	Z/1	1973-76	2	15	45
RD3	P11a	Z/1	ND1976	2	15	45
RD4	P11b	Z/1	ND1976	2	15	45
RD5	P11b	Z/2	ND1976	2	15	45
RD6	P11b	Z/3	ND1976	2	15	45
RD7	P11b	Z/4	ND1976	2	15	45
RD8	P20	Z/1	ND1988	2	15	45
RD9	P40	ZZ	ND1999	4	15	45
	**E 25 Dollars**
RE1	P4	Z/1	1972-73	2	190	700
	**F 50 Dollars**
RF1	P5d	Z/1	1972-76	2	175	600
RF2	P13a	Z/1	ND1976	2	100	500
RF3	P13b	Z/1	ND1976	2	150	600
RF4	P13b	Z/2	ND1976	2	100	500
RF5	P22a	Z/1	ND1987	4	100	450
RF6	P22b	Z/1	ND1987	4	75	300
RF6A	P31	JJ	ND 1990	4	15	50
RF6B	P32	JJ	ND 1991	4	15	50
RF7	P36	Z/1	ND (1994)	4	15	50
RF8	P36	Z/2	ND (1994)	4	15	50

MWR	SCWPM	Prefix	Date	Sign	Prices VF	UNC
G 100 Dollars						
RG1	P23a	Z/1	ND1985	3	100	350
RG2	P23b	Z/1	ND1985	4	100	350
H 500 Dollars						
RH1	P7	Z/1	1972-77	2	1000	2000
RH2	P15	Z/1	ND1977	2	500	1200
RH3	P24	Z/1	1988	4	250	900
I 1000 Dollars						
RI1	P8d	Z/1	1975-78	3	750	3,000
RI2	P16	Z/1	ND1978	3	750	2,000
RI3	P25a	Z/1	ND1984	3	350	1,400
RI4	P25b	Z/1	ND1984	4	300	1,250
J 10,000 Dollars						
RJ1	P8A	Z/1	1973-79	2	10000	20,000
RJ2	P17	Z/1	ND1980	2	10000	20,000
RJ3	P26	ZZ	ND1987	4	10000	20,000

Singapore Signatures

1 Hon Sui Sen
2 Hon Sui Sen(Red Seal)
3 Goh Keng Swee
4 Hu Tsu Tau

Singapore RA1

Singapore RB1

Singapore RC1

Singapore RD1

Singapore RD6

Singapore RD7

Singapore RD8

Singapore RF1

Singapore RF4

Singapore RG1

Slovakia

Replacement notes of Slovakia started in 1993, they have the prefix "A" but not all notes with a prefix "A" are replacements, only the listed denominations and dates below. Notes with overprint BIMILENIUM and the prefix "A" are not replacement notes.

MWR	SCWPM	Prefix	Date	Remarks	VF	UNC
A 20 Korun						
RA1	P20a	A	1.9.1993	BABN		25
RA2	P20b	A	1.6.1995	BABN	5	25
RA3	P20c	A	31.10.1997	BABN	10	25
RA4	P20d	A	1.7.1999	BABN	5	15
RA5	P20e	A	31.8.2001	BABN	5	15
RA6	P20f	A	6.9.2004	BAI (G&D) Ottawa	5	15
RA7	P20g	A	20.10.2006	PWPW Warszawa	5	15
RA8	P20h	A	1.9.1993	Uncut Sheet of 60 (6000 sheets)	35	120
B 50 Korun						
RB1	P21a	A	1.8.1993	BABN		25
RB2	P21g	A	1.8.1993	Uncut Sheet of 45 (4000 sheets)	70	220
RB3	P21b	A	1.6.1995	BABN	20	50
RB4	P21c	A	1.7.1999	BABN	10	40
RB5	P21d	A	2.5.2002	BABN	10	40
RB6	P21f	A	16.11.2005	CBNC		20
C 100 Korun						
RC1	P22a	A	1.9.1993	TDLR Malta	5	25
RC2	P22b	A	1.9.1993	Uncut Sheet of 35 (4000 sheets)	195	300
RC3	P25a	A	1.7.1996	TDLR Malta	10	30
RC4	P25b	A	1.10.1997	TDLR Malta	10	30
RC5	P25c	A	1.7.1999	DLR Malta	15	40
RC6	P25d	A	10.10.2001	DLR Malta	10	30
RC7	P44	A	5.11.2004	PWPW Warszawa	5	15
D 200 Korun						
RD1	P26a	A	1.8.1995	G&D	20	50
RD2	P26	A	1.8.1995	Uncut Sheet of 45 (2500 sheets)	500	750
RD3	P30	A	31.3.1999	G&D	40	100
RD4	P41	A	30.8.2002	F-CO	20	50
RD5	P45	A	1.6.2006	F-CO	120	300
E 500 Korun						
RE1	P23a	A	1.10.1993	TDLR Malta	40	130
RE2	P23b	A	1.10.1993	Uncut Sheet of 28 (2500 sheets)	250	850

Slovakia Continued

MWR	SCWPM	Prefix	Date	Remarks	VF	UNC
	**E 500 Korun**					
RE3	P27a	A	31.10.1996	TDLR Malta	80	200
RE4	P31	A	20.10.2000	DLR Malta	80	200
RE5	P46	A	10.7.2006	DLR Gateshead UK	90	400
	**F 1000 Korun**					
RF1	P24a	A	1.10.1993	TDLR Malta	70	175
RF2	P24d	A	1.10.1993	Uncut Sheet of 28 (1500 sheets)	450	1700
RF3	P24b	A	1.6.1995	TDLR Malta	75	250
RF4	P24c	A	1.7.1997	TDLR Malta	75	250
RF5	P32	A	1.10.1999	TDLR Malta	70	200
RF6	P42	A	10.6.2002	DLR Gateshead UK	70	200
RF7	P47a	A	25.8.2005	DLR Gateshead UK	70	200
RF8	P47b	A	1.8.2007	DLR Gateshead UK	50	175
	**G 5000 Korun**					
RG1	P29a	A	3.4.1995	G&D	120	380
RG2	P29	A	3.4.1995	Uncut Sheet of 24 (500 sheets)	1500	4500
RG3	P33	A	11.5.1999	G&D	70	330
RG4	P43	A	17.11.2003	OeBS Wien	70	300

Slovakia RC7

Slovakia RD3

Slovenia

Replacement notes started in 1992 and are marked by the prefix "AZ" or "ZA."

Monetary Unit: 1 Tolar = 100 Stotinas

MWR	SCWPM	Date	Serial No From	Serial No To	VF	UNC
A 10 Tolarjev						
RA1	P11a	15.01.1992	AZ000001	AZ050000	10	30
B 20 Tolarjev						
RB1	P12a	15.01.1992	AZ000001	AZ064000	10	35
C 50 Tolarjev						
RC1	P13a	15.01.1992	AZ000001	AZ030000	5	25
D 100 Tolarjev						
RD1	P14a	15.01.1992	AZ000001	AZ060000	5	25
RD2	P31	15.1.2003	AZ000001		5	25
E 200 Tolarjev						
RE1	P15a	15.1.1992	AZ000001	AZ022000	15	50
RE2	P15b	8.10.1997	AZ022001	AZ050000	10	50
RE3	P15c	15.1.2001	AZ000001		10	50
RE4	P15d	15.1.2004	AZ000001			20
F 500 Tolarjev						
RF1	P16a	15.1.1992	AZ000001	AZ025000	30	90
RF2	P16b	15.1.2001	AZ000001		15	60
RF3	P16c	15.1.2005	AZ000001		15	60
G 1000 Tolarjev						
RG1	P17a	15.1.1992	AZ000001	AZ040000	25	80
RG2	P18a	1.6.1993 (Without 1000 in UV ink on back)	ZA000001	ZA025000	35	100
RG3	P18b	1.6.1993 (With 1000 in UV ink on back)	ZA025001	ZA046000	25	90
RG4	P22	15.1.2000	ZA047001	ZA058000	15	60
H 5000 Tolarjev						
RH1	P19	1.6.1993	AZ000001	AZ021000	50	220
RH2	P21a	8.10.1997 "5000" vertical	AZ022001	AZ042000	45	150
RH3	P21b	8.10.1997 "5000" horizontal	AZ042001	AZ063000	35	150

Slovenia Continued

MWR	SCWPM	Date	Serial No From	Serial No To	VF	UNC
H 5000 Tolarjev						
RH4	P23	15.01.2000	AZ064001	AZ091000	30	150
RH6	P33b	15.01.2004			30	150
I 10,000 Tolarjev						
RI1	P20	28.6.1994	AZ0000001	AZ0028000	85	275
RI2	P24	15.01.2000	AZ0028001	AZ0108000	75	150

Slovenia RE4

Solomon Islands

Replacement notes started in 1977; they have the prefixes "Z/1," "Y/1" or "X/1."

Printer: TDLR

Monetary Unit: 1.00 Dollar (SBD) = 100 Cents, 1966

MWR	SCWPM	Prefix	Date	Sign.	VF	UNC
A			**2 Dollars**			
RA1	P5a	Z/1	ND 1977	1	15	75
RA2	P13	Y/1	ND 1986	4	15	75
RA3	P18	X/1	ND 1997	6		30
RA4	P25	X/1	ND 2006	8		15
RA5	P31	X/1	ND 2013	10a		15
B			**5 Dollars**			
RB1	P6a	Z/1	ND 1977	1	45	190
RB2	P6b	Z/1	ND 1977	2	45	190
RB3	P14a	Y/1	ND 1986	5	45	190
RB4	P19	X/1	ND 1997	6	45	190
RB5	P26	X/1	ND 2006	8		15
RB6	P32	X/1	ND 2013	10a		15
RB11	PW38	X/1	2018	12		15
C			**10 Dollars**			
RC1	P7a	Z/1	ND 1977	1	100	400
RC3	P11	Z/1	ND 1984	4	50	150
RC4	P15a	Y/1	ND 1986	5	50	150
RC5	P20	X/1	ND 1996	6	50	150
RC6	P27	X/1	ND2006	8	20	75
RC7	P33	X/1	ND 2013	11		20
RC8	P33	X/1	ND 2017	12		15
RC10	PW39	X/	2023	12		15
D			**20 Dollars**			
RD1	P8	Z/1	ND 1981	3	125	500
RD3	P16a	Y/1	ND 1986	5	20	125
RD4	P21	X/1	ND 1996	6	15	90
RD5	P28	X/1	ND 2004	8		30
RD6	P34	X/1	ND 2013	11		15
RD8	P34	X/1	ND 2017	12		15
DD			**40 Dollars**			
RDD1	P37	X/1	ND 2018	11		50

MWR	SCWPM	Prefix	Date	Sign.	Prices VF	Prices UNC
E 50 Dollars						
RE1	P17a	Y/1	ND 1986	5	25	150
RE2	P22	X/1	ND 1996	6	25	150
RE3	P24	X/1	ND 2001	7		90
RE4	P29	X/1	ND2004	8	10	50
RE5	P35	X/1	ND 2013	10b	10	25
F 100 Dollars						
RF1	P30	X/1	ND 2006	8, 9		120
RF2	P36	X/1	ND 2013	10b		120
RF3	P36b	X/1	ND 2015	11	10	40
RF5	P36c	X/1	ND 2019	12	10	40

Solomon Islands Signatures

1 John Palfrey - Jezriel Korinihona

2 Barry Longmuire - Jezriel Korinihona

3 Philip Corney - Jezriel Korinihona

4 Anthony V Hughes - Philip Panjuboe

5 Anthony V Hughes - Mariano Kelesi

6 Rick N Houenipwela - Warren Paia

7 Rick N Houenipwela - George Kiriau

8 Rick N Houenipwela - Shadrach Fanega

9 Rick N Houenipwela - Luma Darcy

10a Denton H. Rarawa - Shadrach Fanega

10b Denton H. Rarawa - Shadrach Fanega

11 Denton H. Rarawa - Rick Houenipwela

12 Luke Forau - Hon. Harry Kuma

Solomon Islands RA1

Solomon Islands RA4

Solomon Islands RB5

Solomon Islands RC4

Solomon Islands RC5

Solomon Islands RD1

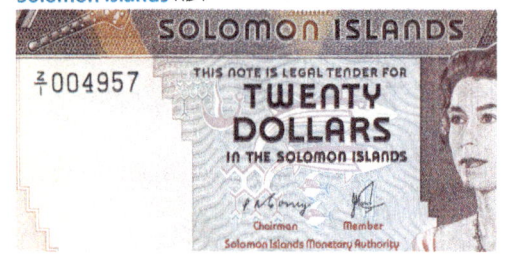

MWR
Mehilba World Replacement

Should you have any additional information or replacement notes for sale, please feel free to contact us at:
AliMehilba@gmail.com

Somalia

Replacement notes of Somalia started in 1975; they have the series "Z001" or "ZZ."

Monetary Unit: 1.00 Shilling=1.00 Shilling=100 Centi

MWR	SCWPM	Date	Prefix	VF	UNC
A 5 Shilling					
RA1	P17	1975	Z001	80	
RA2	P20A	1978	Z001	80	
RA3	P21	1978	Z001	NR	
RA4	P31a	1983	Z001	20	80
RA5	P31b	1986	Z001	30	80
RA6	P31c	1987	Z001	30	80
B 10 Shilling					
RB1	P18	1975	Z001	NR	
RB2	P22	1978	Z001	NR	
RB3	P26	1980	Z001	40	175
RB4	P32	1983,86,87	Z001	35	100
C 20 Shilling					
RC1	P19	1975	Z001	40	175
RC2	P23	1978	Z001	NR	
RC3	P27	1980	Z001	30	100
RC4	P29	1981	ZZ001	30	90
RC5	P33	1983,86,87,89	Z001	30	90
D 50 Shilling					
RD1	P34	1983,86,87,88,89	Z001	35	100
E 100 Shilling					
RE1	P20	1975	Z001	NR	
RE2	P24	1978	Z001	40	175
RE3	P28	1980	Z001	40	175
RE4	P30	1981	ZZ001	35	100
RE5	P35	1983,86,87,88,89	Z001	30	90
F 500 Shilling					
RF1	P36	1989,90,96	Z001	40	175
G 1000 Shilling					
RG1	P37a	1990	Z001	50	150
RG2	P37b	1996	Z001	30	90

Somalia RA1

MWR
Mehilba World Replacement

Should you have any additional information or replacement notes for sale, please feel free to contact us at :
AliMehilba@gmail.com

Somaliland

Replacement notes of Somaliland started in 2008; they have the prefix "ZZ."

Monetary Unit: 1.00 Shilling=1.00 Shilling=100 Centi

MWR	SCWPM	Date	Prefix	VF	UNC
		F 500 Shillings			
RF7	P6g	2008	ZZ		20
		G 1000 Shillings			
RG4	P20	2015	ZZ		25
		H 5000 Shillings			
RH1	P21a	2011	ZZ		35

Somaliland RH1

South Africa

Replacement notes started in 1959 and have two forms:
1) A fractional prefix such as "W/," "X/," "Y/" or "Z/."
2) A two- letter prefix such as "WW," "WX," "WY," "XX" and "XY"
Certain prefixes are very rare and command high prices.

Monetary Unit: 1 Shilling = 12 Pence - 1 Pound = 20 Shillings to 1961
1 Rand = 100 Cents (= 10 Shillings), 1961- Republic of South Africa

MWR	SCWPM	Prefix	Date	Sign & Remarks	Serial Number First	Serial Number Last	VF	UNC
A 10 Shillings								
RA1	P91	Y/1	21.7.1959	Kock (3) (A/E*)	Y/1- 000 001	Y/1-020 000	600	2,100
RA2	P90	Y/1	21.7.1959	Kock (3) (E/A*)	Y/1- 020 001	Y/1-040 000	600	2,100
B 1 Pound								
RB1	P93	Z/1	1.8.1958	Kock (3) (A/E*)	Z/1- 000 001	Z/1-050 000	450	2,100
RB2	P92	Z/1	1.8.1958	Kock (3) (E/A*)	Z/1- 050 001	Z/1-100 000	450	2,100
B 1 Rand								
RB3	P103a	Z/1	1961	Kock (3) (A/E*)	Z/1- 000 001	Z/1-030 000	450	2,100
RB4	P102a	Z/2	1961	Kock (3) (E/A*)	Z/2 000 001	Z/2-030 000	450	2,100
RB5	P103b	Z/1	1962	(4) (A/E*)	Z/1- 000 001	Z/1-731 000	150	600
RB6	P102b	Z/2	1962	(4) (E/A*)	Z/2 000 001	Z/2-757 000	150	600
RB7	P110a	Z/1-3	1966	(4) (A/E*)	Z/1- 000 001	Z/3-560 000	150	350
RB8	P109a	Z/2-4	1966	(4) (E/A*)	Z/2 000 001	Z/4-560 000	90	350
RB9	P110b	Z/3-13	1967	(5) (A/E*)	Z/3 560 001	Z/13-840 000	70	250
RB10	P109b	Z/4-14	1967	(5) (E/A*)	Z/4 560 001	Z/14-840 000	40	200
RB11	P116a	Z/15-19	1972	(5) (A/E*)	Z/15- 000 001	Z/19-999 796	40	200
RB12	P115a	Z/16-20	1972	(5) (E/A*)	Z/16- 000 001	Z/20-999 992	40	200
RB13	P116a	Z/21-29	1973	(5) (A/E*)	Z/21- 000 001	Z/29-999 998	10	60
RB14	P115a	Z/22-30	1973	(5) (E/A*)	Z/22- 000 001	Z/30-999 999	10	60
RB15	P116b	Z/31-37	1975	(5) (A/E*)	Z/31- 000 001	Z/37-080 000	10	60
RB16	P115b	Z/32-38	1975	(5) (E/A*)	Z/32- 000 001	Z/38-080 000	10	60
C 2 Rands								
RC1	P105a	Y/1	1961	Kock (3) (A/E*)	Y/1- 000 001	Y/1-085 000	400	1,500
RC2	P104a	Y/2	1961	Kock (3) (E/A*)	Y/2- 000 001	Y/2-085 000	400	1,500
RC3	P105b	Y/1-3	1962	(4) (A/E*)	Y/1- 000 001	Y/3-380 000	80	350
RC4	P104b	Y/2-4	1962	(4) (E/A*)	Y/2- 000 001	Y/4-320 000	80	350
RC5	P117a	Y/1-3	1974	(5) (A/E*)	Y/1- 000 001	Y/3-280 000	15	60
RC6	P117a	Y/4	1974	(5) (A/E*)	Y/4- 000 001	Y/4-280 000	15	60
RC7	P117b	Y/3,4	1976	(5) (A/E*)	Y/3- 280 001	Y/4-980 000	15	70
RC8	P118a	W/1-6	1978	(5) (A/E*)	W/1- 000 001	W/6-320 000	12	45

South Africa Continued

MWR	SCWPM	Prefix	Date	Sign & Remarks	Serial Number First	Serial Number Last	VF	UNC
	C 2 Rands							
RC9	P118b	W/7-9	1981	(6) (A/E*)	W/7- 000 001	W/9-315 499	12	45
RC10	P118c	W/10	1981	(6) (A/E*)	W/10- 000 001	W/10-315 499	15	60
RC11	P118c	W/9	1981	(6) (A/E*)	W/9- 320 001	W/9-999 999	140	550
RC12	P118c	W/10-14	1981	(6) (A/E*)	W/10- 320 001	W/14-359 999	5	25
RC13	P118d	WW	1983	(6) (A/E*)	WW-000 001	WW-0 400 000	5	25
RC14	P118d	WW	1983	(6) (A/E*)	WW-0400 001	WW-9 999 999	5	25
RC15	P118d	WX	1989	(6) (A/E*)	WX-0 000 001	WX-9 999 999	45	200
RC16	P118e	WY	1990	(6) (A/E*)	WY-0 910 001	WY-9 999 999	5	30
RC17	P118e	WW	1990	(6) (A/E*)	WW-0 000 001	WW-0 735 000	5	20
	D 5 Rands							
RD1	P112a	X/1	1966	(4) (A/E*)	X/1- 000 001	X/1-420 000	400	1,500
RD2	P111a	X/2	1966	(4) (E/A*)	X/2- 000 001	X/2-420 000	400	1,500
RD3	P112b	X/1-7	1967	(5) (A/E*)	X/1- 420 001	X/7-140 000	30	120
RD4	P111b	X/2-8	1967	(5) (E/A*)	X/2- 420 001	X/8-140 000	30	120
RD5	P112c	X/7-9	1976	(5) (A/E*)	X/7-140 001	X/9-070 000	35	140
RD6	P111c	X/8-10	1976	(5) (E/A*)	X/8-140 001	X/10-070 000	35	140
RD7	P119a	X/1-4	1978	(5) (E/A*)	X/1-000 001	X/4-896 000	35	140
RD8	P119b	X/5	1981	(6) (E/A*) W/o ST	X/5-000 001	X/5-400 000	100	700
RD9	P119b	X/6	1981	(6) (E/A*) W/o ST	X/6-000 001	X/6-400 000	100	700
RD10	P119c	X/5	1981	(6) (E/A*) W/ ST	X/5-420 001	X/5-999 999	12	50
RD11	P119c	X/6	1981	(6) (E/A*) W/ ST	X/6-420 001	X/10-898 800	12	50
RD12	P119d	X/11-22	1984	(6) (E/A*) W/ ST	X/11-000 001	X/22-999 999	100	700
RD13	P119d	XX	1984	(6) (E/A*) W/ ST	XX-0 000 001	XX-0 180 000	100	700
RD14	P119e	XX	1990	(7) (E/A*) W/ ST	XX-0 000 001	XX-2 965 000	5	30
	E 10 Rands							
RE1	P113a	W/1	1966	(4) (E/A*)	W/1- 000 001	W/1-840 000	60	240
RE2	P114a	W/2	1966	(4) (A/E*)	W/2- 000 001	W/2-840 000	60	240
RE3	P113b	W/1-13	1967	(5) (E/A*)	W/1- 840 001	W/13-420 000	10	35
RE4	P114b	W/2-14	1967	(5) (A/E*)	W/2- 840 001	W/14-420 000	10	35
RE5	P113c	W/13-21	1976	(5) (E/A*)	W/13-420 001	W/21-909 800	15	65
RE6	P114c	W/14-22	1976	(5) (A/E*)	W/14-420 001	W/22-967 700	15	100
RE7	P120a	Y/1-8	1978	(5) (A/E*)	Y/1-000 001	Y/8-560 000	15	100
RE8	P120b	Y/ 9,10 ….	1981	(6) (A/E*) W/o ST	Y/9-000 001	Y/10-710 249	15	100
RE9	P120c	Y/11-19	1982	(6) (A/E*) W/o ST	Y/11-000 001	Y/19-144 000	15	100
RE10	P120c	Y/19-24	1984	(6) (E/A*) W/ ST	Y/19-144 001	Y/24-230 000	10	35
RE11	P120d	XX	1985	(6) (E/A*) W/ ST	XX-0 000 001C	XX-9 999 999C	10	35
RE12	P120e	WX	1990	(7) (E/A*) W/ ST	WX-0 000 001C	WX-9 999 999C	10	35
RE13	P120e	XY	1990	(7) (E/A*) W/ ST	XY-0 000 001C	XY-2 264 000C	10	35
RE14	P120e	XX	1990	(7) (E/A*) W/ ST	XX-0 000 001C	XX-7 425 000C	10	35
	F 20 Rands							
RF1	P121a	Z/1,2	1979	(5) (E/A*)	Z/1-000 001	Z/2-999 992	15	100
RF2	P121b	Z/3-5	1981	(6) (E/A*)	Z/3-000 001	Z/5-126 000	15	100
RF3	P121b	Z/6	1981	(6) (E/A*)	Z/6-000 001	Z/6-126 000	40	160

South Africa Continued

MWR	SCWPM	Prefix	Date	Sign & Remarks	Serial Number First	Serial Number Last	VF	UNC
F 20 Rands								
RF4	P121c	Z/5	1981	(6) (E/A*) W/ ST	Z/5-140 001	Z/5-999 999	20	75
RF5	P121c	Z/5-9	1981	(6) (E/A*) W/ ST	Z/5-140 001	Z/9-280 000	15	75
RF6	P121c	Z/9-76	1984	(6) (E/A*) W/ ST	Z/9-280 001	Z/76-999 999	15	60
RF7	P121d	XX	1990	(7) (E/A*)	XX-0 000 001D	XX-1 080 000D	15	100
RF8	P121d	XX	1990	(7) (E/A*)	XX-0 000 001D	XX-539 000D	15	80
G 50 Rand								
RG1	P122a	XX	1984	(6) (A/E*)	XX-0 000 001E	XX-2 600 000E	25	100
RG2	P122b	XX	1990	(7) (A/E*)	XX-0 000 001E	XX-2 044 000E	25	100

South Africa Signatures

3 Michiel Hendrik de Kock
06.30.1962

4 Gerhard Rissik
01.07.1962 — 06.30.1967

5 Theunis Willem de Jongh
01.07.1967 — 12.31.1980

6 Gerhardus P. C. de Kock
01.01.1981 — 07.08.1989

7 Christian Lodewyk Stals
08.08.1989 - 07.08.1999

South Africa RB5

South Africa RB9

South Africa RB15

South Africa RB16

South Africa RC7

South Africa RC8

South Africa RC16

South Africa RC17

South Africa RD1

South Africa RD7

South Africa RD14

South Africa RE1

South Africa RE2

South Africa RE3

South Africa RE6

South Africa RE7

South Africa RE8

South Africa RE10

Spain

Replacement notes of Spain started in 1970, they have the prefixes "9A," "9B," "9C," etc.

Monetary Unit: 1.00 Peseta = 100 Centimos 1874-2001

MWR	SCWPM	Date	Prefix	VF	UNC
A			**100 Pesetas**		
RA1	P152	17.11.1970	9A	20	50
RA2	P152	17.11.1970	9B	20	80
RA3	P152	17.11.1970	9C	20	80
B			**200 Pesetas**		
RB1	P156	16.09.1980	9A	10	30
C			**500 Pesetas**		
RC1	P153	23.7.1971	9A	30	150
RC2	P157	23.10.1979	9A	30	120
RC3	P157	23.10.1979	9B	Rare	
D			**1000 Pesetas**		
RD1	P154	17.9.1971	9A	40	150
RD2	P154	17.9.1971	9B	40	150
RD3	P154	17.9.1971	9C	40	150
RD4	P154	17.9.1971	9D	Rare	
RD5	P158	23.10.1979	9A	30	150
RD6	P158	23.10.1979	9B	25	150
RD7	P158	23.10.1979	9C	25	140
RD8	P158	23.10.1979	9D	25	140
RD9	P158	23.10.1979	9E	25	120
RD10	P158	23.10.1979	9F	25	120
RD11	P163	12.10.1992	9A	40	120
RD12	P163	12.10.1992	9B	15	60
RD13	P163	12.10.1992	9C	15	50
E			**2000 Pesetas**		
RE1	P159	22.7.1980	9A	40	120
RE2	P162	24.04.1992	9A	45	190
RE3	P162	24.04.1992	9B	45	125
RE4	P164	1992(96)	9B	30	125
RE5	P164	1992(96)	9C	50	195
RE6	P164	1992(96)	9D	40	100
RF7	P160	23.10.1979	9F	50	250
RF8	P165	12.10.1992	9A	50	290
RF9	P165	12.10.1992	9B	40	200
RF10	P165	12.10.1992	9C	45	200

MWR	SCWPM	Date	Prefix	Prices VF	UNC
	F 5000 Pesetas				
RF1	P155	06.02.1976	9A	50	200
RF2	P160	23.10.1979	9A	45	125
RF3	P160	23.10.1979	9B	45	125
RF4	P160	23.10.1979	9C	30	125
RF5	P160	23.10.1979	9D	50	195
RF6	P160	23.10.1979	9E	40	150
RF7	P160	23.10.1979	9F	50	250
RF8	P165	12.10.1992	9A	50	225
RF9	P165	12.10.1992	9B	40	175
RF10	P165	12.10.1992	9C	45	200
	G 10000 Pesetas				
RG1	P161	24.09.1985	9A	45	200
RG2	P166	12.10.1992	9A	60	275
RG3	P166	12.10.1992	9B	70	375
	Serial Statiscal Studies				
RB2	P.156	1980	8-A-B-C-D	50	230
RD14	P.158	1980	8-A-B-C-D	50	230
RD15	P.163	1992	8-A	50	175
RE7	P.159	1980	8-A-B-C-D	195	RR

Spain RA1

Spain RA2

Spain RA3

Spain RB1

Spain RC1

Spain RC2

Spain RD1

Spain RD5

Spain RE1

Spain RE2

Spain RE4

Spain RG1

Sri Lanka

Replacement notes started 1979, they have a "Z/" prefix.
Please note that the "Z/1" prefix before 1979 does not denote
a replacement.

Monetary Unit: 1.00 Rupee =100 Cents

MWR	SCWPM	Date	Prefix	VF	UNC
A 2 Rupees					
RA1	P83	26.3.1979	Z/1	10	50
B 5 Rupees					
RB1	P84	26.3.1979	Z/1	10	50
C 10 Rupees					
RC1	P85	26.3.1979	Z/1	10	50
RC1A	P96a	01.01.1987	R/1	10	50
RC2	P102	1.1.1991,1.7.1992,19.8.1994	Z/1	10	50
RC3	P115	2001 , 2002 , 2004 , 2005,2006	Z/1		10
D 20 Rupees					
RD1	P86	26.3.1979	Z/1	10	40
RD1A	P97a	21.11.1988	R/3		40
RD2	P103	1.1.1991,1.7.1992,19.8.1994	Z/1	5	30
RD3	P116	2001 , 2004 . 2004 , 2005	Z/2	5	25
RD4	P123a	1.1.2010	Z/2		5
RD5	P123b	4.2.2015	Z/2		5
RD6	P123c	4.2.2015	Z/10		5
E 50 Rupees					
RE1	P87	26.3.1979	Z/1	15	60
RE2	P104	1.1.1991,1.7.1992,19.8.1994	Z/2	10	50
RE3	P117	2001 , 2004 . 2004 , 2005	Z/3	10	50
RE4	P117	3.7.2006	Z/3		20
RE5	P124	1.1.2010	Z/3		15
RE6	P124	04.02.2015	Z/3		15
RE7	P124d	04.07.2016	Z/20		5
F 100 Rupees					
RF1	P88	26.3.1979	Z/1	30	70
RF2	P105a	1.1.1991 Without dot on value in Tamil at left	Z/4	20	50
RF3	P105b	1.1.1991 With dot on value in Tamil at left	Z/4	20	90
RF4	P105A	1.7.1992	Z/1	20	50

Sri Lanka Continued

MWR	SCWPM	Date	Prefix	Prices VF	UNC
		F 100 Rupees			
RF5	P118	2001 , 2004 . 2005 , 2006	Z/4	15	50
RF6	P125	1.1.2010	Z/4		20
RF7	P125b	04.02.2015	Z/4		10
RF8	P125d	04.02.2015	Z/30		10
		H 500 Rupees			
RH1A	P100c	21.02.1989	R/7		150
RH1	P106a	1.1.1991	Z/1	30	100
RH2	P106b	1.7.1992	Z/1	30	100
RH3	P119	2001 , 2004 . 2004 , 2005	Z/5	15	60
RH4	P126	1.1.2010	Z/5	15	60
RH5	P129	15.11.2013	Z/5		40
RH6	P126	04.07.2016	Z/40		40
		I 1000 Rupees			
RI1	P107	1.1.1991	Z/1		150
RI2	P107	1.7.1992	Z/1	30	100
RI3	P120	2001 , 2004 . 2004 , 2006	Z/6	30	100
RI4	P122	20.05.2009	X/1	15	60
RI5	P127	1.1.2010	Z/6	15	60
RI6	P127c	04.02.2015	Z/50		40
RI8	P130	04.02.2018	Z/1		15
		J 2,000 Rupees			
RJ1	P121	2005 , 2006	Z/7	20	80
		K 5,000 Rupees			
RK1	P128a	1.1.2010	Z/8		90
RK2	P128b	04.02.2015	Z/8		80

Sri Lanka RC3

Sri Lanka RD4

Sri Lanka RE4

Sri Lanka RF5

Sri Lanka RF6

Sri Lanka RH3

Sri Lanka RH4

Sri Lanka RI3

Sri Lanka RI4

Sri Lanka RI5

Sri Lanka RJ1

Sri Lanka RK1

Sudan

Replacement notes started in 1985 with the prefixes "Z/1," "Z/11," "Z/21," "Z/31," "Z/41," "Z/51," "Z/61," "Z/71." In the 1992 to 2005 dinar issue, several varieties of the two letters prefixes are listed below. The 500 Dinars "RP1" has a replacement with the "RZ" prefix and not "RJ." The 2006 issue replacement notes have a second letter prefix "J" except for the 10 pounds. Printer: TDLR

Monetary Unit: 1.00 Sudanes Pound = 100 Piastres
1 Dinar (1999 -2004) = 10 Sudanes old Pounds

MWR	SCWPM	Date	Sign	Prefix	Issue	VF	UNC
	**Bank of Sudan 1985 - 2006**						
	**A 25 Piastres**						
RA1	P30	30.06.1985	8a	Z/1	10	50	250
RA2	P37	01.01.1987	9	Z/1	10	45	200
	**B 50 Piastres**						
RB1	P31	30.06.1985	8a	Z/11	11	50	250
RB2	P38	01.01.1987	9	Z/11	11	45	200
	**C 1 Pound**						
RC1	P32	30.06.1985	8a	Z/21	15	60	390
RC2	P39	01.01.1987	9	Z/21	15	50	200
RC3	P64a	09.07.2006	11	AJ	16	5	25
RC4	P64b	09.07.2006 - 09/2010	11	AJ	16	5	25
	**D 2 Pounds**						
RD1	P65a	09.07.2006	11	BJ	1	5	35
RD2	P71a	06.2011	13	BJ	2		10
	**E 5 Pounds**						
RE1	P33a	30.06.1985	8a	Z/31	13	90	575
RE2	P40a	01.01.1987	9	Z/31	13	90	450
RE3	P40b	03.1989	8b	Z/31	13	70	350
RE4	P40c	01.1990	8b	Z/31	13	60	250
RE5	P45a	01.1991	10	Z/31	14	50	200
RE6	P66a	09.07.2006	11	CJ	15	5	20
RE7	P72a	June 2011 24.07. 2011	13	CJ	16		15
RE8	P72b	2012	13	CJ	16		10
	**F 10 Pounds**						
RF1	P34a	30.06.1985	8a	Z/41	13	90	575
RF2	P41a	01.01.1987	9	Z/41	13	90	450
RF3	P41b	03.1989	8b	Z/41	13	70	350
RF4	P41c	01/1990	8b	Z/41	13	50	250

MWR	SCWPM	Date	Sign	Prefix	Issue	Prices VF	Prices UNC
			F 10 Pounds				
RF5	P46a	01.1991	10	Z/41	14	50	200
RF6	P67a	09.07.2006	11	DJ	15	10	40
			G 20 Pounds				
RG1	P35a	30.06.1985	8a	Z/51	3	90	575
RG2	P42a	01.01.1987	9	Z/51	3	90	450
RG3	P42b	03.1989	8b	Z/51	3	70	350
RG4	P42c	01.1990	8b	Z/51	3	50	250
RG5	P47a	01.1991	10	Z/51	4	50	250
RG6	P68a	09.07.2006	11	EJ	5	10	35
RG7	P74a	06.2011- 11.2011	13	EJ	6	5	20
RG8	P74b	2012	13	EJ	6	5	20
			H 50 Pounds				
RH1	P36a	30.06.1985	8a	Z/61	6	90	575
RH2	P43a	01.01.1987	9	Z/61	6	90	450
RH3	P43b	03.1989	8b	Z/61	6	70	350
RH4	P43c	01.1990	8b	Z/61	6	50	250
RH5	P48a	01.1991	10	Z/61	7	50	250
RH6	P69a	09.07.2006	11	FJ	9	5	20
RH7	P75a	06.2011	13	FJ	10	5	20
RH14	P76	2018	14	FJ	13	5	20
			I 100 Pounds				
RI1	P44a	01.01.1988	9	Z/71	6	90	575
RI2	P44b	03.1989	8b	Z/71	6	90	450
RI3	P44c	01.1990	8b	Z/71	6	70	350
RI4	P49a	01.1991	10 , light building on front	Z/71	7	50	250
RI5	P50a	01.1991	10 , dark building on front	Z/71	8	50	250
RI6	P50b	01.1992	10	Z/71	8	50	250
			Dinars 1992-1998				
			J 5 Dinars				
RJ1	P51a	1993/AH1413	10	GZ	8	5	25
			K 10 Dinars				
RK1	P52a	10.02.1993	10	HZ	9	5	25
			L 25 Dinars				
RL1	P53a	1992-1993	10	IZ/1	1	5	25
RL2	P53b	01.02.1993 - 10.02.1993	10	IZ/1	1	5	25

Sudan Continued

MWR	SCWPM	Date	Sign	Prefix	Issue	VF	UNC
	**L 25 Dinars**						
RL3	P53c	1993-1996	11	IZ/1	1	5	25
RL4	P53d	1996-1998	11	IZ/1	1	5	25
RL5	P53e	1998-2000	11	IZ/1	1	5	25
	**M 50 Dinars**						
RM1	P54	03.1992	11	JZ/1	1	5	25
RM2	P54	1992/AH1412	11	J X,J Y,J Z	1	5	25
RM3	P54	1998-1999	11	P X,P Y,P Z	2	5	25
RM4	P54	1999-2000	11	P X,P Y,P Z	2	5	25
RM5	P54	2000-2002	11	P X,P Y,P Z	2	5	20
	**N 100 Dinars**						
RN1	P55	1993-1994	11	KZ/1	1	5	25
RN2	P55	1995-1996	11	KY, KX, KZ	2	5	25
RN3	P55	1996-1998	11	KY, KX, KZ	2	5	25
RN4	P56a	1998-1999	11	LZ	3	5	25
RN5	P56b	1999-2005	11	LZ	3	5	20
RN6	P56c	2005-2006	11	LZ	3	5	20
	**O 200 Dinars**						
RO1	P57	1998-2002	11	QX,QY, QZ	1	5	20
RO2	P60	2006-2006	11	QX,QY, QZ	1	5	20
	**P 500 Dinars**						
RP1	P58	1998-2002	11	R X, R Y, R Z	1	5	20
RP2	P61	2006-2006	11	R X, R Y, R Z	1	5	20
	**Q 1000 Dinars**						
RQ1	P59a	1996-98	12	M X, M Y, M Z	1	10	40
RQ2	P59b	1998	12	M X, M Y, M Z	1	10	40
RQ3	P59c	1998-2006	11	M X, M Y, M Z	1	10	40
	**R 2000 Dinars**						
RR1	P62a	2002 - 2006	11	SJ	1	5	20
	**S 5000 Dinars**						
RS1	P63a	2002 - 2006	11	TJ	1	10	75

Sudan Signatures

8a Mahdi El Faki (Lg.)   8b Mahdi El Faki (Sm.)   9 Ismail Mekki Hamad   10 Sid Ahmed al Sheikh

11 Sabir Mohamed Hassan   12 Abdullah Hassan Ahmed   13 Dr. Mohamed K Elzubair   14 Hazem Abdelkader

Sudan RA1

Sudan RB2

Sudan RC1

Sudan RC2

Sudan RE2

Sudan RE5

Sudan RH6

Sudan RI1

South Sudan

Replacement notes of South Sudan started in 2011; they have the prefix "ZZ."

Monetary Unit: 1.00 South Sudanese = 100 Piastres

MWR	SCWPM	Date	Prefix	VF	UNC
E 1 Pound					
RE1	P5	ND(2011)	ZZ		NR
F 5 Pounds					
RF1	P6	ND(2011)	ZZ	5	20
RF2	P11	2015	ZZ	5	15
G 10 Pounds					
RG1	P7	ND(2011)	ZZ	5	25
RG2	P12	ND(2016)	ZZ	5	25
H 20 Pounds					
RH1	P13a	2015	ZZ	5	20
RH2	P13b	2016	ZZ	5	20
I 25 Pounds					
RI1	P8	ND(2011)	ZZ	5	25
J 50 Pounds					
RJ1	P9	ND(2011)	ZZ		NR
K 100 Pounds					
RK1	P10	ND(2011)	ZZ	15	45
RK2	P15	2015	ZZ	15	45
N 1000 Pounds					
RN1	PW17	2020	ZZ	20	75

South Sudan RF2

South Sudan RG2

Suriname

Replacement notes of Suriname started in 1961; they have a leading digit "1" in a six-digit serial number. Later notes have the "ZZ "prefix. Please note that "Z/1," "Z/2" etc. are not replacement notes.

Monetary Unit: 1.00 Gulden = 1.00 Florin = 100 Cents, to 2004

MWR	SCWPM	Date	Remarks	VF	UNC
A 5 Gulden					
RA1	P146	1.1.2000	ZZ000,001 to		30
RA6	P162b	01.04.2012	Prefix GZ		50
B 10 Gulden					
RB1	P147	1.1.2000	ZZ000,001 to ZZ007,000		40
C 25 Gulden					
RC1	P148	1.1.2000	ZZ000,001 to		25
D 100 Gulden					
RD1	P149	1.1.2000	ZZ000,001 to ZZ011,000		150
E 500 Gulden					
RE1	P150	1.1.2000	ZZ000,001 to ZZ011,000		150
F 1000 Gulden					
RF1	P151	1.1.2000	ZZ000,001 to ZZ004,000		150
G 5000 Gulden					
RG1	P152	1.1.2000	ZZ000,001 to ZZ009,000		250
			ZZ010,001 to ZZ020,000		
H 10,000 Gulden					
RH1	P153	1.1.2000	ZZ000,001 to ZZ010,000	NR	
			ZZ011,001 to ZZ016,000		
			ZZ017,001 to ZZ025,000		
I 25,000 Gulden					
RI1	P154	1.1.2000	ZZ000,001 to ZZ005,000	NR	

Suriname RA1

Suriname RC1

Swaziland

Replacement notes started in 1974; they have the "Z" prefix and a second letter "Z." Many of these replacement notes are hard to find in any grade.

Printer: TDLR

Monetary Unit: 1.00 Lilangeni= 100 cent

MWR	SCWPM	Date	Prefix	Sign	VF	UNC
A 1 Lilangeni						
RA1	P1a	ND1974	Z	1	15	50
B 2 Emalangni						
RB1	P2a	ND1974	Z	1	15	75
RB2	P8a	ND1983	Z	2	25	125
RB3	P8b	ND1984	Z	4	10	65
RB4	P13a	ND1987	Z	4	15	85
RB5	P18a	ND1992	Z	4	15	85
RB6	P18b	ND1994	Z	6	20	100
C 5 Emalangni						
RC1	P3a	ND1974	Z	1	30	135
RC2	P9a	ND1982	Z	2	35	175
RC3	P9b	ND1984	Z	4	15	50
RC4	P14a	ND1987	Z	4	30	125
RC5	P19a	ND1990	Z	4	20	75
RC6	P19b	ND1994	Z	6	25	135
D 10 Emalangni						
RD1	P4a	ND1974	Z	1	60	250
RD2	P6a	ND1981	Z	2	100	450
RD3	P10a	ND1982	Z	2	100	450
RD4	P10b	ND1984	Z	3	60	400
RD5	P10c	ND1985	Z	4	40	135
RD6	P15a	ND1986	Z	4	50	225
RD7	P20a	ND1990	Z	4	30	125
RD8	P20b	ND1992	Z	5	30	125
RD9	P36	6.9.2010	AZ	10B		15
E 20 Emalangni						
RE1	P5a	ND1978	Z	1	40	250
RE2	P7a	ND1981	Z	2	100	450
RE3	P11a	ND1984	Z	3	100	450
RE4	P11b	ND1985	Z	4	35	150
RE5	P12a	ND1986	Z*	4	40	175
RE6	P16a	ND1986	Z	4	80	350
RE7	P17a	19.4.1989	Z	4	70	300
RE8	P21a	ND1990	Z	4	35	150
RE9	P21b	ND1992	Z	5	30	150

MWR	SCWPM	Date	Prefix	Sign	VF	UNC
	E 20 Emalangni						
RE10	P37	6.9.2010	AZ	10B		30
	F 50 Emalangni						
RF1	P22a	ND1990	Z	4	40	150
RF2	P22b	ND1995	Z	6	100	450
RF3	P26a	1.4.1995	AZ	7B	40	150
RF4	P26b	1.4.1998	AZ	9B	40	150
RF5	P31a	1.4.2001	AZ	10B	25	100
RF6	P38	6.9.2010	AZ	11	5	20
RF8	PWA44	9.11.2018	AZ	12	10	30
	G 100 Emalangni						
RG1	P27a	6.9.1996	AZ	7B	40	150
RG2	P32a	1.4.2001	AZ	10B	40	150
RG3	P32a	1.4.2001	AZ	11	40	150
RG4	P33	1.4.2004	AZ	10B	20	85
RG5	P34	19.4.2008	AZ	10B	20	65
RG6	P34	19.4.2008	HZ	10B	20	65
RG7	P39	6.9.2010	AZ	11	10	30
RG9	P42	6.9.2017	AZ	11	10	35
	H 200 Emalangni						
RH1	P28	1.4.1998	AZ	9B	40	150
RH2	P35	19.4.2008	HZ	10B	20	85
RH3	P35	19.4.2008	AZ	10B	20	85
RH4	P40	6.9.2010	AZ	11	20	85

Swaziland Signatures

Sweden

Replacement notes of Sweden started in 1956, all replacement notes have a star "*" suffix.

Monetary Unit: 1 Krona = 100 Öre

MWR	SCWPM	Date	Prices VF	UNC
A 5 Kroner				
RA1	P42a	1956*	90	400
RA2	P42b	1959*	90	200
RA3	P42c	1960*	Rare	
RA4	P42d	1961*	70	350
RA5	P50a	1962*	20	175
RA6	P50b	1963*	5	30
RA7	P51a	1965*	30	150
RA8	P51a	1966*	5	15
RA9	P51a	1967*	5	25
RA10	P51b	1972*	90	350
RA11	P51b	1974*	4	20
RA12	P51c	1979*	35	120
B 10 Kroner				
RB1	P43a	1956*	90	400
RB2	P43b	1957*	90	400
RB3	P43c	1958*	90	350
RB4	P43d	1959*	90	350
RB5	P43e	1960*	90	350
RB6	P43e	1962*	90	350
RB7	P52a	1963*	2	25
RB8	P52b	1966*	2	25
RB9	P52b	1968*	2	20
RB10	P52c	1971*	2	20
RB11	P52c	1972*	2	20
RB12	P52c	1975*	2	20
RB13	P52d	1976*	2	20
RB14	P52d	1979*	2	20
RB15	P52d	1980*	2	25
RB16	P52d	1981*	Rare	
RB17	P52d	1983*	5	20
RB18	P52d	1984*	20	120
RB19	P52d	1987*	3	25
RB20	P52d	1988*	3	25
RB21	P52d	1989*	3	25
RB22	P52d	1990*	3	25

MWR	SCWPM	Date	VF	UNC
\multicolumn{5}{c}{**C 20 Kroner**}			
RC1	P61a	1991*	6	40
RC2	P63a	1997*	20	100
\multicolumn{5}{c}{**D 50 Kroner**}			
RD1	P44a	1956*	200	1000
RD2	P44b	1957*	\multicolumn{2}{c}{Rare}	
RD3	P44c	1958*	175	800
RD4	P47a	1959*	175	700
RD5	P47b	1960*	\multicolumn{2}{c}{Rare}	
RD6	P47c	1961*	300	1500
RD7	P47d	1962*	175	800
RD8	P53a	1965*	20	90
RD9	P53a	1967*	20	80
RD10	P53a	1970*	15	80
RD11	P53b	1974*	15	60
RD12	P53b	1976*	15	60
RD13	P53c	1979*	15	60
RD14	P53c	1981*	8	40
RD15	P53d	1989*	10	50
RD16	P62	199(6)*	20	175
\multicolumn{5}{c}{**E 100 Kroner**}			
RE1	P45b	1956*	175	800
RE2	P45c	1957*	175	800
RE3	P45d	1958*	175	800
RE4	P48a	1959*	175	800
RE5	P48b	1960*	175	700
RE6	P48c	1961*	175	700
RE7	P48d	1962*	175	700
RE8	P48e	1963*	\multicolumn{2}{c}{Rare}	
RE9	P54a	1965*	20	100
RE10	P54a	1968*	20	100
RE11	P54a	1970*	20	100
RE12	P54b	1971*	5	25
RE13	P54b	1972*	90	500
RE14	P54b	1974*	15	65
RE15	P54b	1976*	15	65
RE16	P54c	1978*	15	60
RE17	P54c	1980*	15	60
RE18	P54c	1981*	15	75
RE19	P57a	1986*	15	70
RE20	P57a	1988*	15	70
RE21	P57b	1996*	25	125
\multicolumn{5}{c}{**F 500 Kroner**}			
RF1	P58a	1985*	125	500
RF2	P59a	1989*	90	350
RF3	P59b	1994*	100	400
RF4	P59b	1999*	90	300
RF5	P59b	2000*	90	350

Sweden Continued

MWR	SCWPM	Date	Prices VF	UNC
G 1000 Kroner				
RG1	P55a	1976*	200	600
RG2	P55a	1977*	200	600
RG3	P55a	1978*	200	600
RG4	P55b	1981*	200	600
RG5	P55b	1983*	200	600
RG6	P55b	1985*	200	600
RG7	P60a	1989*	200	500
RG8	P60b	1991*	200	500

Sweden RA6

Sweden RA8

Sweden RA11

Sweden RB7

Sweden RB12

Sweden RC1

Sweden RD14

Sweden RE11

Tajikistan

Replacement notes of Tajikistan started in 1999. They have a "Z" as the second letter prefix.

Monetary Unit: 1 Somoni= 100 Diram

MWR	SCWPM	Date	Prefix	VF	UNC
A 1 Somoni					
RA1	P14	1999(2000)	AZ	15	75
RA2	P14A	1999 (2010)	AZ	10	75
B 3 Somoni					
RB1	P20	2010	GZ	10	25
C 5 Somoni					
RC1	P15	1999(2000)	BZ	10	80
RC2	P23	2010(2013)	BZ	10	20
D 10 Somoni					
RD1	P16	1999(2000)	CZ	20	90
RD2	P24	1999(2013)	CZ	10	35
RD3	P24	2017	CZ	10	30
RD4	P24	2018	CZ		10
E 20 Somoni					
RE1	P17	1999(2000)	DZ		NR
RE2	P17	2018	DZ	20	65
RE4	P25	2021	EZ	20	50
F 50 Somoni					
RF1	P18	1999(2000)	EZ		NR
RF2	P26	1999(2013)	EZ	20	90
G 100 Somoni					
RG1	P19	1999(2000)	FZ		NR
H 200 Somoni					
RH1	P21	2010	HZ	20	90
I 500 Somoni					
RI1	P22	2010	JZ	45	160
RI3	P22b	2018	JZ	20	90

Tajikistan RA1

Tajikistan RC1

Tanzania

Replacement notes of Tanzania started in 1966, they have the "Z" prefix which maybe "Z," "ZZ" or "ZY." Prices of RNC are added in the list.

Monetary Unit: 1.00 Shilling= 100 Senti

MWR	SCWPM	Date	Prefix	Sign	VF	UNC
A 5 Shillings						
RA1	P1	ND1966	Z	1	20	60
B 10 Shillings						
RB1	P2a	ND1966	ZZ ,ZY	1	60	150
RB2	P2b	ND1966	ZZ ,ZY	2	NR	
RB3	P2c	ND1966	ZZ ,ZY	3	NR	
RB4	P2d	ND1966	ZZ ,ZY	4	NR	
RB5	P2e	ND1966	ZZ ,ZY	5	35	90
RB6	P6a	ND 1978	ZZ ,ZY	5	35	90
RB7	P6b	ND 1978	ZZ ,ZY	6	30	85
RB8	P6c	ND 1978	ZZ ,ZY	3	10	35
C 20 Shillings						
RC1	P3a	ND1966	ZZ ,ZY	1	50	125
RC2	P3b	ND1966	ZZ ,ZY	2	NR	
RC3	P3c	ND1966	ZZ ,ZY	3	NR	
RC4	P3d	ND1966	ZZ ,ZY	4	NR	
RC5	P3e	ND1966	ZZ ,ZY	5	NR	
RC6	P7a	ND 1978	ZZ ,ZY	5	30	100
RC7	P7b	ND 1978	ZZ ,ZY	6	25	70
RC8	P7c	ND 1978	ZZ ,ZY	3	NR	
RC9	P9	ND 1985	ZZ ,ZY	3	10	30
RC10	P12	ND 1986	ZZ ,ZY	3	10	30
RC11	P15	ND 1987	ZZ ,ZY	3	10	20
D 50 Shillings						
RD1	P10	ND 1985	ZZ ,ZY	3	60	150
RD2	P13	ND 1986	ZZ ,ZY	3	50	125
RD3	P16a	ND 1986	ZZ ,ZY	3	30	100
RD4	P16b	ND 1986	ZZ ,ZY	7	NR	
RD6	P19	ND 1992	ZZ ,ZY	8	25	70
RD7	P23	ND 1993	ZZ ,ZY	9	25	70

Tanzania Continued

MWR	SCWPM	Date	Prefix	Sign	VF	UNC
	**E 100 Shillings**						
RE1	P4	ND1966	ZZ ,ZY	1		NR
RE2	P5a	ND1966	ZZ ,ZY	1		NR
RE3	P5b	ND1966	ZZ ,ZY	3		NR
RE4	P8a	ND 1977	ZZ ,ZY	4	50	150
RE5	P8b	ND 1977	ZZ ,ZY	5		NR
RE6	P8c	ND 1977	ZZ ,ZY	6		NR
RE7	P8d	ND 1977	ZZ ,ZY	3		NR
RE8	P11	ND 1985	ZZ ,ZY	3	30	100
RE9	P14a	ND 1986	ZZ ,ZY	3	30	100
RE10	P14b	ND 1986	ZZ ,ZY	8		NR
RE11	P24	ND 1993	ZZ ,ZY	9	30	100
	**F 200 Shillings**						
RF1	P18a	ND 1986	ZZ ,ZY	3	30	100
RF2	P18b	ND 1986	ZZ ,ZY	7		NR
RF3	P20	ND 1992	ZZ ,ZY	7,8	30	100
RF4	P25a	ND 1993	ZZ ,ZY	9	25	70
RF5	P25b	ND 1993	ZZ ,ZY	11		100
	**G 500 Shillings**						
RG1	P21a	ND 1989	ZZ ,ZY	3	60	150
RG2	P21b	ND 1989	ZZ ,ZY	7		NR
RG3	P21c	ND 1989	ZZ ,ZY	8		NR
RG4	P26a	ND 1993	ZZ ,ZY	9	30	100
RG5	P26b	ND 1993	ZZ ,ZY	10		NR
RG6	P26c	ND 1993	ZZ ,ZY	11		NR
RG8	P35	ND2003	BZ	14		20
RG9	P40	ND 2010	ZZ	15		10
	**H 1000 Shillings**						
RH1	P22	ND 1990	ZZ ,ZY	8	60	150
RH2	P27a	ND 1993	ZZ ,ZY	9	50	150
RH3	P27b	ND 1993	ZZ ,ZY	10		NR
RH4	P27c	ND 1993	ZZ ,ZY	11		NR
RH7	P41	ND2011	Z	15		NR
	**J 5,000 Shillings**						
RJ1	P43	ND 2010	ZZ	15	25	80
	**K 10,000 Shillings**						
RK1	P44	ND 2010	ZZ	15		NR

Tanzania Signatures

1
2
3
4
5
6
6a
7
8
9
10
11
14
15

Tanzania RA1

Tanzania RB1

Tanzania RC6

Tanzania RG9

Thailand

Replacement notes started in 1946. Replacement notes of Military issues (1946) are identified by the lack of a suffix. The 1948-49 replacement notes have an asterisk (*). Later on, they used one of the prefixes "0S" to "16S" or "17S" or more. The 1962 20 Baht has the prefix "Y901" to "Y902." In anticipation of future discovery of NR, some MWR coding is reserved.

Monetary Unit: 1 Baht (Tical) = 100 Satang

MWR	SCWPM	Prefix	Date	Sign	VF	UNC
			A 1 Baht			
RA1	P63	without Suffix	21.11.1946	22	25	150
RA2	P69a	asterisk	14.10.1949	28	Rare	
			B 5 Baht			
RB1	P64	without Suffix	21.11.1946	22	150	550
RB2	P70b	asterisk	3.10.1949	28	900	3,900
RB3	P82a	0 S w	18.06.1969	41	5	20
RB4	P82a	1S w	18.06.1969	41	5	20
RB5	P82a	1S w	18.06.1969	42	5	20
			C 10 Baht			
RC1	P65a	without Suffix	27.11.1946	25	150	500
RC3	P71a	asterisk	11.06.1948	28	Rare	
RC4	P76d	W901-W905	ND 1964	44	40	200
RC5	P83a	0 S w	18.06.1969	41	10	30
RC6	P83a	0S w - 1S w	18.06.1969	42	10	30
RC7	P83a	1S w - 2S w	18.06.1969	43	10	30
RC8	P83a	2S w	18.06.1969	44	10	30
RC9	P83a	2S w	18.06.1969	46	150	300
RC10	P83a	2S w to 3S w	18.06.1969	47	10	45
RC11	P83a	3S w	18.06.1969	48	10	30
RC12	P83a	3S w to 4S w	18.06.1969	49	10	30
RC13	P83a	4S w	18.06.1969	50	10	30
RC14	P83a	4S w	18.06.1969	51	10	30
RC15	P83a	4S w	18.06.1969	52	10	30
RC16	P87	0S	ND 1980	52	50	150
RC17	P87	0S	ND 1980	53	15	50
RC18	P87	2S	ND 1980	53	40	120
RC19	P87	0S	ND 1980	54	40	120
RC20	P87	1S - 2S	ND 1980	54	3	15
RC21	P87	1S - 2S	ND 1980	55	3	10
RC22	P87	1S - 2S	ND 1980	56	3	10
RC28	P87	2S	ND 1980	66	3	10
RC29	P98	2S	ND 1995	63	3	10

MWR	SCWPM	Prefix	Date	Sign	VF	UNC
	**D 16 Baht**
RD1	P117	9S	2007	78		30
	**E 20 Baht**
RE1	P66a	without Suffix	25.12.1946	25	150	550
RE3	P72a	asterisk	24.05.1948	28	900	Rare
RE4	P72a	asterisk	24.05.1948	29	900	Rare
RE5	P72a	asterisk	24.05.1948	30	900	Rare
RE6	P72a	asterisk	24.05.1948	31	900	Rare
RE7	P77d	Y901-Y902	ND 1962	44	30	150
RE8	P84a	00S	03.06.1971	41	15	60
RE9	P84b	00S, 01S - 02S	03.06.1971	42	15	60
RE10	P84c	02S - 03S	03.06.1971	43	15	60
RE11	P84d	04S	03.06.1971	44	15	60
RE12	P84f	04S	03.06.1971	46	45	300
RE13	P84g	04S	03.06.1971	47	45	300
RE14	P84g	05S - 06S	03.06.1971	47	15	60
RE15	P84h	06S	03.06.1971	48	60	300
RE16	P84h	07S	03.06.1971	48	14	60
RE17	P84i	06S	03.06.1971	49	200	500
RE18	P84i	07S - 10S	03.06.1971	49	15	60
RE19	P84j	11S	03.06.1971	50	15	60
RE20	P84k	11S - 12S	03.06.1971	51	15	60
RE21	P84m	12S - 13S	03.06.1971	52	15	60
RE22	P84n	14S	03.06.1971	53	15	60
(*1)RE23	P88	00S, 0S - 2S	02.11.1981	53	3	20
(*2)RE24	P88	0S	06.05.1985	54	5	15
RE25	P88	1S	06.05.1985	54	3	10
RE26	P88	0S	06.05.1985	55	5	15
RE27	P88	1S	06.05.1985	55	3	10
RE28	P88	1S	06.05.1985	56	3	10
RE29	P88	0S, 2S	06.05.1985	57	3	10
RE30	P88	1S	06.05.1985	57	15	45
RE31	P88	0S	06.05.1985	58	3	10
RE32	P88	0S - 2S	06.05.1985	59	3	10
RE33	P88	0S	06.05.1985	60	3	10
RE34	P88	1S	06.05.1985	60	20	60
RE35	P88	0S - 1S	06.05.1985	62	3	10
RE36	P88	1S	06.05.1985	64	15	60
RE37	P88	1S	06.05.1985	66	15	60
RE38	P88	1S	06.05.1985	67	15	60
RE39	P88	1S	06.05.1985	72	3	10
RE40	P88	2S	06.05.1985	72	5	15
RE41	P88	1S	06.05.1985	73	3	10
RE42	P88	2S	06.05.1985	73	5	15

Thailand Continued

MWR	SCWPM	Prefix	Date	Sign	VF	UNC
E 20 Baht						
RE43	P88	1S - 2S	06.05.1985	74a	3	10
RE44	P109	0S - 1S	12.02.2003	74a	2	5
RE45	P109	0S - 1S	ND 2003	75	2	5
RE46	P109	1S	ND 2003	76	2	5
RE47	P109	2S	ND 2003	76	5	15
RE48	P109	2S	ND 2003	77	2	10
RE49	P109	2S	ND 2003	78	2	10
RE58	P118	1S	ND(2013-2016)	85		10
RE59	P118	1S	ND(2013-2016)	87		10
RE63	PW142	1S	ND(2020)	90		25
F 50 Baht						
RF1	P90a	0S	30.08.1985	54	5	20
RF3	P90b	0S	ND (1985-96)	55	5	20
RF4	P90b	1S	ND (1985-96)	56	5	20
RF10	P94	1S	19.09.1990	57	5	20
RF11	P102a	0S	07.05.1997	71	5	50
RF12	P102a	0S	07.05.1997	72	5	50
RF13	P102a	0S	07.05.1997	74	5	30
RF14	P112	0S	19.03.2004	74b	5	10
RE15	P112	0A	19.03.2004	79		5
RF19	P119	0S	ND2012	83b		5
RF20	P119	0S	ND2012	84		5
RF21	P119	0S	ND2012	85		5
G 60 Baht						
RG1	P116	9S	9.6.2006	76	5	20
H 80 Baht						
RH1	P125	9S	ND2012	84		40
I 100 Baht						
RI2	P85a	00S - 02S	ND (1969-78)	42	25	80
RI3	P85a	03S - 06S	ND (1969-78)	43	25	80
RI4	P85a	07S	ND (1969-78)	43	120	500
RI5	P85a	07 - 09S	ND (1969-78)	44	25	80
RI7	P85a	10S	ND (1969-78)	46	45	150
RI8	P85a	10S - 14S	ND (1969-78)	47	15	80
RI9	P85a	15S	ND (1969-78)	47	150	550
RI10	P85a	15S	ND (1969-78)	48	25	80
RI11	P85a	15S	ND (1969-78)	49	150	550
RI12	P85a	16S - 17S	ND (1969-78)	49	25	80
RI13	P85b	00S	ND (1969-78)	43	60	400
(*3)RI14	P89	00S - 03S	28.03.1978	49	80	250
RI15	P89	00S - 04S	28.03.1978	50	100	300
RI16	P89	00S - 05S	28.03.1978	51	100	300
RI17	P89	04S - 07S	28.03.1978	52	80	250

MWR	SCWPM	Prefix	Date	Sign	VF	UNC
	**I 100 Baht**						
RI18	P89	04S - 07S	28.03.1978	53	25	80
RI19	P89	08S - 10S	28.03.1978	53	15	40
RI20	P89	12S - 13S	28.03.1978	54	15	40
RI21	P89	12S - 14S	28.03.1978	55	5	25
(*4)RI22	P89	0S	1988	56	5	25
RI23	P89	0S	ND 1978	57	5	25
RI24	P89	0S	ND 1978	58	5	25
RI25	P89	0S	ND 1978	59	5	25
RI26	P89	0S	ND 1978	60	5	25
RI27	P89	0S	ND 1978	61	5	25
RI28	P89	0S	ND 1978	63	5	25
RI29	P97	0S	29.091994	63	5	20
RI30	P97	1S	29.091994	63	60	200
RI31	P97	0S	29.091994	64	5	25
RI32	P97	1S	29.091994	64	60	200
RI33	P97	1S	29.091994	65	60	200
RI34	P97	0S	29.091994	67	5	25
RI35	P97	1S	29.091994	67	60	200
RI36	P97	0S	29.091994	71	5	20
RI37	P97	0S	29.091994	72	5	20
RI38	P97	1S	29.091994	72	60	200
RI39	P97	0S	29.091994	73	5	20
RI40	P97	1S	29.091994	73	60	200
RI41	P97	0S	29.091994	74	5	20
RI42	P97	0S	29.091994	75	5	20
RI43	P97	1S	29.091994	75	40	200
RI44	P110	0S	02.09.2002	74a	5	30
RI45	P111	0S	12.08.2004	74b	5	30
RI46	P113	0S	ND 2004	76		10
RI47	P114	0S	21.10.2005	76		10
RI48	P114	1S	21.10.2005	78		10
RI49	P114	1S	21.10.2005	79		10
RI50	P114	9S	2010	81		10
RI51	P114	9S	2011	83b		10
RI52	P114	9S	2012	84		10
RI55	P120	0A	ND2015	85		10
RI57	P120	1S	ND2016	87		10
RI58	P127	8S	ND2015	85		10
RI67	P143	9S	2024	91		10
	**J 500 Baht**						
RJ1	P86a	00S	11.07.1975	47	40	150
RJ2	P86a	00S, 01S	11.07.1975	49	40	150
RJ3	P86a	01S	11.07.1975	51	40	150

Thailand Continued

MWR	SCWPM	Prefix	Date	Sign	VF	UNC
	**J 500 Baht**						
RJ4	P86a	01S - 02S	11.07.1975	52	40	150
RJ5	P86a	01S - 04S	11.07.1975	53	30	150
RJ6	P86a	04S - 05S	11.07.1975	54	30	100
RJ7	P86a	05S	11.07.1975	55	30	100
RJ8	P91	0S	16.09.1987	55	50	150
RJ9	P91	0S	16.09.1987	56	60	150
RJ10	P91	0S	16.09.1987	57	200	800
RJ11	P91	0S	16.09.1987	59	50	200
RJ12	P91	0S	16.09.1987	60	35	150
RJ13	P91	0S	16.09.1987	63	35	150
RJ14	P95	0S	19.09.1990	57	30	80
RJ15	P100	0S	28.02.1996	64	30	190
RJ16	P101a	50J-50S w	10.01.1996	64	45	190
RJ17	P103a	0S	28.02.1996	64	10	40
RJ18	P103a	0S	28.02.1996	66	10	40
RJ19	P103a	0S	28.02.1996	67	10	40
RJ20	P103a	0S	28.02.1996	69	10	40
RJ21	P103a	0S	28.02.1996	72	10	40
RJ22	P103a	1S	28.02.1996	72	40	200
RJ23	P107	0S - 1S	24.07.2001	74	10	40
RJ24	P107	0S - 1S	24.07.2001	75	10	40
RJ25	P107	1S	24.07.2001	76	10	40
RJ26	P107	2S	24.07.2001	78	10	40
RJ32	P121	0S	ND(2013-2016)	84	5	35
RJ34	P121	0S	ND(2013-2016)	87	5	35
RJ35	P129	9S	12.08.2016	87	5	35
	**K 1000 Baht**						
RK1	P92	0S	30.06.1992	62	20	120
RK2	P92	0S	ND 1992	63	20	100
RK3	P92	0S	ND 1992	64	20	100
RK4	P92	0S	ND 1992	66	20	120
RK5	P92	0S	ND 1992	67	20	100
RK6	P92	0S	ND 1992	69	20	100
RK7	P92	0S	ND 1992	71	20	100
RK8	P92	0S	ND 1992	72	20	100
RK9	P104	9S	01.09.1999	72	20	80
RK10	P108	0S	01.09.1999	72	20	80
RK11	P108	0S	01.09.1999	73	20	70
RK12	P108	0S - 1S	ND 2000	74	10	60
RK13	P108	0S - 1S	ND 2000	75	10	60
RK14	P115	0S	29.07.2005	76	10	55
RK15	P115	0S	ND 2005	77	10	55
RK16	P115	0S	ND 2005	78	10	55

Thailand Continued

MWR	SCWPM	Prefix	Date	Sign	Prices VF	UNC
			K 1000 Baht			
RK17	P115	0S	ND 2005	80	10	55
RK18	P115	0S	ND 2005	81	10	55
RK23	P122	0S	ND2015	85	10	55
RK24	P122	0S	ND2015	87	10	40
RK26	P139	0S	ND2018	90	10	40

(*1) 1st type with 6 digits serial numbers. (*2) 2nd type with 7 digits serial numbers
(*3) 1st type with 6 digits serial numbers issued on 28.03.1978 (*4) 2nd type with 7 digits serial numbers issued 10 years later in 1988

Thailand RA1

Thailand RB3

Thailand RF15

Thailand RG1

Thailand RI21

Thailand RJ16

Thailand Signatures

Finance

รัฐมนตรีว่าการกระทรวงการคลัง

22	Phraya Srivisarn Vacha	
23	Luang Pradit Manudham (Pridi Phanomyong)	
24	Vichitr Lulitanond	

	Finance		Governor of the Central Bank
	รัฐมนตรีว่าการกระทรวงการคลัง		ผู้ว่าการธนาคารแห่งประเทศไทย
25	Phraya Srivisarn Vacha	Serm Vinicchayakul	
26	Vichitr Lulitanond	Serm Vinicchayakul	

Finance

รัฐมนตรีว่าการกระทรวงการคลัง

27	Prinz Vivadhanajaya	

	Finance		Governor of the Central Bank
	รัฐมนตรีว่าการกระทรวงการคลัง		ผู้ว่าการธนาคารแห่งประเทศไทย
28	Prinz Vivadhanajaya	Leng Srisomwongse	
29	Phraya Donavanik Montri	Prinz Vivadhanajaya	

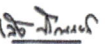

30	Prinz Vivadhanajaya		M.L.Dej Snidvongs	
31	Feldmarschall Plaek Phibunsongkhram		M.L.Dej Snidvongs	
32	Phra Manupan Vimolsastr		M.L.Dej Snidvongs	
33	General Pao Pianlert Boriphand Yuddakich		M.L.Dej Snidvongs	
34	General Pao Pianlert Boriphand Yuddakich		Serm Vinicchayakul	
35	General Pao Pianlert Boriphand Yuddakich		Kasem Sriphayak	
36	Oberst Nai-Worakarnbancha		Kasem Sriphayak	
37	Serm Vinicchayakul		Kasem Sriphayak	
38	Serm Vinicchayakul		Jote Guna-Kasem	
39	Jote Guna-Kasem		Jote Guna-Kasem	
40	Sunthorn Hongladarom		Dr. Puey Ungphakorn	
41	Serm Vinicchayakul		Dr. Puey Ungphakorn	
42	Serm Vinicchayakul		Bisudhi Nimmanhaemin	

43	Boonma Wongswan		Bisudhi Nimmanhaemin	
44	Sommai Hoontrakul		Bisudhi Nimmanhaemin	
45	Sawet Piempongsarn		Bisudhi Nimmanhaemin	
46	Boonchu Rojanasathien		Bisudhi Nimmanheamin	
47	Boonchu Rojanasathien		Snoh Unakul	
48	Sawet Piempongsarn		Snoh Unakul	
49	Suphat Suthatham		Snoh Unakul	
50	General Kriangsak Chomanan		Snoh Unakul	
51	General Kriangsak Chomanan		Nukul Prachuabmoh	
52	Amnuay Viravan		Nukul Prachuabmoh	
53	Sommai Hoontrakul		Nukul Prachuabmoh	
54	Sommai Hoontrakul		Kamchorn Sathirakul	
55	Suthee Singsaneh		Kamchorn Sathirakul	

56	Pramual Sabhavasu		Kamchorn Sathirakul	
57	Pramual Sabhavasu		Chavalit Thanachanan	
57a	Virabongsa Ramangkul		Chavalit Thanachanan	
58	Virabongsa Ramangkul		Vijit Supinit	
59	Banharn Silapa-Archa		Vijit Supinit	
60.1	Suthee Singsaneh		Vijit Supinit	
60.2	Suthee Singsaneh		Vijit Supinit	
61	Panas Simasathien		Vijit Supinit	
62	Tarrin Nimmanahaeminda		Vijit Supinit	
64	Surakiart Sathirathai		Vijit Supinit	
65	Bordi Chunnanond		Vijit Supinit	
66	Bordi Chunnanond		Rerngchai Marakanond	
67	Amnuay Viravan		Rerngchai Marakanond	

68	Thanong Bidaya		Rerngchai Marakanond	
69	Thanong Bidaya		Chaiyawat Wibulswasdi	
70	Kosit Panpiemras		Chaiyawat Wibulswasdi	
71	Tarrin Nimmanahaeminda		Chaiyawat Wibulswasdi	
72	Tarrin Nimmanahaeminda		Chatu Mongol Sonakul	
73	Somkid Jatusripitak		Chatu Mongol Sonakul	
74	Somkid Jatusripitak		Pridiyathorn Devakula	
75	Suchart Chaovisit		Pridiyathorn Devakula	
76	Thanong Bidaya		Pridiyathorn Devakula	
77	Pridiyathorn Devakula		Tarisa Watanagase	
78	Chalongphob Sussangkarn		Tarisa Watanagase	
79	Surapong Suebwonglee		Tarisa Watanagase	
80	Suchart Thada-Thamrongvech		Tarisa Watanagase	
81	Korn Chatikavanij		Tarisa Watanagase	
82	Korn Chatikavanij		Prasarn Trairatvorakul	

83.1	Thirachai Phuvanatnaranubala		Prasarn Trairatvorakul	
83.2	Thirachai Phuvanatnaranubala		Prasarn Trairatvorakul	
84	Kittiratt Na-Ranong		Prasarn Trairatvorakul	
85	Sommai Phasee		Prasarn Trairatvorakul	
87	Mr. Apisak Tantivorawong		Prasarn Trairatvorakul	
90	Arkhom Termpittayapaisith		Sethaput Suthiwartnarueput	
91	Mr. Srettha Thavisin		Sethaput Suthiwartnarueput	

Tonga

Replacement notes of Tonga started in 1973, early issues have the prefix "Z/1," modern issues are marked by the prefix "Z."

Monetary Unit: 1.00 Pa'anga = 100 Seniti, 1967

MWR	SCWPM	Date	Prefix	Sign	VF	UNC
		A	1/2 Pa'anga			
RA1	P18a	1974-5	Z/1	2 signatures	30	90
RA2	P18b	1977-9	Z/1	3 signatures	30	90
RA3	P18c	1979-83	Z/1	3 signatures	25	65
		B	1 Pa'anga			
RB1	P19a	1973	Z/1	2 signatures	30	90
RB2	P19b	1974-83	Z/1	2 signatures	30	90
RB3	P19c	1976-89	Z/1	3 signatures	25	65
RB4	P37	ND2008	Z	2 signatures	5	15

MWR	SCWPM	Date	Prefix	Sign	VF	UNC
			C 2 Pa'anga			
RC1	P20a	1974-81	Z/1	2 signatures	30	90
RC2	P20b	1977-80	Z/1	3 signatures	30	90
RC3	P20c	1981-89	Z/1	3 signatures	25	65
RC3B	P32a	ND1995	Z/1	2 signatures	5	25
RC4	P38	ND2008	Z	2 signatures	5	20
			D 5 Pa'anga			
RD1	P21a	1974-81	Z/1	2 signatures	30	90
RD2	P21b	1976-80	Z/1	3 signatures	30	90
RD3	P21c	1981-89	Z/1	3 signatures	15	75
			E 10 Pa'anga			
RE1	P22a	1974-81	Z/1	2 signatures	30	90
RE2	P22b	1976-80	Z/1	3 signatures	30	90
RE3	P22c	1981-89	Z/1	3 signatures	15	75
			F 20 Pa'anga			
RF1	P23a	1985	Z/1	3 signatures	60	290
RF2	P23b	1985-7	Z/1	3 signatures	40	150
RF3	P23c	1988-9	Z/1	3 signatures	30	125
RF4	P41	ND2009	Z	2 signatures	10	50
			G 50 Pa'anga			
RG1	P24a	1988	Z/1	3 signatures	75	290
RG2	P24b	1988-9	Z/1	3 signatures	45	175
RG3	P36	ND1995	Z/1	2 signatures	25	120
RG5	PW48A	2021	ZZ	3 signatures	25	120
			H 100 Pa'anga			
RH2	P49	ND2015	Z	3 signatures	70	200

Tonga RA2

Tonga RB4

Trinidad & Tobago

Replacement notes started in 1977, they are marked by the prefix "XX" and recent issues have "ZZ" prefix. Please note that the prefix of a single "Z" or "Z/1," "Z/2," etc. does not denote a replacement.

Monetary Unit: 1 Dollar = 100 cents - 5 Dollars = 1 Pound 10 Pence

MWR	SCWPM	Prefix	Date	Signature	Prices VF	UNC
A			**1 Dollar**			
RA1	P30	XX	1977	3	35	75
RA2	P36	XX	1985	4,5,6 or 7	NR	
RA3	P41a	XX	2002	7	NR	
RA4	P41b	ZZ	2002	8	15	50
RA5	P46	ZZ	2006	8	10	40
RA6	P46A	ZZ	2006(ND2009)	9		30
B			**5 Dollars**			
RB1	P31	XX	1977	3 , 4	50	100
RB2	P37	XX	1985	4,5,6 or 7	NR	
RB3	P47	ZZ	2006	8		50
C			**10 Dollars**			
RC1	P32	XX	1977	3	50	150
RC2	P38	XX	1985	4,5,6 or 7	30	90
RC3	P48	ZZ	2006	8		100
D			**20 Dollars**			
RD1	P33	XX	1977	3	50	150
RD2	P39	XX	1985	4,5,6 or 7	NR	
E			**50 Dollars**			
RE1	P34	XX	1977	3	125	350
F			**100 Dollars**			
RF1	P35a	XX	1977	3	75	300
RF2	P40	ZZ	1985	4,5,6 or 7	10	65

Trinidad & Tobago Signatures

3 V. E. Bruce

4 E. A. Bobb

5 W. G. Demas

6 T. `Harewood

7 W. Dookeran

8 E. S. Williams

9 Alvin Hilaire

Tunisia

Replacement notes started in 1962. Modern issues have two serial numbers, one in Arabic and one in English. The Arabic serial number has a fractional suffix, and the English serial number has a fractional prefix. Each denomination has its own unique letter. Replacement notes have an extra letter "R" in English and "ت" (T) in Arabic.

Printer: TDLR

Monetary Unit: 1.00 Dinar = 1000 Milimes

MWR	SCWPM	Date	Prefix	VF	UNC
A 1/2 Dinar					
RA1	P62	6/1/1965	AR/1	100	325
RA2	P66	8/3/1972	AR/1	30	125
RA3	P69	10/15/1973	AR/1	25	90
B 1 Dinar					
RB1	P63	6/1/1965	BR/1	100	325
RB2	P67	8/3/1972	BR/1	50	175
RB3	P70	10/15/1973	BR/1	20	75
RB4	P74	10/15/1980	BR/1	25	75
C 5 Dinars					
RC1	P61	3/20/1962	CR/1	150	550
RC2	P64	6/1/1965	CR/1	65	250
RC3	P68	8/3/1972	CR/1,2,3	60	250
RC4	P71	10/15/1973	CR/1	30	180
RC5	P75	10/15/1980	CR/1,2,3	20	95
RC6	P79	11/3/1983	CR/1	35	120
RC7	P86	11/7/1993	CR/1	30	90
RC8	P92	7.11.2008	CR/1,2,3	30	95
RC9	P96	20/3/2013	CR/1,2,3	5	15
D 10 Dinars					
RD1	P65	6/1/1969	DR/1	90	275
RD2	P72	10/15/1973	DR/1	50	200
RD3	P76	10/15/1980	DR/1	25	100
RD4	P80	11/3/1983	DR/1	30	120
RD5	P84	3/20/1986	DR/1	30	100
RD6	P87	11/7/1994	DR/1	15	40
RD7	P87A	07/11/1994 (2005)	DR/1	15	45
E 20 Dinars					
RE1	P77	10/15/1980	ER/1	90	275
RE2	P81	11/3/1983	ER/1	50	200
RE3	P88	11/7/1992	ER/1	30	120
F 30 Dinars					
RG1	P91	7/11/2008	GR/1		80

Tunisia RA2

Tunisia RA3

Tunisia RB2

Tunisia RB3

Tunisia RC3

Tunisia RC4

Tunisia RC5

Tunisia RC8

Tunisia RD2

Tunisia RD3

Turkey

Replacement notes started in 1927. Replacement notes of Turkey have 3 types:

1. A "Z" Prefix
2. A "Y" Prefix in 50 TL
3. Replacement notes of 1.00 TL have series 21 or 42

Monetary Unit: 1.00 Lira (Livre, Pound) = 100 Piastres

MWR	SCWPM	Prefix	Date	VF	UNC
A 1 Lire					
RA1	P 119	Serie 21 and Serie 42	1st.issue,1927-1939	Rare	
B 5 Lira					
RB1	P185	Z91-95	6th.issue,1976		10
C 50 Lira					
RC1	P175	Y	6th.issue,1962	120	650
RC2	P188	Z91	6th.issue,1976	40	250
D 100 Lira					
RD1	P177	Z	5th Issue,L1930(1964-76)	50	250
E 500 Lira					
RE1	P190	Z91	6th.issue,1979	40	190
F 1000 Lira					
RF1	P191	Z91	6th.issue,1978	120	490

Turkey RB1

Turkey RC2

Turkey RD1

Turkey RE1

Turkmenistan

Replacement notes of Turkmenistan started in 1993. All replacement notes in the early issues have the prefix "ZZ." Later issues have the "KH" prefix.

Monetary Unit: Old Turkmenistan Manat = 100 Tenga

MWR	SCWPM	Date	Prefix	VF	UNC
A 1 Manat					
RA1	P1	ND1993	ZZ	25	90
RA2	P22	2009	KH	10	40
RA3	P29	2012	ZZ		15
RA4	P36	2017	ZZ		15
B 5 Manat					
RB1	P2	ND1993	ZZ	25	90
RB2	P23	2009	KH	15	60
RB3	P30	2012	ZZ	15	60
RB4	P37	2017	ZZ	15	45
C 10 Manat					
RC1	P3	ND1993	ZZ	25	90
RC2	P24	2009	KH	20	70
RC3	P31	2012	ZZ	15	70
RC4	P38	2017	ZZ	10	70
D 20 Manat					
RD1	P4a	ND1993	ZZ	40	130
RD2	P4b	1995	ZZ	10	30
RD3	P25	2009	KH	25	80
RD4	P32	2012	ZZ	20	100
E 50 Manat					
RE1	P5a	ND1993	ZZ	50	140
RE2	P5b	1995	ZZ	25	70
RE3	P17	2005	ZZ	10	25
RE4	P26	2009	KH	25	90
RE5	P40	2017	ZZ	10	65
F 100 Manat					
RF1	P6a	ND1993	ZZ	40	145
RF2	P6b	1995	ZZ	25	90
RF3	P18	2005	ZZ	25	90
RF4	P27	2009	KH	50	200
RF6	P41	2017	ZZ	30	100

MWR	SCWPM	Date	Prefix	Prices VF	UNC
G 500 Manat					
RG1	P7a	ND1993	ZZ	25	95
RG2	P7b	1995	ZZ	20	70
RG3	P19	2005	ZZ		25
H 1000 Manat					
RH1	P8	1995	ZZ	25	90
RH2	P20	2005	ZZ		30
I 5,000 Manat					
RI1	P9	1996	ZZ	25	90
RI2	P12	2000	ZZ	25	75
RI3	P21	2005	ZZ	20	40
J 10,000 Manat					
RJ1	P10	1996	ZZ	20	60
RJ2	P11	1998	ZZ	35	100
RJ3	P14	2000	ZZ	25	90
RJ4	P14	2000	ZZ	Error - green herald	300
RJ5	P15	2003	ZZ	15	45
RJ6	P16	2005	ZZ	15	45
RJ7	P16	2005	KH	20	65

Turkmenistan RA3

Turkmenistan RB2

Turkmenistan RB3

Turkmenistan RC2

Turkmenistan RC3

Turkmenistan RD3

Turkmenistan RD4

Turkmenistan RE2

Turkmenistan RF1

Turkmenistan RF3

Turkmenistan RF4

Turkmenistan RH2

Turkmenistan RJ6

Turkmenistan RJ7

Uganda

Replacement notes started in 1992, they may have one of the following prefixes:
1. First digit of serial number is "9"
2. Fractional "./99"
3. Two Russian letters "ЯА" or "ЯБ "or "ЯЯ" which are equal to "ZA" and "ZZ"

Monetary Unit: 1.00 Shilling = 100 Cents

MWR	SCWPM	Date	Prefix	Sign & Remarks	VF	UNC
A 5 Shillings						
RA1	P1	ND1966	Z/1	1	40	150
RA2	P5A	ND1977	Z/1	4	20	80
RA3	P10	ND1979	Z/1	5	15	55
RA4	P15	ND1982	Z/1	6	10	40
RA5	P27	1987	ZZ	7	5	35
B 10 Shillings						
RB1	P2	ND1966	Z/1	1	50	275
RB2	P6a	ND1973	Z/1	2 , Governor & Director	100	450
RB3	P6b	ND1973	Z/1	3 , Governor & Secretary	50	225
RB4	P6c	ND1973	Z/1	4	40	150
RB5	P11a	ND1979	Z/1	5 , Light Printing On Back	60	200
RB6	P11b	ND1979	Z/1	5 , Dark Printing On Back	40	150
RB7	P16	ND1982	Z/1	6	60	175
RB8	P28	1987	ZZ	7	5	30
C 20 Shillings						
RC1	P3	ND1966	Y/1	1	75	300
RC2	P7a	ND1973	Y/1	2 , Governor & Director	90	500
RC3	P7b	ND1973	Y/1	3 , Governor & Secretary	80	300
RC4	P7c	ND1973	Y/1	4	40	150
RC5	P12a	ND1979	Y/1	5 ,Light Printing On Back	30	125
RC6	P12b	ND1979	Y/2	5 , Dark Printing On Back	35	150
RC7	P17	ND1982	Y/1	6	30	125
RC8	P29a	1987	ZZ	7 , Imprint on the Back	25	100
RC9	P29b	1988	ZZ	7 , Without Imprint	20	80
D 50 Shillings						
RD1	P8a	ND1973	X/1	2 , Governor & Director	80	400
RD2	P8b	ND1973	X/1	3 , Governor & Secretary	60	250
RD3	P8c	ND1973	X/1	4	40	125
RD4	P13a	ND1979	X/1	5 , Light Printing On Back	40	200
RD5	P13b	ND1979	X/2	5 , Dark Printing On Back	15	70
RD6	P18a	ND1982	X/1	6 , Governor & Secretary	15	45

Uganda Continued

MWR	SCWPM	Date	Prefix	Sign & Remarks	Prices VF	Prices UNC
	**D 50 Shillings**					
RD7	P18b	ND1982	X/1	6 , Governor & Deputy Governor	25	75
RD8	P20	ND1985	X/1	6	15	60
RD9	P30a	1987	ZZ	7 , Imprint on the Back	10	45
RD10	P30b	1988,9	ZZ	7 , Without Imprint	5	35
RD11	P30c	1994,6,7,8	ZZ	9	5	25
	**E 100 Shillings**					
RE1	P4	ND1966	X/1	1	200	1000
RE2	P5	ND1966	W/1	1	150	500
RE3	P9a	ND1973	W/1	2 ,Governor & Director	90	375
RE4	P9b	ND1973	W/1	3 , Governor & Secretary	60	275
RE5	P9c	ND1973	W/1	4	15	70
RE6	P14a	ND1979	W/1	5 , Light Printing On Back	15	50
RE7	P14b	ND1979	W/1	5 , Dark Printing On Back	10	40
RE8	P19a	ND1982	W/1	6 ,Governor & Secretary	10	50
RE9	P19b	ND1982	W/1	6 , Governor & Deputy Governor	10	40
RE10	P21	ND1985	W/1	6	10	40
RE11	P31a	1987	ZZ	7 , Imprint on the Back	10	40
RE12	P31b	1988	ZZ	7 , Without Imprint	10	40
RE13	P31c	1994,6,7,8	ZZ	9 , Without Imprint	5	30
	**F 200 Shillings**					
RF1	P32a	1987	ZZ	7	25	100
RF2	P32b	1991,4,6,8	ZZ	8	5	30
	**G 500 Shillings**					
RG1	P22	ND1983	U/1	6	50	250
RG2	P25	ND1986	U/1	6	40	150
RG3	P33a	1987	ZZ	8	20	75
RG4	P33b	1988	ZZ	9	20	75
RG5	P35a	1994,6	ZZ	9	15	50
RG6	P35b	1997,8	ZZ	9	15	50
	**H 1000 Shillings**					
RH1	P23	ND1983	T/1	6	75	250
RH2	P26	ND1986	T/1	6	50	125
RH3	P34a	1987	ZZ	8	20	75
RH4	P34b	1988	ZZ	9	20	75
RH5	P36	1994,6,8,9	ZZ	9	5	35
RH6	P39a	2000	ZZ	12	5	35
RH7	P39b	2003	ZZ	12	5	15
RH8	P43	2008	ZX	13	5	15
RH9	P43	2009	Z0	13	5	15
RH13	P49	2015	ZA	14	5	15
	**I 2000 Shillings**					
RI1	P50	2010	ZA	14	5	25
RI4	P50f	2021	ZA	15	5	25

Uganda Continued

MWR	SCWPM	Date	Prefix	Sign & Remarks	VF	UNC
			J	**5000 Shillings**		
RJ1	P24a	1985	S/1	6, watermark Hand	50	250
RJ2	P24b	1986	S/1	6, Watermark crested crane	50	250
RJ3	P37a	1993	ZZ	9	35	150
RJ4	P37b	1998	ZZ	9	30	150
RJ5	P51	2010	ZA	14	25	100
			K	**10,000 Shillings**		
RK1	P38a	1995	ZZ	9	20	90
RK2	P38b	1998	ZZ	9	20	80
			L	**20,000 Shillings**		
RL1	P42	1999	ZA	10	40	150
RL2	P42	2002	ZA	12	30	100

Uganda Signatures

1 (1966) Governor Joseph Mubiru

1 (1966) Secretary John R. Ochole Elangot

2 (1973) Governor Simeon Kiingi

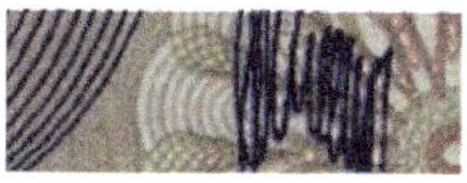

2 (1973) Director John CB Bigala

3 (1973) Governor Onegi-Obel

3 (1973) Secretary SB Rutega

4 (1977) Governor Onegi-Obel

4 (1977) Secretary Isa K. Lukwago

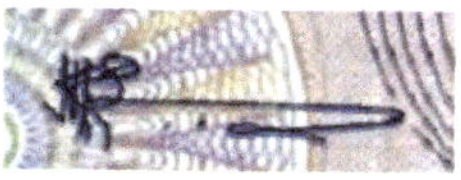

5 (1979) Governor Gideon Nkojo

5 (1979) Director --

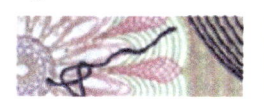

6 (1982) Governor Leo Kibirango

6 (1982) Secretary John R. Ochole Elangot

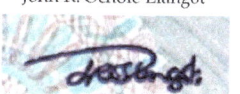

7 (1987 – 89) Governor Suleiman Kiggundu

7 Secretary to the Treasury James Kahoza (1987 – 89)

8 (1991) Governor Charles N. Kikonyogo

8 (1991) Secretary to the Treasury – James Kahoza

9 (1991 – 98) Governor Charles N. Kikonyogo

9 (1991 – 98) Secretary Joshua Mugyeni

10 (1999 – 2000) Governor Charles N. Kikonyogo

10 (1999 – 2000) Secretary Janet Kahirimbanyi

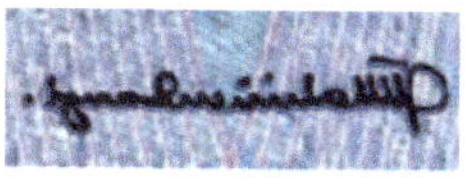

11 (2000 – 01) Deputy Governor - Loius Kasekende

11 (2000 – 01) Secretary Janet Kahirimbanyi

12 (2001 – 05) Governor Emmanuel T. Mutebile

12 (2001 – 05) Secretary Janet Kahirimbanyi

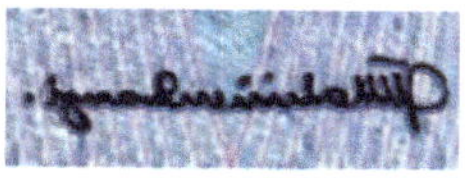

13 (2007 – 09) Governor Emmanuel T. Mutebile

13 (2007 – 09) Secretary Chris M. Kassami

14 (2010) Governor Emmanuel T. Mutebile

14 (2010) Secretary George W. Nyeko

15 Governor
   Emmanuel T. Mutebile

15 Secretary
   Susan Kanyemibwa

Uganda RA3

Uganda RB7

Uganda RB8

Uganda RD3

Uganda RE5

Uganda RH7

Uganda RH8

Uganda RI1

Uganda RJ5

Uganda RL1

Ukraine

Replacement notes started in 1992, they may have one of the following prefixes:

1. First digit of serial number is "9"
2. Fractional "./99"
3. Two Russian letters "ЯА" or "ЯБ" or "ЯЯ" which are equal to "ZA" and "ZZ"

Printers: BPMW, CBNC & TDLR

Monetary Unit: 1.00 Karvovanets = 1.00 Russian Ruble, 1991-96
1.00 Hryvnia = 100,000 Karbovantsiv, 1996-

MWR	SCWPM	Prefix	Date	Sign	VF	UNC
A 1 Hryvnia						
RA1	P103a	First digit of serial number is 9	1996	1	45	125
RA2	P103b	First digit of serial number is 9	1996	3	30	100
B 2 Hryvnia						
RB1	P104a	First digit of serial number is 9	1996	1	45	125
RB2	P104b	First digit of serial number is 9	1996	2	20	85
RB3	P104c	First digit of serial number is 9	1996	3	15	75
C 5 Hryvnia						
RC1	P105a	First digit of serial number is 9	1992(96)	1	60	245
RC2	P105b	First digit of serial number is 9	1996	2	35	120
RC3	P105c	First digit of serial number is 9	1996	3	30	80
RC4	P110a	Serial number prefix ЯБ	1997	3	15	50
D 10 Hryvnia						
RD1	P106a	First digit of serial number is 9	1996	1	60	245
RD2	P106b	First digit of serial number is 9	1996	3	30	100
RD3	P111a	Serial number prefix ЯА	1997	3	30	80
E 20 Hryvnia						
RE1	P107a	First digit of serial number is 9	1992(96)	1	60	245
RE2	P107b	First digit of serial number is 9	1996	3	30	100
F 50 Hryvnia						
RF1	P113a	Serial number prefix ЯЯ	1996	1	50	150
RF2	P113b	Serial number prefix ЯЯ	1996	3	30	90
G 100 Karbovantsiv Or Hryvnia						
RG1	P88	/99	1992	–	2	10
RG2	P114a	Serial number prefix ЯЯ	1996	1	50	175
RG3	P114b	Serial number prefix ЯЯ	1996	3	50	175
H 200 Karbovantsiv Or Hryvnia						
RH1	P89	/99	1992	–	60	245
RH2	P115	Serial number prefix ЯЯ	2001	1	60	245

Ukraine Continued

MWR	SCWPM	Prefix	Date	Sign	VF	UNC
I			**500 Karbovantsiv**			
RI1	P90r	/99	1992	–	2	7
J			**1000 Karbovantsiv**			
RJ1	P91r	/99	1992	–	1	10
K			**2000 Karbovantsiv**			
RK1	P92a	/99	1993	–	2	10
L			**5000 Karbovantsiv**			
RL1	P93a	/99	1993	–	2	6
RL2	P93b	Prefix НБ	1995	–	2	6
M			**10.000 Karbovantsiv**			
RM1	P94a	/99	1993	–	5	25
RM2	P94b	Prefix НБ	1995	–	5	25
RM3	P94c	Prefix НБ	1996		NR	
N			**20.000 Karbovantsiv**			
RN1	P95a	/99	1993	–	5	25
RN2	P95	Prefix НБ	1994/95/96	–	5	25
O			**50.000 Karbovantsiv**			
RO1	P96a	/99	1993	–	5	25
RO2	P96c	Prefix НБ	1995	–	5	25
P			**100.000 Karbovantsiv**			
RP1	P97a	/99	1993	–	5	25
RP2	P97b	Prefix НБ	1994	–	5	25
Q			**200.000 Karbovantsiv**			
RQ1	P98a	/99	1994	–	10	40
RQ2	P98b	Prefix НБ	1994	–	10	40
R			**500.000 Karbovantsiv**			
RR1	P99a	Prefix НБ	1994	–	20	65
S			**1.000.000 Karbovantsiv**			
RS1	P100r	Prefix НБ	1995	–	35	85

Ukraine Signatures

1 ГОЛОВА ПРАВЛІННЯ
Голова Правління банку
Vadim Hetman

2 ГОЛОВА ПРАВЛІННЯ
Volodymyr Matvienko

3 ГОЛОВА ПРАВЛІННЯ
Viktor Yushchenko

Ukraine RB1

Ukraine RC1

Ukraine RD1

Ukraine RE1

Ukraine RF1

Ukraine RG1

Ukraine RG3

Ukraine RH2

Ukraine RI1

Ukraine RJ1

Ukraine RK1

Ukraine RL1

United Arab Emirates

Replacement notes of the UAE started in 1973, they are as follows:

1. The first issue has a single Arabic letter.
2. The second and third issues have the letter " ر " (R) which follows the original prefix.
The two- letter prefix for the 2nd and 3rd issues is in Arabic serial numbers.
3. In the fourth issue, up to the year 2000, the use of a letter as a prefix is discontinued and numerical prefixes are introduced.

All replacement notes have the number "99" with the original prefix number except for the 20 Dirhams, which has "95" instead. The third digit in these replacement notes identifies the denomination. Current issues have Folaz (signature 4) and the replacement prefix is "999" for
all denominations.

Monetary Unit: 1.00 Dirham = 1000 Fils

MWR	SCWPM	Date	Prefix	Sign	Prices VF	UNC
A 1 Dirham							
RA1	P1a	ND1973	غ	1	150	400
B 5 Dirhams							
RB1	P2a	ND1973	ظ	1	1200	3900
RB2	P7a	ND1982	ج ر	2	100	200
RB3	P12a	1993/AH1414	ج ر	3	50	150
RB4	P12b	1995/AH1416	ج ر	3	50	150
RB5	P19a	2000/AH1420	996	3	15	50
RB6	P19b	2001/AH1422	996	3	15	50
RB7	P19c	2004/AH1425	996	3	15	50
RB8	P19d	2007/AH1428	996	3	15	50
RB9	P26a	2009/AH1430	999	4		10
RB10	P26b	2013/AH1434	999	5	Left SN Vertical	10
RB11	P26c	2015/AH1436	999	5		10
RB13	PW36	2022/AH1443	999	6		10
C 10 Dirhams							
RC1	P3a	ND1973	ش	1	1500	4500
RC2	P8a	ND1982	ك	2	150	300
RC3	P13a	1993/AH1414	ج ر	3	100	200
RC4	P13b	1995/AH1416	ج ر	3	100	200

MWR	SCWPM	Date	Prefix	Sign	VF	UNC
C			**10 Dirhams**			
RC5	P20a	1998/AH1419	995	3	15	60
RC6	P20b	2001/AH1422	995	3	15	50
RC7	P20c	2004/AH1425	995	3	10	50
RC8	P20d	2007/AH1428	995	3	10	50
RC9	P27a	2009/AH1430	999	4	10	50
RC11	P27c	2013/AH1434	999	5		15
RC12	P27d	2015/AH1436	999	5		10
RC13	P27	2017/AH1438	999	5		10
D			**20 Dirhams**			
RD1	P21a	1997/AH1418	957	3	30	100
RD2	P21b	2000/AH1420	957	3	20	80
RD3	P21c	2007/AH1428	997	3	15	60
RD4	P28a	2009/AH1430	999	4		60
RD5	P28b	2013/AH1434	999	5	15	40
RD6	P28c	2015/AH1436	999	5		40
RD7	P28d	2016/AH1437	999	5		20
E			**50 Dirhams**			
RE1	P4a	ND1973	ق	1	200	1000
RE2	P9a	ND1982	ر	2	150	400
RE3	P14a	1995/AH1415	ث ر	3	100	200
RE4	P14b	1996/AH1417	ث ر	3	75	200
RE5	P22	1998/AH1419	994	3	30	100
RE6	P29a	2004/AH1425	994	3	30	75
RE7	P29b	2006/AH1427	994	3	FV	75
RE8	P29c	2008/AH1429	999	3		90
RE9	P29d	2011/AH1432	999	4	FV	60
RE10	P29e	2014/AH1436	999	5		50
RE11	P29f	2016/AH1438	999	5		50
RE17	PW35	2021/AH1443	999	6		50
F			**100 Dirhams**			
RE1	P4a	ND1973	ق	1	300	1000
RE2	P9a	ND1982	ر	2	200	700

United Arab Emirates Continued

MWR	SCWPM	Date	Prefix	Sign	VF	UNC
F 100 Dirhams							
RE3	P14a	1995/AH1415	ث ر	3	150	400
RE4	P14b	1996/AH1417	ث ر	3	150	400
RE5	P22	1998/AH1419	994	3	50	175
RE6	P29a	2004/AH1425	994	3	50	150
RF7	P30b	2004/AH1425	993	3	50	100
RF8	P30c	2006/AH1427	993	3	50	100
RF9	P30d	2008/AH1429	999	4	50	120
RF10	P30e	2012/AH1433	999	4	FV	75
RF11	P30f	2014/AH1436	998	5	FV	75
RF15	P30	2018/AH1439	999	5	FV	75
G 200 Dirhams							
RG1	P16	1989/AH1410	ل ر	2	150	500
RG2	P31a	2006/AH1427	998	3	150	175
RG3	P31b	2008/AH1429	999	4	FV	175
RG4	P31c	2015/AH1436	999	5	FV	150
RG6	P31	2017/AH1438	999	5	FV	150
H 500 Dirhams							
RH1	P11a	ND1983	ن	2	200	600
RH2	P17	1993/AH1414	ب ر	3	175	500
RH3	P18	1996/AH1416	ب ر	3	175	475
RH4	P24a	1998/AH1419	992	3	150	400
RH5	P24b	2000/AH1420	992	3	175	375
RH7	P32a	2004/AH1424	992	3	FV	300
RH8	P32b	2006/AH1427	992	3	150	275
RH9	P32c	2008/AH1429	999	3	FV	275
RH10	P32d	2011/AH1432	999	4	FV	275
RH11	P32d	2011/AH1432	998	4	FV	260
RH12	P32e	2015/AH1436	999	5	FV	300
RH14	P32f	2017/AH1438	999	5	FV	300
RH19	PW42	2023/AH1445	999	6	FV	300
I 1000 Dirhams							
RI1	P6a	ND1976	م	1	1500	5000
RI2	P25a	1998/AH1419	991	3	375	1000
RI3	P25b	2000/AH1420	991	3	400	900

MWR	SCWPM	Date	Prefix	Sign	Prices VF	Prices UNC
			1000 Dirhams			
RI4	P33a	2006/AH1427	991	3	400	900
RI5	P33b	2008/AH1429	999	4	350	800
RI6	P33c	2012/AH1433	999	4	350	950
RI7	P33d	2015/AH1436	999	5	350	950
RI9	PW43	2022/AH1444	999	6		550

United Arab Emirates Signatures

Minister of Finance
1 Hamdan bin Rashid Al Maktoum 1973 – 82

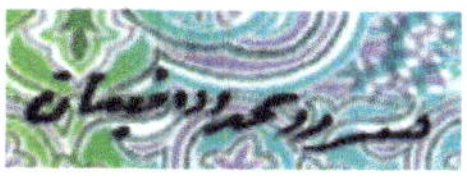

3 Hamdan bin Rashid Al Maktoum 2008

5 Hamdan bin Rashid Al Maktoum

Chairman
1

3 Mhammad Eid al-Muraiki 2008

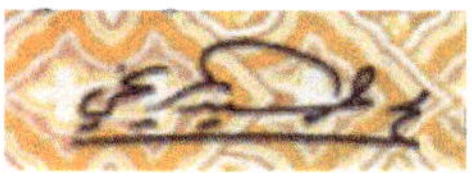

5 Khalifa al-Kindi

Minister of Finance
2 Hamdan bin Rashid Al Maktoum 1973 – 82

4 Hamdan bin Rashid Al Maktoum

5 Mansour Bin Zayed

Chairman
2 Suroor bin Mohammed Al Nahyan 1989 – 93

4 Khalil Mohammed Sharif Foulathi

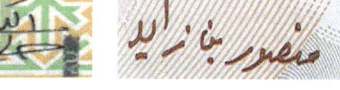

United Arab Emirates RB4

United Arab Emirates RF9

United Arab Emirates RH10

United Arab Emirates RI6

MWR | 522

Uruguay

Replacement notes of Uruguay started in 1974, they have the letter "R" prefix, a leading digit "9," or star "*" with leading "9." From 1990, replacement notes have "Z" as the second letter prefix. The 200 Nuovo Peso dated 1986 has the prefix "A-R."

Monetary Unit: 1 Peso = 100 Centésimos, 1860-1975
1 Nuevo Peso = 1000 Old Pesos, 1975-1993
1 Peso Uruguayo = 1000 Nuevos Pesos, 1993-

MWR	SCWPM	Date	Prefix	Serial No	Series	Title Sign	Printer	VF	UNC
A 1 Nuevo Peso										
RA1	P56	ND (1975)	R	R 00230545 A - R 00242241 A	A	2	CdM-A	NR	
RA2	P56	ND (1975)	R	R 00308229 A - R 00308858 A	A	2	CdM-A	NR	
B 5 Nuevo Peso										
RB1	P57	ND (1975)	R	R 00000080 A - R 00063886 A	A	2	CdM-A	15	50
B 5 Peso Uruguayo										
RB2	P73A	1997	9 is first digit of S.N	90000127 - 90008030	A	1	TDLR	40	100
RB3	P80	1998	9 is first digit of S.N	90000893 - 90010641	A	1	TDLR	40	100
C 10 Nuevo Peso										
RC1	P58	ND (1975)	9 is first digit of S.N	90009205 - 90016995	C	1	TDLR	NR	
C 10 Peso Uruguayo										
RC2	P73Ba	1995	9 is first digit of S.N	90000062 - 90007562	A, With Decreto-Ley	1	G&D	50	200
RC3	P73Bb	1995	9 is first digit of S.N	90000016 - 90011063	B, Without Ley	1	G&D	50	200
RC4	P81	1998	9 is first digit of S.N	90000304 - 90021017	A	1	TDLR	40	150
D 20 Peso Uruguayo										
RD1	P74a	1994	9 is first digit of S.N	90002549 - 90015702	A	1	TDLR	40	100
RD2	P74b	1997	9 is first digit of S.N	90003984 - 90017161	B	1	TDLR	40	100
RD3	P83a	2000	9 is first digit of S.N	90000050 - 90016852	C	1	TDLR	20	60
RD4	P86a	2008	Star with 9 is first digit of S.N	*90000001 - *90009992	E	1	F-CO	15	50
RD5	P86b	2011	Z		F		TDLR	5	30
E 50 Nuevo Peso										
RE1	P59	ND (1975)	9 is first digit of S.N	90026533 -	A	1	TDLR	NR	
RE2	P61b	1980	9 is first digit of S.N	90147187	C	1	TDLR	40	100

Uruguay Continued

MWR	SCWPM	Date	Prefix	Serial No	Series	Title Sign	Printer	VF	UNC
				E 50 Nuevo Peso					
RE3	P61c	1981	9 is first digit of S.N	90207803	D	7	TDLR	40	100
RE4	P61d	1987	9 is first digit of S.N	90213529	E	1	TDLR	30	80
RE5	P61A	1988	9 is first digit of S.N	90228012 - 90252627	F	1	TDLR	30	80
RE6	P61A	1989	9 is first digit of S.N	90264791 - 90290762	G	1	TDLR	10	35
				E 50 Peso Uruguayo					
RE7	P75a	1994	9 is first digit of S.N	90000581 - 90010952	A	1	TDLR	20	80
RE8	P75b	2000	9 is first digit of S.N	90000036 - 90007948	B	1	TDLR	15	60
RE9	P87a	2008	Star with 9 is first digit of S.N	*90000001 - *90008000	D	1	F-CO	10	40
RE10	P87b	2011	Z	Z90071045			TDLR	5	35
				F 100 Nuevo Peso					
RF1	P60a	ND (1975)	9 is first digit of S.N	90044459 - 90090622	A	1	TDLR	NR	
RF2	P62b	1980	9 is first digit of S.N	90139218 - 90193145	C	1	TDLR	30	80
RF3	P62b	1981	9 is first digit of S.N	90283883 - 90451441	D	1	TDLR	30	60
RF4	P62c	1985	9 is first digit of S.N	90478357 - 90488830	E	1	TDLR	20	50
RF5	P62c	1986	9 is first digit of S.N	90526406 - 90546839	F	1	TDLR	20	50
RF6	P62A	1987	9 is first digit of S.N	90554952 - 90559250	G	1	TDLR	10	35
				F 100 Peso Uruguayo					
RF7	P76a	1994	9 is first digit of S.N	90006218 - 90027261	A	1	TDLR	30	80
RF8	P76b	1997	9 is first digit of S.N	90003438 - 90013800	B	1	TDLR	30	80
RF9	P76c	2000	9 is first digit of S.N	90000217 - 90015842	C	1	TDLR	20	60
RF10	P85b	2006	Z	00001027 - 00196793	D	7	G&D	5	35
RF11	P88a	2008	Z	Z 00004427 - Z 00319550	E	7	G&D	5	20
RF12	P88b	2011	Z		F	7	TDLR	5	20
				G 200 Nuevo Peso					
RG1	P66	1986	A-R	A-R 00000079 - A-R 00140934	A	1	C. Ciccone S.A.	5	10
				G 200 Peso Uruguayo					
RG2	P77a	1995	9 is first digit of S.N	90000115 - 90005905	A	1	TDLR	40	100
RG3	P77b	2000	9 is first digit of S.N	90000222 - 90012972	B	1	TDLR	30	80
RG4	P89a	2006	Star with 9 is first digit of S.N	*90000101 - *90003300	C	7	FC-O	20	60

Uruguay Continued

MWR	SCWPM	Date	Prefix	Serial No	Series	Title Sign	Printer	VF	UNC
				G 200 Peso Uruguayo					
RG5	P89b	2009	Star with 9 is first digit of S.N	*90000001 - *90005000	D	7	Oberthur Technologies	20	60
RG6	P89c	2011	Z		E	7	Oberthur Technologies	5	15
				H 500 Nuevo Peso					
RH1	P63a	1978	9 is first digit of S.N	90015868 - 90034584	A	7	TDLR	NR	
RH2	P63b	1978	9 is first digit of S.N	90073732	B	1	TDLR	NR	
RH3	P63b	1985	9 is first digit of S.N	90094744 - 90172450	C	1	TDLR	35	125
				H 500 Peso Uruguayo					
RH5	P78a	1994	9 is first digit of S.N	90000507 - 90019015	A	1	TDLR	50	150
RH6	P82	1999	9 is first digit of S.N	90000520 - 90004808	B	1	FC-O	50	150
RH7	P90a	2006	Star with 9 is first digit of S.N	*90000101 - *90004200	C	1	FC-O	40	125
RH8	P90b	2009	Star with 9 is first digit of S.N	*90000001 - *90006400	D	7	Oberthur Technologies	20	85
RH9	P94	2014	Star with 9 is first digit of S.N		D		Oria Bergara	25	80
				I 1000 Pesos					
RI1	P52	ND (1974)	R	R 00000273 A - R 00329460 A	A	2	CdeM-A	10	40
				I 1000 Nuevo Peso					
RI2	P64b	1981	9 is first digit of S.N	90040294 - 90394734	B	1	TDLR	5	25
RI3	P64Aa	1991	9 is first digit of S.N	90443604	C	1	TDLR	5	25
RI4	P64Ab	1992	9 is first digit of S.N	90460066 - 90477191	D	1	TDLR	5	25
				I 1000 Peso Uruguayo					
RI5	P79a	1995	9 is first digit of S.N	90000210 - 90002904	A	1	TDLR	50	150
RI6	P79b	2004	Z	Z 00000093 - Z 00023943	B	1	TDLR	35	125
RI7	P91	2008	Z	Z 00000204 - Z 00342405	C		G&D	35	125
				J 2000 Nuevo Peso					
RJ1	P68	1989	9 is first digit of S.N	90001065 - 90017552	A	1	TDLR	NR	
				J 2000 Peso Uruguayo					
RJ2	P92	2003	Z	Z 90039399 - Z 90179734	A	1	G&D	90	
				K 5000 Nuevo Peso					
RK1	P65	1983	9 is first digit of S.N	90015260 - 90056626	A	1	TDLR	10	50

Uruguay Continued

MWR	SCWPM	Date	Prefix	Serial No	Series	Title Sign	Printer	VF	UNC
K				**5000 Nuevo Peso**					
RK2	P65	1983	9 is first digit of S.N	90080347 - 90109603	B	1	TDLR	30	100
RK3	P65	1983	9 is first digit of S.N	90125476 - 90148793	C	1	TDLR	20	80
L				**10,000 Pesos**					
RL1	P53c	ND (1974)	9 is first digit of S.N	90007086, 90030337 - 90336872	C	1	TDLR	30	100
M				**20,000 Nuevo Peso**					
RM1	P69a	1989	9 is first digit of S.N	90021847	A	1	TDLR	30	100
RM2	P69b	1991	9 is first digit of S.N	90026395 - 90028035	A	1	TDLR	30	100
N				**50,000 Pesos**					
RN1	P70a	1989	9 is first digit of S.N	90054731 - 90062016	A	1	TDLR	50	150
RN2	P70b	1991	9 is first digit of S.N	90054731 - 90062016	A	1	TDLR	50	150
O				**100,000 Nuevo Peso**					
RO1	P71a	1991	9 is first digit of S.N	90013284 - 90024424	A	1	TDLR	60	180
P				**200,000 Nuevo Peso**					
RP1	P72a	1992	9 is first digit of S.N	90016761 - 90034215	A	1	TDLR	70	200
Q				**500,000 Nuevo Peso**					
RQ1	P73a	1992	9 is first digit of S.N	90000107 - 90014776	A	1	TDLR	80	250

Uruguay RB1

Uruguay RD4

Uruguay RE9

Uruguay RF6

Uruguay RF12

Uruguay RG1

Uruguay RG6

Uruguay RH8

Uruguay RI1

Uruguay RI7

U.S.A

American replacement notes started in 1910 with the printing of the first large size star notes.

Small size star notes started with the 1928 series, which first appeared on 1929. The five pointed star design with the hollow center now filled.

Three different stars have been used in these replacement serial numbers over the years.

1- Most recently, a small hollow star is used;

G 54560116 ✩
REPLACEMENT NOTE, SERIES 1935-PRESENT

2- Some early small-size notes used a larger solid star;

★ 08524352 A
REPLACEMENT NOTE, SERIES 1928-1934D

3- All large-size star replacement notes used a large hollow star.

✩4760252B
LARGE-SIZE REPLACEMENT NOTE

There are a solid star used with a few series of large-size, but these are not replacement notes. Rather, the solid star is one of many different characters that were used to mark one or both ends of a serial number.

V2739855★

U.S. Military Payment Certificates (MPC)

Military Payment Certificates "MPCs" started in 1946 and were issued until 1973. Thirteen (13) series of MPCs were printed by 3 different printing houses:

1. Tudor Press Corporation: series 461,471,472,541
2. Forbes Lithograph Corporation: series 481,521,591
3. The Bureau of Engraving and Printing: series 611,641,651,661,681,692 Please note that two additional series, 691 and 701, were printed but not issued. Series 691 was never issued. there have some notes that were stolen from US government stocks in the process of destruction
only $1 and $20 replacements known for this series.

Replacement MPCs are indicated by the deletion of the serial number suffix. The table below shows countries using MPCs and their series.

Country	461	471	472	481	521	541	591	611	641	651	661	681	691	692
Austria	●	●	●	●	●									
Belgium	●	●	●	●	●									
Cyprus							●	●	●					
England	●	●	●	●	●	●								
France	●	●	●	●	●	●								
Germany	●	●	●	●	●	●								
Greece	●	●	●	●	●									
Hungary	●	●	●	●	●									
Iceland				●	●	●	●							
N.Ireland					●	●								
Italy	●	●	●	●	●	●								
Japan	●	●	●	●	●	●	●	●		●				
Korea	●	●	●	●	●	●	●	●		●				
Libya								●		●				
Morocco	●	●	●	●	●	●								
Netherlands	●	●	●	●	●	●								
Philippines	●	●	●	●	●	●	●						●	
Ryukyus	●	●	●	●	●	●	●							
Scotland	●	●	●	●	●	●								
Trieste	●	●	●	●	●									
Viet Nam								●	●	●	●	●	●	●
Yugoslavia	●	●	●	●	●									

MWR	SCWPM	WWR	Prefix	Series	Date	F	XF	AV. GRADE	QTY.
A 5 Cents									
RA1	P-M1	801r	A prefix..No Suffix	461	1946-7	60	100	VF-25	42
RA2	P-M8	811r	B prefix..No Suffix	471	1947-8	1250	2500	VF-26	10
RA3	P-M15	821r	C prefix..No Suffix	472	1948-51	200	400	VF-35	61
RA4	P-M22	831r	D prefix..No Suffix	481	1951-4	70	450	VF-22	58
RA5	P-M29	841r	E prefix..No Suffix	521	1954-8	300	850	VF-20	51
RA6	P-M36	851r	F prefix..No Suffix	541	1958-61	100	350	XF-41	80
RA7	P-M43	861r	G prefix..No Suffix	591	1961-64	160	450	VF-24	68
RA8	P-M50	871r	H prefix..No Suffix	611	1964-69	80	150	AU-58	144
RA9	P-M57	881r	J prefix..No Suffix	641	1965-68	60	250	VF-30	165
RA10	P-M72A	891r	A prefix..No Suffix	651	1969			Rare	
RA11	P-M64	901r	B prefix..No Suffix	661	1968-9	120	190	VF-25	22
RA12	P-M75	911r	C prefix..No Suffix	681	1969-70	90	250	VF-27	69
RA13	P-M91	931r	E prefix..No Suffix	692	ND1970	90	150	VF-34	149
B 10 Cents									
RB1	P-M2	802r	A prefix..No Suffix	461	1946-7	60	120	VF-32	36
RB2	P-M9	812r	B prefix..No Suffix	471	1947-8	100	240	VF-25	20
RB3	P-M16	822r	C prefix..No Suffix	472	1948-51	120	1200	F-16	43
RB4	P-M23	832r	D prefix..No Suffix	481	1951-4	100	300	VF-20	86
RB5	P-M30	842r	E prefix..No Suffix	521	1954-8	330	1800	VF-25	33
RB6	P-M37	852r	F prefix..No Suffix	541	1958-61	45	195	VF-24	109
RB7	P-M44	862r	G prefix..No Suffix	591	1961-64	120	220	F-18	11
RB8	P-M51	872r	H prefix..No Suffix	611	1964-69	20	100	CU-63	160
RB9	P-M58	882r	J prefix..No Suffix	641	1965-68	120	220	VF-25	66
RB10	P-M72B	892r	A prefix..No Suffix	651	1969			Rare	
RB11	P-M65	902r	B prefix..No Suffix	661	1968-9	100	200	XF-46	86
RB12	P-M76	912r	C prefix..No Suffix	681	1969-70	190	490	VF-20	48
RB13	P-M92	932r	E prefix..No Suffix	692	ND1970	75	190	VF-28	123
C 25 Cents									
RC1	P-M3	803r	A prefix..No Suffix	461	1946-7	1200	2500	VF-31	15
RC2	P-M10	813r	B prefix..No Suffix	471	1947-8	1700	3900	VF-31	7
RC3	P-M17	823r	C prefix..No Suffix	472	1948-51	2000		VF-36	5
RC4	P-M24	833r	D prefix..No Suffix	481	1951-4	120	350	VF-21	41
RC5	P-M31	843r	E prefix..No Suffix	521	1954-8	600	1500	VF-27	19
RC6	P-M38	853r	F prefix..No Suffix	541	1958-61	150	500	VF-34	42
RC7	P-M45	863r	G prefix..No Suffix	591	1961-64		20000	XF-40	1
RC8	P-M52	873r	H prefix..No Suffix	611	1964-69	1200	3000	VF-23	14
RC9	P-M59	883r	J prefix..No Suffix	641	1965-68	150	300	VF-27	74
RC10	P-M72C	893r	A prefix..No Suffix	651	1969			Rare	

U.S MPC Continued

MWR	SCWPM	WWR	Prefix	Series	Date	Prices F	Prices XF	AV. GRADE	QTY.
					C 25 Cents				
RC11	P-M66	903r	B prefix..No Suffix	661	1968-9	50	140	VF-38	31
RC12	P-M77	913r	C prefix..No Suffix	681	1969-70	1500	3000	VF-28	10
RC13	P-M93	933r	E prefix..No Suffix	692	ND1970	120	260	VF-30	65
					D 50 Cents				
RD1	P-M4	804r	A prefix..No Suffix	461	1946-7	700	1500	VF-32	22
RD2	P-M11	814r	B prefix..No Suffix	471	1947-8	2000	4000	F-11	7
RD3	P-M18	824r	C prefix..No Suffix	472	1948-51	1500	3500	VF-28	7
RD4	P-M25	834r	D prefix..No Suffix	481	1951-4	2000		F-12	.8
RD5	P-M32	844r	E prefix..No Suffix	521	1954-8	750	2000	VF-21	17
RD6	P-M39	854r	F prefix..No Suffix	541	1958-61	65	290	VF-38	138
RD7	P-M46	864r	G prefix..No Suffix	591	1961-64	3000	6000	VF31	4
RD8	P-M53	874r	H prefix..No Suffix	611	1964-69	15000		VG-10	1
RD9	P-M60	884r	J prefix..No Suffix	641	1965-68	200	400	VF-34	42
RD10	P-M72D	894r	A prefix..No Suffix	651	1969			Rare	
RD11	P-M67	904r	B prefix..No Suffix	661	1968-9	2500	5000	VF-36	6
RD12	P-M78	914r	C prefix..No Suffix	681	1969-70	100	350	CU-60	38
RD13	P-M94	934r	E prefix..No Suffix	692	ND1970	200	450	VF-33	30
					E 1 Dollar				
RE1	P-M5	805r	A prefix..No Suffix	461	1946-7	100	175	VF21	28
RE2	P-M12	815r	B prefix..No Suffix	471	1947-8	600	1600	VF22	16
RE3	P-M19	825r	C prefix..No Suffix	472	1948-51	900	2500	F-15	30
RE4	P-M26	835ar	D prefix..No Suffix	461	1946-7	2500		F-14	11
RE5	P-M26	835br	D prefix..No Suffix	481	1951-4	1250	3000	F-18	14
RE6	P-M33	845r	E prefix..No Suffix	521	1954-8	150	400	F-18	18
RE7	P-M40	855r	F prefix..No Suffix	541	1958-61	150	400	VF-24	34
RE8	P-M47	865r	G prefix..No Suffix	591	1961-64	1000	2500	VF-24	13
RE9	P-M54	875r	H prefix..No Suffix	611	1964-69	100	200	VF-35	204
RE10	P-M61	885r	J prefix..No Suffix	641	1965-68	70	200	VF-23	62
RE11	P-M72E	895r	A prefix..No Suffix	651	1969	10000		F-18	2
RE12	P-M68	905r	B prefix..No Suffix	661	1968-9	180	450	XF-42	134
RE13	P-M79	915r	C prefix..No Suffix	681	1969-70		300	CU-62	33
RE14	P-M95	935r	E prefix..No Suffix	692	ND1970	125	400	VF-38	46
					F 5 Dollars				
RF1	P-M6	806r	A prefix..No Suffix	461	1946-7	1750	3500	VF-34	12
RF2	P-M13	816r	B prefix..No Suffix	471	1947-8	8000		VG-10	3
RF3	P-M20	826r	C prefix..No Suffix	472	1948-51	150	250	VF-20	2
RF4	P-M27	836r	D prefix..No Suffix	481	1951-4	15000		F-12	1
RF5	P-M34	846r	E prefix..No Suffix	521	1954-8	4000	8000	F-12	10
RF6	P-M41	856r	F prefix..No Suffix	541	1958-61	1000	7500	F-15	2
RF7	P-M48	866r	G prefix..No Suffix	591	1961-64	140		VF-20	2
RF8	P-M55	876r	H prefix..No Suffix	611	1964-69	1200	3500	XF-42	13
RF9	P-M62	886r	J prefix..No Suffix	641	1965-68	150	250	VF-30	38
RF10	P-M73	896r	A prefix..No Suffix	651	1969			Rare	

U.S MPC Continued

MWR	SCWPM	WWR	Prefix	Series	Date	Prices F	Prices XF	AV. GRADE	QTY.
	**F 5 Dollars**									
RF11	P-M69	906r	B prefix..No Suffix	661	1968-9	1000	2000	XF-47	17
RF12	P-M80	916r	C prefix..No Suffix	681	1969-70	200	400	VF-32	12
RF13	P-M96	936r	E prefix..No Suffix	692	ND1970	2500	5000	VF-24	13
	**G 10 Dollars**									
RG1	P-M7	807r	A prefix..No Suffix	461	1946-7	100	180	VF-26	15
RG2	P-M14	817r	B prefix..No Suffix	471	1947-8	4000	9000	XF-44	5
RG3	P-M21	827r	C prefix..No Suffix	472	1948-51	4000		F-12	7
RG4	P-M28	837r	D prefix..No Suffix	481	1951-4	200	400	VG-08	6
RG5	P-M35	847r	E prefix..No Suffix	521	1954-8	4000	8000	VF-20	8
RG6	P-M42	857r	F prefix..No Suffix	541	1958-61	450	1100	VF-28	10
RG7	P-M49	867r	G prefix..No Suffix	591	1961-64	300	450	VF-24	6
RG8	P-M56	877r	H prefix..No Suffix	611	1964-69	450	1200	VF-35	21
RG9	P-M63	887r	J prefix..No Suffix	641	1965-68	150	550	VF-27	146
RG10	P-M74	897r	A prefix..No Suffix	651	1969	4000	8000	VF-38	5
RG11	P-M70	907r	B prefix..No Suffix	661	1968-9	100	150	XF-40	10
RG12	P-M81	917r	C prefix..No Suffix	681	1969-70	140	225	VF-34	21
RG13	P-M97	937r	E prefix..No Suffix	692	ND1970	100	190	VF-26	12
	**H 20 Dollars**									
RH1	P-M71	908r	B prefix..No Suffix	661	1968-9	1200	2500	XF-42	16
RH2	P-M82	918r	C prefix..No Suffix	681	1969-70	400	750	VF-29	52
RH2A	P-M90	948r	D prefix..No Suffix	691	ND1970	400	2500		
RH3	P-M98	938r	E prefix..No Suffix	692	ND1970	400	700	XF-43	56

I Specimen Booklet

MWR	WWR	Prefix	Series	Date	CU	QTY.
RI1		Specimen Booklet	461	1946-7	700	abt 8
RI2		Specimen Booklet	471	1947-8	17500	1 private
RI3		Specimen Booklet	472	1948-51	20,000	1 Private
RI4	858	Specimen Booklet	541	1958-61	22500	1 Private
RI5	868	Specimen Booklet	591	1961-64	25000	1 Private
RI6	878	Specimen Booklet	611	1964-69	15000	1 Private
RI7	888	Specimen Booklet	641	1965-68	10000	3 TO 4
RI8		Specimen Booklet	661	1968-9	20000	2 Private
RI9		Specimen Booklet	692		15000	2 Private

MPC RA1

MPC RA2

MPC RA4	MPC RA6
MPC RA13	MPC RB1
MPC RB4	MPC RB6
MPC RC9	MPC RC13
MPC RD6	MPC RD13
MPC RE9	MPC RE10

Uzbekistan

Replacement notes of Uzbekistan started in 1994.
All replacement notes have a "ZZ" prefix.

Monetary Unit: 1 Sum (Ruble) = 100 Kopeks, 1991
1 Sum = 1,000 Sum Couponm 1994 - 1 CYM (Sum) = 100 Tiyin

MWR	SCWPM	Date	Prefix	Prices VF	UNC
A 1 Sum					
RA1	P73	1994	ZZ	15	30
B 3 Sum					
RB1	P74	1994	ZZ		5
C 5 Sum					
RC1	P75	1994	ZZ		5
D 10 Sum					
RD1	P76	1994	ZZ		5
E 25 Sum					
RE1	P77	1994	ZZ		10
F 50 Sum					
RF1	P78	1994	ZZ		25
G 100 Sum					
RG1	P79	1994	ZZ	15	50
H 200 Sum					
RH1	P80	1997	ZZ	15	50
I 500 Sum					
RI1	P81	1999	ZZ	15	50
J 1000 Sum					
RJ1	P82	2001	ZZ	15	50
K 5000 Sum					
RK1	P83	2013	ZZ	NR	
L 1000 Sum					
RL1	PW89	2022	ZZ		95
P 20000 Sum					
RP1	PW93	2022	ZZ		95

Uzbekistan RC1

Uzbekistan RD1

Uzbekistan RE1

Uzbekistan RI1

Venezuela

Replacement notes for Venezuela started in 1989.

Monetary Unit: 1.00 Bolívar = 100 Centimos, 1879-

MWR	SCWPM	Date	Prefix	Remarks	VF	UNC
A			**1 Bolívar**			
RA1	P68	05.10.1989	X		3	10
B			**2 Bolívares**			
RB1	P69	05.10.1989	XX	Prefix X does not exist	10	40
B			**2 Bolívares "Monetary Reform"**			
RB2	P88a	20.03.2007	Z			10
RB3	P88b	24.05.2007	Z			10
RB4	P88c	19.12.2008	Z			10
RB5	P88d	31.01.2012	Z	*(15)		10
RB11	P101	15.01.2018	Z			5
C			**5 Bolívares**			
RC1	P70b	21.09.1989	W		15	40
C			**5 Bolívares "Monetary Reform"**			
RC2	P89a	20.03.2007	Z		3	10
RC3	P89b	24.05.2007	Z		3	10
RC4	P89c	19.12.2008	Z		3	10
RC5	P89	03.09.2009	Z		3	10
RC6	P89d	03.02.2011	Z		2	5
RC7	P89e	29.10.2013	Z		2	5
RC12	P102	15.01.2018	Z		2	5
RC13	P115	29.04.2021	Z		2	5
D			**10 Bolívares "Monetary Reform"**			
RD1	P90a	20.03.2007	Z	(10)*	3	10
RD2	P90b	03.09.2009	Z		2	10
RD3	P90c	03.02.2011	Z		2	5
RD4	P90d	29.10.2013	Z		2	5
RD5	P90e	19.08.2014	Z		2	5
RD8	P103a	15.01.2018	Z		2	10
RD11	P116	29.4.2021	Z		2	10

MWR	SCWPM	Date	Prefix	Remarks	VF	UNC
	**E 20 Bolívares "Monetary Reform"**					
RE1	P91a	20.03.2007	Z		3	10
	**E 20 Bolívares "Monetary Reform"**					
RE2	P91b	24.05.2007	Z		2	10
RE3	P91c	19.12.2008	Z		2	10
RE4	P91d	03.09.2009	Z		2	10
RE5	P91e	03.02.2011	Z	(11)*	2	10
RE6	P91f	29.10.2013	Z		2	10
RE9	P117	2021	X		2	5
	**F 50 Bolívares**					
RF1	P65g	13.10.1998	Z		5	20
	**F 50 Bolívares "Monetary Reform"**					
RF2	P92a	20.03.2007	Z		5	15
RF3	P92b	24.5.2007	Z		5	15
RF4	P92c	19.12.2008	Z		5	15
RF5	P92d	03.09.2009	Z	(12)*	5	15
RF6	P92e	03.02.2011	Z		5	15
RF8	P92g	27.12.2012	Z		2	5
RF11	P92j	23.06.2015	Z		2	15
RF12	P105	15.01.2018	Z			5
RF14	P118	29.04.2021	Z			25
	**G 100 Bolívares**					
RG1	P66g	13.10.1998	Z		15	50
	**G 100 Bolívares "Monetary Reform"**					
RG2	P93a	20.03.2007	Z		5	30
RG3	P93b	24.05.2007	Z		5	30
RG4	P93c	19.12.2008	Z		5	30
RG5	P93d	03.09.2009	Z	(13)*	5	30
RG6	P93e	03.02.2011	Z	(14)*	5	20
RG7	P93j	29.10.2013	Z		2	5
RG8	P93h	19.08.2014	Z		5	30
RG9	P93i	23.06.2015	Z		3	15
RG10	P100	11.12.2017	Z		3	15

Venezuela Continued

MWR	SCWPM	Date	Prefix	Remarks	VF	UNC
G 100 Bolívares "Monetary Reform"							
RG11	P106	01.05.2018	Z		3	15
RG12	P119	29.04.2021	Z		3	15
H 500 Bolívares						
RH1	P67d	31.05.1990	AA		35	100
RH2	P67f	05.02.1998	Z		20	80
RH3	P94	18.08.2016	Z		2	5
RH5	P108	18.05.2018	Z		2	5
RH6	P121	17.08.2023	Z		2	5
I 1000 Bolívares						
RI1	P76b	05.06.1995	W		5	40
RI2	P76c	05.02.1998	Z		5	30
RI3	P76d	06.08.1998	Z		5	35
RI4	P76e	10.09.1998	Z		5	30
RI5	P79	10.09.1998	A	serial numbers above 90 million (1)*	Rare	
RI6	P79	10.09.1998	B	serial numbers above 90 million (2)*	Rare	
RI9	P95	23.03.2017	Z			15
J 2000 Bolívares						
RJ1	P80	29.10.1998	A	serial numbers above 90 million (3)*	Rare	
RJ2	P80	29.10.1998	B	serial numbers above 90 million (4)*	Rare	
RJ5	P96	2016	Z			35
K 5000 Bolívares						
RK1	P84a	25.05.2000	A	serial numbers above 90 million (5)*	Rare	
RK2	P84b	13.08.2002	Z		5	35
RK3	P84c	25.05.2004	Z		5	35
RK4	P97a	18.08.2016	Z		5	30
RK5	P97	2017	Z		5	30
L 10,000 Bolívares						
RL1	P81	10.02.1998	Z		10	45
RL2	P85a	25.05.2000	A	serial numbers above 90 million (6)*	Rare	
RL3	P85a	25.05.2000	B	serial numbers above 90 million (7)*	Rare	
RL4	P85b	16.08.2001	B	serial numbers above 90 million (8)*	Rare	
RL5	P85b	16.08.2001	C	serial numbers above 90 million (9)*	75	250

Venezuela Continued

MWR	SCWPM	Date	Prefix	Remarks	Prices VF	Prices UNC
	**L 10,000 Bolívares**						
RL6	P85c	13.08.2002	Z		10	20
RL7	P85d	25.05.2004	Z		20	50
RL8	P85e	25.04.2006	Z		20	50
RL9	P98a	18.08.2016	Z		3	10
RL10	P98	2017	Z		3	15
	**M 20,000 Bolívares**						
RM1	P82	24.08.1998	Z		10	50
RM2	P86a	16.08.2001	Z		10	100
RM3	P86b	13.08.2002	Z		10	100
RM4	P86c	25.05.2004	Z		10	100
RM5	P86d	25.04.2006	Z		35	250
RM8	P86d	2017	Z			10
	**N 50,000 Bolívares**						
RN1	P83	24.08.1998	Z		35	120
RN2	P87b	29.09.2005	Z		50	120
RN3	P87c	25.04.2006	Z		10	60
	**O 500,000 Bolívares**						
RQ1	PW113	3.9.2020	X		20	90
	**S 1 Million Bolívares**						
RS1	PW114	3.9.2020	X		35	120

(1)* RI5 Based on the bibliography of Sergio Sucre (he could get some official information), the prefixes A and B with serial numbers above 90 million are replacement banknotes. There are about 20,000 and 6,000 pieces respectively. I haven't seen any of these two pieces so far, so it's very rare.
(2)* RI6 Based on the bibliography of Sergio Sucre (he could get some official information), the prefixes A and B with serial numbers above 90 million are replacement banknotes. There are about 20,000 and 6,000 pieces respectively. I haven't seen any of these two pieces thus far, indicating it's very rare.
(3)* RJ1 about 21,000 pieces (based on Sergio Sucre).
(4)* RJ2 about 12,000 pieces (based on Sergio Sucre).
(5)* RK1 about 22,000 pieces (based on Sergio Sucre).
(6)* RL2 about 32,000 pieces (based on Sergio Sucre).
(7)* RL3 about 7,000 pieces (based on Sergio Sucre).
(8)* RL4 about 13,000 pieces (based on Sergio Sucre).
(9)* RL5 about 6,000 pieces (based on Sergio Sucre).
(10)* RD1 according to Rubén Cheng, there are 4 serie intervals of replacement banknotes (which would be one for each banknote printer). The estimated intervals are: Z00000001 - Z00800000, Z02000001 - Z03001600, Z05000001 - Z05450000 and Z06000001 - Z06117000.
(11)* RE5 ,according to Rubén Cheng, there are two variants, one with estimated serie interval Z04000001 - Z04105600, and the other with only one known piece with serie Z05046671. Both have slight print difference.
(12)* RF5, The estimated serial interval for RF5 is Z05500001 - Z06000000, due to a known piece with serie Z05509938.
(13)* RG5/RG6,according to Rubén Cheng, there are three variants and intervals. I think that the intervals are: Z00315001 - Z00364500, Z00700001 - Z00866500 and Z01000001 - Z01094956. The first two share the same print quality and characteristics, only separated by serial intervals, as I have not seen a banknote with serie starting Z004, Z005 and Z006.
(14)* RG7, according to Rubén Cheng, there are two estimated serie intervals. Z01100001 - Z01167500 and Z03000001 - Z03324000. There are no print differences. Currently it seems that serie that begins with Z02 does not exist.
(15)* RB5, The estimated serial interval for RB5 Z04000001 - Z04136000, due to a known piece with serie Z04134807.

Venezuela RA1

Venezuela RB1

Venezuela RC1

Venezuela RC4

Venezuela RD1

Venezuela RG6

Yemen Arab Republic

Replacement notes started in 1981, they have a fractional prefix, letter "A" " ١ " in Arabic with a denomination of either a single or double Arabic letter prefix: Recent issues dated 2001 onwards have a denominator (/99).

Monetary Unit: 1.00 Rial=40 Buqshas
1.00 Rial=100 fils from April 1995

MWR	SHS	SCWPM	Prefix	Date	Signature	VF	UNC
A 1 Rial							
RA1	18	P16B	١/غ	05/09/1983	7	25	75
RA2	18	P16B	١ / 99	1983	7		5
B 5 Rials							
RB1	19a	P17a	١/غ غ	10/05/1981	5	25	75
RB3	19d	P22	١/غ	1991	8	25	75
C 10 Rials							
RC1	20a	P18a	١/غ غ	1981	5	30	80
RC2	20b	P18b	١/غ	1983	7	25	75
RC3	23b	P23	١/اى	26/06/1990	8	25	75
D 20 Rials							
RD4	24b	P25b	١/ب ى	26/06/1990	8	25	75
RD5	27	P26	١/ب غ	1995	8	25	75
E 50 Rials							
RE1	25	P27	١/ج غ	10/02/1993	8	30	80
F 100 Rials							
RF1	17	P21	١/ غ غ	15/05/1979	7	40	100
RF3	26	P28	١ /ب غ	May 1993	8	30	75
G 200 Rials							
RG1	28	P29	١/ هـ غ	11/03/1996	9	30	75
H 250 Rials							
RH2		P35	١ / 99	2009	10	30	75
I 500 Rials							
RI1	29	P30	١/وغ	15/02/1997	9	70	150
RI2		P31	١ / 99	2001	10	60	100
RI3		P34	ب / 99	2007	10	25	50
J 1000 Rials							
RJ1		P32	١ /99	2001	10	15	50
RJ2		P33a	ب / 99	2004	10	15	50

MWR	SHS	SCWPM	Prefix	Date	Signature	Prices VF	UNC
			J 1000 Rials				
RJ3		P33b	ج / 99	2006	10	10	40
RJ4		P36a	د / 99	2009	10	10	40
RJ5		P36b	هـ / 99	2012	10	10	40

Yemen Arab Republic Signatures

5 Abdul Aziz Abdul Ghani
Governor & Chairman of the Central Bank

6 Abdulla Mohamed al-Sanabani
Governor & Chairman of the Central Bank

7 Abdulla Mohamed al-Sanabani
Governor & Chairman of the Central Bank

8 Muhammad Ahmad Gunaid
Governor of the Central Bank

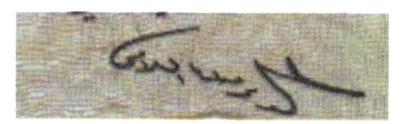

9 Aluwi Salih al-Salami
Governor of the Central Bank

10 Ahmed Abdul Rahman al-Samawi
Governor of the Central Bank

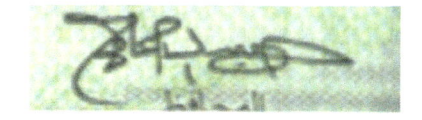

Yemen Arab Republic RA1

Yemen Arab Republic RH2

Yemen Arab Republic RI2

Yemen Arab Republic RJ1

Yemen Arab Republic RJ2

Yemen Arab Republic RJ3

Yemen Arab Republic RJ4

Yemen Arab Republic RJ5

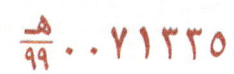

Yemen Democratic

Replacement notes started in 1967 and ended in 1988. Early replacement notes have one of the following prefixes: "Z97," "Z98" and "Z99" (1960's -) Since the 1980's, replacement notes have a fractional prefix, upper is letter S in Arabic "س", lower has double Arabic one of them is A ا Prefix: 500 Fils "ب" 1 Dinar "ج" 5 Dinars "د" 10 Dinars هـ

Monetary Unit: 1.00 Dinar = 1000 fils

MWR	SHS	SCWPM	Prefix	Date	Signature	VF	UNC
A			**250 Fils**				
RA1	A1b	P1b	Z97	1967	2	15	50
RA2	A1b	P1b	Z98	1967	2	10	40
RA3	A1b	P1b	Z99	1967	2	10	40
B			**500 Fils**				
RB1	A2b	P2b	Z97	1967	2	35	100
RB2	A2b	P2b	Z98	1967	2	35	100
RB3	A2b	P2b	Z99	1967	2	35	100
RB4	A6	P6	س / ب ا	1984	3	40	100
C			**1 Dinar**				
RC1	A3b	P3b	Z97	1967	2	40	120
RC2	A3b	P3b	Z98	1967	2	40	120
RC3	A3b	P3b	Z99	1967	2	40	120
RC4	A7	P7	س / ج ا	1984	3	45	180
D			**5 Dinars**				
RD1	A4b	P4b	Z97	1967	2	50	150
RD2	A4b	P4b	Z98	1967	2	50	150
RD3	A4b	P4b	Z99	1967	2	50	150
RD4	A8a	P8a	س / د ا	1984	3	50	150
RD5	A8b	P8b	س / د ا	1988	4	40	120
E			**10 Dinars**				
RE1	A5	P5	Z97	1967	2	150	400
RE2	A5	P5	Z98	1967	2	150	400
RE3	A5	P5	Z99	1967	2	150	400
RE4	A9a	P9a	س / هـ ا	1984	3	50	150
RE5	A9b	P9b	س / هـ ا	1988	4	40	120

Yemen Democratic RA2

Yemen Signatures

2 J. L. Ireland
(Secretary of SACA)

2 Sheikh Abdul Bari Ali
Bazara (President of SACA)

3 Salem M. al-Ashwali
(Governor - Bank of Yemen)

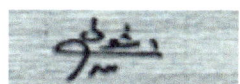

3 Mahmud Said Mahdi
(Minister of Finance)

4 Salem M. al-Ashwali
(Governor - Bank of Yemen)

4 Ahmad Nasir al-Danami
(Minister of Finance)

Yugoslavia

Yugoslavia Replacement notes in the 3rd edition of Mehilba World Replacement (MWR). Spanning from 1978 to 1994, these replacement notes are distinguished by the exclusive Z prefix. Following the dissolution of Yugoslavia, individual successor states emerged, each introducing its own currency:

Croatia: Introduced the Croatian kuna (HRK).
Slovenia: Adopted the Slovenian tolar (SIT), later replaced by the euro (EUR).
Bosnia and Herzegovina: Utilized various currencies initially, later introducing the Bosnia and Herzegovina convertible mark (BAM) in 1995.
Macedonia: Introduced the Macedonian denar (MKD) in 1992.
Federal Republic of Yugoslavia (later Serbia and Montenegro): Continued using the Yugoslav dinar (YUD) until 2003, replaced by the new dinar (CSD).
Montenegro: After the dissolution in 2006, adopted the euro (EUR).

MWR	SCWPM	Date	Prefix	Sign	VF	UNC
A 5 Dinara							
RA1	P148	1994	3A	18		15
B 10 Dinara							
RB1	P87a	1978	ZA	10		15
RB3	P87b	1981	ZA	11		10
RB6	P103	1990	ZA	14		20
C 20 Dinara							
RC1	P88a	1978	ZA	10		10
RC3	P88b	1981	ZA	11		5
D 50 Dinara							
RD1	P89a	1978	ZA	10		10
RD3	P89b	1981	ZA	11		10
RD6	P101a	1990	ZA	14		25
RD7	P104	1990	ZA	14		5
E 100 Dinara							
RE1	P90a	1978	ZA	10		10
RE3	P90b	1981	ZA	11		10
RE5	P90b	1981	ZB	11		20
RE7	P90c	1986	ZA	12		5
RE8	P90c	1986	ZB	12		20
RE9	P105	1990	ZA	14		40
RE10	P108	1991	ZA	15		40
RE11	P112	1992	ZA	15		20

MWR	SCWPM	Date	Prefix	Sign	Prices VF	Prices UNC
			F 200 Dinara			
RF1	P102a	1990	ZA	14		50
			G 500 Dinara			
RG1	P91a	1978	ZA	10		10
RG4	P91b	1981	ZA	11		10
RG5	P91b	1981	ZB	11		20
RG6	P91c	1986	ZA	12		12
RG7	P91c	1986	ZB	12		20
RG8	P106	1990	ZA	14		5
RG9	P109	1991	ZA	15		5
RG10	P113	1992	ZA	15		5
			H 1000 Dinara			
RH1	P92a	1978	ZA	10		10
RH4	P92b	1981	ZA	10		5
RH5	P92b	1981	ZB	10		5
RH6	P92b	1981	ZC	11		10
RH7	P107	1990	ZA	14		10
RH8	P110	1991	ZA	15		5
RH9	P114	1992	ZA	15		20
RH10	P140	1994	ZA	18		20
			I 5000 Dinara			
RI1	P93	1985	ZA	12		20
RI2	P93	1985	ZB	12		40
RI3	P93	1985	ZC	12		20
RI5	P111	1991	ZA	15		60
RI6	P115	1992	ZA	15		25
RI7	P128	1993	ZA	17		20
RI8	P141a	1994	ZA	18		20
			J 10,000 Dinara			
RJ1	P116a	1992	ZA	16 , dot after date		5
RJ2	P116b	1992	ZA	16 ,without Dot after date		5
RJ3	P129	1993	ZA	17		5
			K 20,000 Dinara			
RK1	P95	1987	ZA	13		10
RK1s	P95s	1987	ZA	13		125
RK2	P95	1987	ZB	13		25

Yugoslavia Continued

MWR	SCWPM	Date	Prefix	Sign	VF	UNC
L 50,000 Dinara						
RL1	P96	1988	ZA	13		30
RL2	P96	1988	ZB	13		50
RL4	P117	1992	ZA	16		20
RL5	P130	1993	ZA	17		10
RL6	P142	1994	ZA	18		20
M 100,000 Dinara						
RM1	P97	1989	ZA	13		10
RM2	P97	1989	ZB	13		20
RM4	P118	1993	ZA	16		10
N 500,000 Dinara						
RN1	P98a	1989	ZA	14	20	90
RN2	P119	1993	ZA	15	5	35
RN3	P131	1993	ZA	18		20
RN4	P143	1994	ZA	18		20
O 1 Million Dinara						
RO1	P99	1989	ZA	14		50
RO2	P120	1993	ZA	16	8	35
P 2 Million Dinara						
RP1	P100a	1989	ZA	14	50	250
Q 5 Million Dinara						
RQ1	P121	1993	ZA	16		40
RQ2	P132	1993	ZA	18		10
R 10 Million Dinara						
RR1	P122	1993	ZA	15		40
RR2	P144a	1994	ZA	18		60
S 50 Million Dinara						
RS1	P123	1993	ZA	16		20
RS2	P133	1993	ZA	18		5
T 100 Million Dinara						
RT1	P124	1993	ZA	17		40
U 500 Million Dinara						
RU1	P125	1993	ZA	17		40
RU2	P134	1993	ZA	18		5
V 1 Billion Dinara						
RV1	P126	1993	ZA	17		15

Yugoslavia Continued

MWR	SCWPM	Date	Prefix	Sign	VF	UNC
W 5 Billion Dinara						
RW1	P135a	1993	ZA	18		20
X 10 Billion Dinara						
RX1	P127	1993	ZA	17		10
Y 50 Billion Dinara						
RY1	P136	1993	ZA	18		20
Z 500 Billion Dinara						
RZ1	P137a	1993	ZA	18		10

Yugoslavia RB1

Yugoslavia RB8

Yugoslavia RC1

Yugoslavia RD7

Yugoslavia RE1

Yugoslavia RE9

Yugoslavia RE10

Yugoslavia RG1

Yugoslavia RG8

Yugoslavia RG9

Yugoslavia RH1

Yugoslavia RH5

Yugoslavia RH11

Yugoslavia RI1

Yugoslavia RJ2

Yugoslavia RJ3

Yugoslavia Signatures

5 Isak Sion

Nikola Milijanic

6 Borivoje Jelic

Nikola Milijanic

7 Branislav Colanovic

Nikola Milijanic

8 Branislav Colanovic

Ivo Perisin

9 Josko Strukelj

Branislav Colanovic

10 Ilija Marjanovic

Ksente Bogoev

11 Miodrag Veljkovic

Radovan Makic

12 Dr Slobodan Stanojevic

Radovan Makic

13 Dr Slobodan Stanojevic

Dusan Vlatkovic

14 Mitja Gaspari

Dusan Vlatkovic

15 Dusan Vlatkovic

16 Vuk Ognjanovic

17 Bora Atanackovic

18 Bozidar Gazivoda

19 Bozidar Gazivoda

20 Dragoslav Avramovic

Dusan Vlatkovic

21 Mladan Dinkic

Zaire

Replacement notes of Zaire started in 1973; they have the suffix "Z."

Monetary Unit: 1.00 Zaïre = 100 Makuta, 1967-1993
1.00 Nouveau Zaïre = 100 N Makuta

MWR	SCWPM	Date	VF	UNC
A 50 Makuta				
RA1	P16	1973-78	35	180
RA2	P17a	24.11.1979	35	180
RA3	P17b	14.10.1980	15	70
B 1 Zaire				
RB1	P18	1972-77	35	180
RB2	P19	1979-81	30	150
B 1 Nouveau Likuta				
RB3	P47	24.6.1993	10	30
B 1 Nouveaux Zaire				
RB4	P52	24.6.1993		NR
C 5 Zaires				
RC1	P20	24.11.1972		NR
RC2	P21a	1974-76	35	175
RC3	P21b	24.11.1977	35	175
RC4	P22	1979,80	35	175
RC5	P26	17.1.1982	35	150
RC6	P26A	24.11.1985	15	70
C 5 Nouveaux Makuta				
RC7	P48	24.6.1993	35	150
C 5 Nouveaux Zaires				
RC8	P53	24.6.1993	15	70
D 10 Zaires				
RD1	P23a	1974-76	15	70
RD2	P23b	27.10.1977	15	65
RD3	P24	1979,80	15	60
RD4	P27	27.10.1982	15	50
RD5	P27A	27.10.1985	15	50
D 10 Nouveaux Makuta				
RD6	P49	24.6.1993		NR
D 10 Nouveaux Zaires				
RD7	P54	24.6.1993		NR

Zaire Continued

MWR	SCWPM	Date	VF	UNC
D 10 Nouveaux Zaires				
RD8	P55	24.6.1993	NR	
E 20 Nouveaux Zaires				
RE1	P56	24.6.1993	NR	
F 50 Zaires				
RF1	P25	1980	35	120
RF2	P28	1982,85	35	120
RF3	P32	30.6.1988	30	100
F 50 Nouveaux Makuta				
RF4	P51	24.6.1993	20	80
F 50 Nouveaux Zaires				
RF5	P57	24.6.1993	NR	
RF6	P59	15.2.1994	NR	
G 100 Zaires				
RG1	P29	1983,85	NR	
RG2	P33	14.10.1988	NR	
G 100 Nouveaux Zaires				
RG3	P58	1993-94	35	125
RG4	P58A	1993	30	100
RG5	P60	15.2.1994	20	80
H 200 Nouveaux Zaires				
RH1	P61	15.2.1994	20	80
RH2	P62	15.2.1994	20	80
I 500 Zaires				
RI1	P30	1984,85	NR	
RI2	P34	24.6.1989	50	150
I 500 Nouveaux Zaires				
RI3	P63	15.2.1994	35	100
RI4	P64	15.2.1994	35	100
RI5	P64A	15.2.1994	35	100
RI6	P65	30.1.1995	30	90
J 1000 Zaires				
RJ1	P31	24.11.85	50	175
RJ2	P35	24.11.1989	35	100
J 1000 Nouveaux Zaires				
RJ3	P66	30.1.1995	50	150
RJ4	P67	30.1.1995	50	150
K 2000 Zaires				
RK1	P36	1.10.1991	35	100
L 5000 Zaires				
RL1	P37	20.5.1988	50	175

Zaire Continued

MWR	SCWPM	Date	VF	UNC
L 5000 Nouveaux Zaires				
RL2	P68	30.1.1995	35	150
RL3	P69	30.1.1995	35	150
M 10,000 Zaires				
RM1	P38	24.11.1989	35	175
M 10,000 Nouveaux Zaires				
RM2	P70	30.1.1995	35	150
RM3	P71	30.1.1995	35	150
N 20,000 Zaires				
RN1	P39	1.7.1991	35	150
N 20,000 Nouveaux Zaires				
RN2	P72	30.1.1996	35	175
RN3	P73	30.1.1996	35	175
O 50,000 Zaires				
RO1	P40	24.4.1991	50	150
O 50,000 Nouveaux Zaires				
RO2	P74	30.1.1996	50	150
RO3	P75	30.1.1996	50	150
P 100,000 Zaires				
RP1	P41	4.1.1992	35	175
P 100,000 Nouveaux Zaires				
RP2	P76	30.1.1996	35	175
RP3	P77	30.1.1996	35	175
RP4	P77A	30.1.1996	35	175
Q 200,000 Zaires				
RQ1	P42	1.3.1992	35	150
R 500,000 Zaires				
RR1	P43	15.3.1992	35	150
R 500,000 Nouveaux Zaires				
RR2	P78	25.10.1996	35	150
S 1,000,000 Zaires				
RS1	P44	31.7.1992	35	150
RS1s	P44s	31.7.1992	35	150
RS2	P45	1993	35	150
S 1,000,000 Nouveaux Zaires				
RS3	P79	25.10.1996	35	150
T 5,000,000 Zaires				
RT1	P46	1.10.1992	35	150
RT1s	P46s	1.10.1992	30	100

Zaire RA1

D 0089045 Z

Zaire RB1

C A 0028114 Z

Zaire RC2

B 0089950 Z

Zaire RC3

B 0379098 Z

Zaire RD1

A 0021110 Z

Zaire RD2

A 0097036 Z

Zaire RL1

G 0060479 Z

Zaire RS1s

M 0270377 Z

Zambia

Replacement notes started in 1968. Zambia replacement notes are identified as follows:
1. Early issues have the prefixes "1/Z," "1/Y," "1/X," "1/U," "1/W" and "1/V."
2. Modern issues in the 2000's have the prefixes of two letters over "X2" or two letters over "X3"
Please note that prefixes such as "C/X" and "D/X" are not replacement notes.

Printer: TDLR

Monetary Unit: 1.00 Kwacha = 100 Tambala

MWR	SCWPM	Sign	Date & Remarks	Prefix	VF	UNC
			A 50 Ngwee			
RA1	P4a	2	ND1968	1/Z	50	250
RA2	P9a	3	ND1969	1/Z	50	225
RA3	P9b	4	ND1969	1/Z	40	175
RA4	P14a	4	ND1973	1/Z	30	120
			B 1 Kwacha			
RB1	P5a	2	ND1968	1/Y	50	200
RB2	P10a	2	ND1969	1/Y	40	200
RB3	P10b	3	ND1969	1/Y	35	175
RB4	P16a	4	ND1973	1/Y	35	175
RB5	P19a	5	ND1976	1/Y	25	120
RB6	P23a	5	ND(1980-88)	1/Z	20	75
RB7	P23b	6	ND(1980-88)	1/Z	15	45
			C 2 Kwacha			
RC1	P6a	2	ND1968	1/X	75	300
RC2	P11a	2	ND1969	1/X	90	375
RC3	P11b	3	ND1969	1/X	90	375
RC4	P11c	4	ND1969	1/X	75	300
RC5	P20a	4	ND1974	1/X	40	120
RC6	P24a	5	ND(1980-88)	1/Z	25	80
RC7	P24b	6	ND(1980-88)	1/Z	20	75
RC8	P24c	7	ND(1980-88)	1/Z		20
RC9	P49	13	2012/13	AA/X2		15
			D 5 Kwacha			
RD1	P15a	4	ND1973	1/U	45	350
RD2	P21a	5	ND1976	1/U	50	200
RD3	P25a	5	ND(1980-88)	1/Z	20	75
RD4	P25b	4	ND(1980-88)	1/Z	45	175
RD5	P25c	6	ND(1980-88)	1/Z	20	80

Zambia Continued

MWR	SCWPM	Sign	Date & Remarks	Prefix	VF	UNC
D 5 Kwacha							
RD6	P25d	7	ND(1980-88)	1/Z		15
E 10 Kwacha							
RE1	P7a	2	ND1968	1/W	45	350
RE2	P12a	2	ND1969	1/W	45	350
RE3	P12b	3	ND1969	1/W	45	350
RE4	P12c	4	ND1969	1/W	45	350
RE5	P17a	4	ND1974	1/W	45	350
RE6	P22a	5	ND1976	1/W	30	90
RE7	P26a	5	ND(1980-88)	1/Z	30	90
RE8	P26b	4 in black	ND(1980-88)	1/Z	30	90
RE9	P26c	4 in blue	ND(1980-88)	1/Z	30	90
RE10	P26d	6	ND(1980-88)	1/Z		15
RE11	P26e	7	ND(1980-88)	1/Z		10
F 20 Kwacha							
RF1	P8a	2	ND1968	1/V	45	350
RF2	P13a	2	ND1969	1/V	45	350
RF3	P13b	3	ND1969	1/V	45	350
RF4	P13c	4	ND1969	1/V	45	350
RF5	P18a	4	ND1974	1/V	45	350
RF6	P27a	5	ND(1980-88)	1/Z	45	200
RF7	P27b	4 in black	ND(1980-88)	1/Z	45	200
RF8	P27c	4 in dark green	ND(1980-88)	1/Z	45	200
RF9	P27d	6	ND(1980-88)	1/Z	20	80
RF10	P27e	7	ND(1980-88)	1/Z	10	45
RF11	P36a	10	ND1992	1/X	20	80
G 50 Kwacha							
RG1	P28a	7	ND(1986-88)	1/Z		15
RG2	P37e	12	2003	BA/X3	15	50
RG3	P37f	12	2007	BA/X3	10	30
RG4	P37g	12	2008	BA/X3	5	25
RG5	P37h	12	2009	BA/X3	5	25
H 100 Kwacha							
RH1	P38f	12	2005	CA/X3		30
RH2	P38h	12	2008	CA/X3		30
RH3	P38i	12	2009	CA/X3		30
RH4	P38j	12	2010	CA/X3		30
I 500 Kwacha							
RI1	P43a-b	12	2003	DA/X3	15	75
RI2	P43a-b	12	2003	DB/X3	15	75
RI3	P43a-b	12	2003	DC/X3	10	60
RI4	P43c	12	2004	DC/X3	10	60
RI5	P43c	12	2004	DD/X3	10	60

Zambia Continued

MWR	SCWPM	Sign	Date & Remarks	Prefix	Prices VF	UNC
I 500 Kwacha
RI6	P43d	12	2005	DD/X3	10	50
RI7	P43d	12	2005	DE/X3	10	50
RI8	P43d	12	2005	DF/X3	10	50
RI9	P43d	12	2005	DG/X3	5	40
RI10	P43e	12	2006	DJ/X3	5	35
RI11	P43f	12	2008	DJ/X3		10
RI12	P43g	12	2009	DJ/X3		10
RI13	P43h	12	2011	DJ/X3		10
J 1000 Kwacha
RJ1	P44a-b	12	2003	EA/X3	10	50
RJ2	P44c	12	2004	EC/X3,ED/X3	10	50
RJ2A	P44d	12	2005	ED/X3,EE-X3,EF/X3	10	50
RJ3	P44e	12	2006	EF/X3	10	45
RJ4	P44e	12	2006	EG/X3	5	40
RJ5	P44e	12	2006	EH/X3	5	35
RJ6	P44f	12	2008	EH/X3	5	35
RJ7	P44f	12	2008	EJ/X3	5	35
RJ8	P44g	12	2009	EH/X3	5	35
RJ9	P44h	12	2011	EH/X3	5	35
K 5000 Kwacha
RK1	P45b	12	2005	FA/X3	15	60
RK2	P45d	12	2008	FA/X3	10	50
M 20.000 Kwacha
RM1	P47a	12	2003	HA/X3		25
N 50.000 Kwacha
RN1	P48a	12	2003	JA/X3	25	125
RN2	P48b	12	2006	JA/X3	25	125
RN3	P48d	12	2008	JA/X3	20	100
RN4	P48f	12	2010	JA/X3	15	75
RN5	P48g	12	2011	JA/X3	10	70

Zambia Signatures

2 Dr. J. B. Zulu

3 V. S. Musakanya

4 B. R. Kuwani

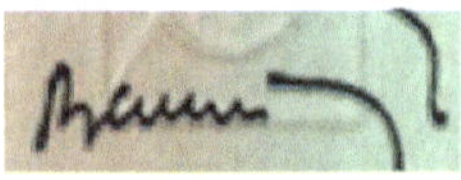

5 L. J. Mwananshiku

6 D. A. R. Phiri

7 Dr. L. S. Chivuno

8 Dr. L. S. Chivuno

10 D. Mulaisho

12 Dr. Caleb M. Fundanga

13 Michael M. Gondwe

Zambia RB6

Zambia RC9

Zambia RF11

Zambia RG1

Zambia RG5

Zambia RH2

Zambia RH4

Zambia RI11

Zambia RJ4

Zambia RJ8

Zimbabwe

Replacement notes started in 1980; all prefixes of replacement notes are two letters. They are divided as follows:

1. 1st Issue 1980: their prefixes are "AW," "BW," "CW," and "DW"
2. 2nd Issue 1994-2001: "AB," "AC," "AD," "AE," and "AW"
3. After the year 2001, replacement notes have a "Z" such as "ZA," "ZB," and "ZC," with the exception of RN3 (50,000 Dollars) dated 2006 which has the prefix "CZ."

Printer : TDLR

Monetary Unit: 1.00USD=100 cents

MWR	SCWPM	Date	Sign	Prefix	VF	UNC
A Fractional (1,5,10 &50 cents)						
RA1	P33	1.8.2006	5	ZA	50	
RA2	P34	1.8.2006	5	ZA	75	
RA3	P35	1.8.2006	5	ZA	75	
RA4	P36	1.8.2006	5	ZA	100	
B 1 Dollar						
RB1	P37	1.8.2006	5	ZA		5
RB2	P65	2007	5	ZA		5
RB3	P92	2.2.2009	5	ZA		5
C 2 Dollars						
RC1	P1a	1980	1	AW.....A	50	150
RC2	P1b	1983	2	AW.....A	40	100
RC3	P1c	1994	3	AW.....A	20	70
RC4	P1d	1994	3	AW.....A	20	70
RC5	P99	2016	6	AZ		10
RC7	P101	2019	6	AZ		10
D 5 Dollars						
RD1	P2a	1980	1	BW.....A	125	500
RD2	P2b	1982	1	BW.....A	125	500
RD3	P2c	1983	2	BW.....A	75	250
RD4	P2d	1994	3	BW.....A	15	75
RD5	P2e	1994	3	BW.....A	40	150
RD6	P5a	1997	3	AB	50	150
RD7	P5b	1997	3	AB	50	150
RD8	P38	1.8.2006	5	ZA	20	90
RD9	P66	2007	5	ZA	20	90
RD10	P93	2.2.2009	5	ZA	10	35
RD13	P102	2019	6	AZ		10

Zimbabwe Continued

MWR	SCWPM	Date	Sign	Prefix	VF	UNC
			E 10 Dollars			
RE1	P3a	1980	1	CW.....A	60	300
RE2	P3b	1982 (error)	1	CW.....A	60	225
RE3	P3c	1982	1	CW.....A	30	150
RE4	P3d	1983	2	CW.....A	60	300
RE5	P3e	1994	3	CW.....A	60	225
RE6	P6r	1997	3	AC	75	175
RE7	P39	1.8.2006	5	ZA		15
RE8	P67	2007	5	ZA		10
RE9	P94	2.2.2009	5	ZA		10
RE11	P103	2020	6	AZ		10
		E 10 Zimbabwe Gold System (ZIG)				
RE15	PNL	2024	7	ZX		25
		F 20 Dollars				
RF1	P4a	1980	1	DW.....A	100	400
RF2	P4b	1982	1	DW.....A	100	400
RF3	P4c	1983	2	DW.....A	100	300
RF4	P4d	1994	3	DW.....A	75	175
RF5	P7r	1997	3	AD	75	175
RF6	P40	1.8.2006	5	ZA		25
RF7	P68	2007	5	ZA		15
RF8	P95	2.2.2009	5	ZA		15
RF10	P104	2020	6	AZ		15
		F 20 Zimbabwe Gold System (ZIG)				
RF14	PNL	2024	7	ZX		25
		G 50 Dollars				
RG1	P8r	1994	3	AE	60	200
RG2	P41	1.8.2006	5	ZA		30
RG3	P96	2.2.2009	5	ZA		15
RG7	P105	2020	6	ZZ		5
		H 100 Dollars				
RH1	P9r	1995	3	AF	50	250
RH2	P42	1.8.2006	5	ZA		25
RH3	P69	2007	5	ZA		15
RH4	P97	2.2.2009	5	ZA		15
RH9	PW106	2020	6	ZZ		5
		I 500 Dollars				
RI1	P10	2001	3	AP	150	350
RI2	P11	2001	3	TA	30	150
RI3	P11	2004	5	TB	15	75
RI4	P43	1.8.2006	5	ZA		25
RI5	P70	2007	5	ZA		15
RI6	P98	2009	5	ZA		15

Zimbabwe Continued

MWR	SCWPM	Date	Sign	Prefix	VF	UNC
			J 1000 Dollars			
RJ1	P12a	2003	3	AW and first NO(0)	40	100
RJ2	P12b	2003	3	AW and first NO(1)	20	80
RJ3	P44	1.8.2006	5	ZA	15	50
RJ4	P71	2007	5	ZA	15	50
			K 5000 Dollars			
RK1	P21a	31.1.2004	4	ZA	10	40
RK2	P21b	30.6.2004	4	ZB	10	40
RK3	P21c	31.12.2004	5	ZC	15	75
RK4	P21d	31.12.2004	5	ZC	15	75
RK5	P21d	31.12.2005	5	ZC	10	50
RK6	P45	1.2.2007	5	ZA	10	40
			L 10,000 Dollars			
RL1	P22a	31.1.2004	4	ZE	90	200
RL2	P22b	30.6.2004	4	ZF	90	200
RL3	P22c	31.12.2004	5	ZG	90	200
RL4	P22d	31.12.2004	5	ZG	75	175
RL5	P22	31.12.2005	5	ZH	40	125
RL6	P46a	1.8.2006	5	ZA	20	75
RL7	P46b	1.8.2006	5	ZB	20	75
RL8	P72	2007	5	ZA	15	60
			M 20,000 Dollars			
RM1	P23a	31.1.2004	4	ZJ	100	250
RM2	P23b	30.6.2004	4	ZK	75	200
RM3	P23d	31.12.2004	5	ZL	75	200
RM4	P23e	31.12.2005	5	ZL	50	150
RM5	P23	31.12.2005	5	ZM	40	150
RM6	P73	20.9.2008	5	ZA		25
			N 50,000 Dollars			
RN1	P28	1.10.2005	5	ZA	50	150
RN2	P29	1.2.2006	5	ZB	30	100
RN3	P30	31.12.2006	5	CZ	30	100
RN4	P47	1.3.2007	5	ZA	20	80
RN5	P74	13.10.2008	5	ZA	15	70
			O 100,000 Dollars			
RO1	P31	01.10.2005	5	ZA	50	150
RO2	P32	01.06.2006	5	ZB	40	125
RO3	P48a	1.8.2006	5	ZA	40	125
RO4	P48b	1.8.2006	5	ZA	40	125
RO4A	P58	2.5.2008	5	ZA	25	100
RO5	P75	13.10.2008	5	ZA	25	100

Zimbabwe Continued

MWR	SCWPM	Date	Sign	Prefix	VF	UNC
\multicolumn{7}{P 200,000 Dollars}
RP1	P49	1.7.2007	5	ZA	20	70
\multicolumn{7}{Q 250,000 Dollars}
RQ1	P50	20.12.2007	5	ZA	20	70
\multicolumn{7}{R 500,000 Dollars}
RR1	P51	1.7.2007	5	ZA	20	70
RR2	P76	5.11.2008	5	ZA	20	70
\multicolumn{7}{S 750,000 Dollars}
RS1	P52	31.12.2007	5	ZA	20	70
\multicolumn{7}{T 1 Million Dollars}
RT1	P53	1.1.2008	5	ZA	20	70
RT2	P77	5.11.2008	5		20	70
\multicolumn{7}{U 5 Million Dollars}
RU1	P54	1.1.2008	5	ZA	20	70
\multicolumn{7}{V 10 Million Dollars}
RV1	P55a	1.1.2008	5	ZA	15	60
RV2	P55b	1.1.2008	5	ZE	15	60
RV3	P78	3.12.2008	5	ZA	15	60
\multicolumn{7}{W 25 Million Dollars}
RW1	P56	2.4.2008	5	ZA	15	60
\multicolumn{7}{X 50 Million Dollars}
RX1	P57	2.4.2008	5	ZA	15	50
RX2	P79	3.12.2008	5	ZA	15	50
\multicolumn{7}{Y 100 Million Dollars}
RY1	P80	3.12.2008	5	ZA	15	50
\multicolumn{7}{Z 200 Million Dollars}
RZ1	P81	5.12.2008	5	ZA	15	50
\multicolumn{7}{AA 250 Million Dollars}
RAA1	P59	2.5.2008	5	ZA	15	50
\multicolumn{7}{BB 500 Million Dollars}
RBB1	P60	2.5.2008	5	ZA		20
RBB2	P82	12.12.2008	5	ZA		20
\multicolumn{7}{CC 1 Billion Dollars}
RCC1	P83	19.12.2008	5	ZA		20
\multicolumn{7}{DD 5 Billion Dollars}
RDD1	P61	15.5.2008	5	ZA		25
RDD2	P84	19.12.2008	5	ZA		20
\multicolumn{7}{EE 10 Billion Dollars}
REE1	P85	19.12.2008	5	ZA		15
\multicolumn{7}{FF 20 Billion Dollars}
RFF1	P86	2008	5	ZA	15	50

Zimbabwe Continued

MWR	SCWPM	Date	Sign	Prefix	Prices VF	UNC
GG 25 Billion Dollars						
RGG1	P62	15.5.2008	5	ZA	15	50
HH 50 Billion Dollars						
RHH1	P63	15.5.2008	5	ZA	15	50
RHH2	P87	2008	5	ZA	15	50
II 100 Billion Dollars						
RII1	P64	1.7.2008	5	ZA	20	70
JJ 10 Trillion Dollars						
RJJ1	P88	2008	5	ZA	20	70
KK 20 Trillion Dollars						
RKK1	P89	2008	5	ZA	20	70
LL 50 Trillion Dollars						
RLL1	P90	2008	5	ZA	50	150
MM 100 Trillion Dollars						
RMM1	P91	2008	5	ZA	80	250

Zimbabwe Signatures

1 Dr. Desmond C. Krogh
1980 - 1983

2 Dr. James K. Moyana
1983 - 1993

3 Dr. Leonard L. Tsumba
August 1993 - May 2003

4 Charles Chikaura
June 2003 - October 2003

5 Dr. Gideon Gono
November

6 John Mangudya

7 Dr. John Mushayavanhu

Zimbabwe RC2

Zimbabwe RD10

Zimbabwe RE1

Zimbabwe RF1

Zimbabwe RH3

Zimbabwe RI5

Zimbabwe RJ4

Zimbabwe RP1

Zimbabwe RV2

Zimbabwe RX1

Zimbabwe RBB1

Zimbabwe RDD1

Zimbabwe REE1

Zimbabwe RFF1

Countries Without Replacement Identifiers

Algeria	French Oceania	Nagorno-Karabakh
Andorra	French Pacific Territories	Netherlands Antilles
Aruba	French Somaliland	Netherlands New Guinea
Azores	French Sudan	New Caledonia (Noumea)
Bangladesh	French West Africa	New Hebrides
Belarus	Gabon	Newfoundland
Belgian Congo	Georgia	Niger
Benin	German East Africa	Oceania
Biafra	German New Guinea	Palestine
Bohemia and Moravia	German South West Africa	Panama
British Honduras	Gilbert and Ellice Islands	Portuguese Guinea
British North Borneo	Greenland	Portuguese India
British Virgin Islands	Guadeloupe	Puerto Rico
British West Africa	Guatemala	Qatar & Dubai
Brunei	Guyane French Antilles	Reunion
Burkina Faso	Hejaz	Rhodesia and Nyasaland
Cameroon	Honduras	Romania
Cameroon, German	Hungary	Rwanda & Burundi
Cape Verde	Iranian Azerbaijan	Saar
Central African Republic	Isles of France and Bourbon	Saint Helena
Central African States	Israel	Saint Pierre & Miquelon
Ceylon	Italian East Africa	Sarawak
Chad	Italian Somaliland	Senegal
Comoros	Ivory Coast	Siam
Congo Republic	Katanga	Southwest Africa
Costa Rica	Keeling Cocos	St. Croix
Cote d'Ivoire	Kiau Chau	Straits Settlements
Curacao	Kosovo	Switzerland
Curacao & St Maarten	Lagos	Syria
Cyprus	Leeward Islands	Tangier
Dahomey	Libya	Tannu Tuva
Danish West Indies	Liechtenstein	Tatarstan
Danzig	Luxembourg	Tibet
Demerary & Essequebo	Macedonia	Timor
East Africa	Madeira Islands	Transdniestria
El Salvador	Malaya	Transnistria
Equatorial African States	Malaya & British Borneo	Turks & Caicos Islands
European Central Bank	Mali	Upper Senegal & Niger
Falkland Islands	Malvinas	Upper Volta
Fiume	Martinique	Vanuatu
French Afars & Issas	Memel	Vietnam
French Antilles	Mexico	South Vietnam
French Equatorial Africa	Moldova	West African States
French Guyana	Monaco	Zanzibar
French India	Montenegro	
French Indochina	Muscat & Oman	

Bibliography

Airapetian, Arutium. The Caucasian Banknotes Catalog.

Akkermans, Corné et al. Catalogue van het Nederlandse Papiergeld 1814-2006. 2006

Al Ibrahim, Basem. 2007. History of Banknote in Kuwait. 1st Edition. 2007

Ayoub, Abdo. Lebanon Paper Money and Coins from their Origins to the Present Day.

Amato, Claudio P., Das Neves, Irlei S. and Schütz, Julio E. Cédulas Do Brasil 1833-2013. 6th Edition.

Anuario de Numismatica, Moedas e Noatas 2008. Publinummus, Ltd. 2008

Apsen, Nelson. A History of Bermuda and Its Paper Money. 2nd Edition

Beyazit, Fatih, Kara, Tuncay and Uslu, Kaan. 2012. Turkiye Cumhuriyeti.

Blackburn, Milt. 2004. British Commonwealth Replacement Banknote Price List.

Boling, Joseph and Schwan, C. Frederick . World War II Remembered.

Bottero, Roberto A. Billettes de la Republica Argentina (1890-2000).

Boling, Joseph and Schwan, C. Frederick . 1995. World War II Remembered. BNR Press.

Brill, Alejandro. Billettes de Reposicion del Banco de la Republica de Colombia. Edition 1994.

Bugani, Claudio and Gavello, Franco. Catalogo Nazionale della Cartamoneta Italiana (Banca Nationale Nel Regno- Bigletti Consorziali- Biglietti Di Stato- Banca Italia- BCE)

Chambliss, Carlson. 2012. A Concise Catalog of U.S. Military Payment Certificates.

Chi Xu, Seth. "Replacement Notes of Sri Lanka."

Chiew, Ben and Eu, Peter. 2010. Pocket Guide to Malaysia Banknotes and Coins.

Cuhaj, George S. Editor. 2012. Standard Catalog of Wolrd Paper Money. Modern Issue 1961 to Present. 23rd Edition.

------Standard Catalog of Wolrd Paper Money- General Issues 1368-1960. 16th Edition.

Eeckhout, Joselito. Numismatica Belgica 1831-2011

Eldorsen, Hans Gunnar and Saethre, Karl. 2011. Norwegian Banknotes 1695-2010.

------ Numismatica Belgica 1780-2009

Fayette, Claude, et.al. 2009 .La Cote des Billets de la Banque de France et du Trésor 2009-2010.

Grabowski, Hans-Ludwig & Rosenberg. 2009. Die Deutschen Banknoten ab 1871. Auflage.

Graham, R.J. Editor. 2011. Canadian Government Paper Money, 23 edition. W.K.Cross.

Grant, Anthony W. The New Zealand Coin & Banknote Catalogue. 2011 Edition. Philatelic Distributors Limited.

Crapanzano, Guido and Giulianini, Ermelindo. La Cartamoneta Italiana (Corpus Notarium Pecuniarium Italia) 2010-2011. 1st Volume.

Fuster, Carlos. 2011. Monedas Y Billletes Espanoles 1833-2010.

Hall, Christopher. "Replacement Notes. Pakistan"

Han, Chang-Joo. 2013. The Catalog of Korean Coins and Banknotes.

Hanafy, Magdy. 2004. Encyclopedia of Egyptian Currency , 1st Edition.

Hansen, Fleming Lyngbeck. "Article on the Replacement Notes of Denmark." IBNS Journal.

Hern, Brian. 2010. South African Banknotes & Paper Money .

Henandez, Pedro Pablo. Catalogo Billetes de Colombia 1815- 2008.

Holden, Victor . A Census of Banknotes of the Banco Central Del Ecuador Issued From 1928-1980.

Hong Kong Numismatic Society Newsletter. 2010

Kodnar, Johann and Kunster, Norbert. Katalog der Osterrichischen Banknoten ab 1900.

Korean Coins and Banknotes Catalogue 2011

Lim, Allan. 2008. A Comprehensive Guide of Coins and Banknotes from the Kingdom of Cambodia.

Linzmayer, Owen W. 2012. The Banknote Book: Trinidad & Tobago. 2012

Majce, Janez. Slovenski Denar Kronika Vrednostnih bonov, Tolarskih Bankovcev in Kovancev ter Priložnostnih Kovancev od 1990 do 2000.

Martoyo, Arifin. "Replacement Notes of Indonesia" n.p., n.d.

Mehilba, Ali. 2010. The Encyclopedia of Libya Banknote.

Milczak, Czeslaw. Catalogue of Polish Banknotes 1916-1994. 2nd edition.

Paboukham, Maurizio. Replacement Notes of Laos

Parker, Larry. 1989. World Replacement Note. 2nd Edition.

Popic, Savo. 2012."Article about Replacement Notes."

Pratt, Miguel. 2012. Billetes del Paraguay , 3rd Edition.

Pritt, Alan B. Editor. 2011. Renniks Australian Coin and Banknote Values. 24th Edtion. Renniks Publications

Said, Remy. 2010. Said Malta Coin & Banknote Catalogue. Edited by George S. Cuhaj.

Stojanovic, Zeliko. 2007. Standard Reference Guide to Serbian and Yugoslav Paper Money. 2007

Symes, Peter. "The Banknotes of the United Arab Emirates"

Symes, Peter, et al. 1997. The Banknotes of Yemen 1997

Tan, Steven, Editor. 2009. Hong Kong and Macau Paper Money Catalogue.

Tan, Steven. 2012. Standard Catalogue of Malaysia, Singapore and Brunei Coin & Paper Money. 20th edition.

Tohv, Allan. Coins and Paper Money of the Republic of Estonia: 1991-2010

West, Pam. Paper Money of Ireland. 1st edtion. 2009

------. English Paper Money, Treasury and Bank of England Notes from 1694. 8th Edition. 2011

White, Bernardo Gonzales. 2013. Catalog de Billetes Republica de Colombia 1923-2013, 6th edition.

Contents

Afghanistan 002
Angola 004
Argentina 007
Armenia 022
Australia 024
Austria 027
Azerbaijan 028

Bahamas 029
Bahrain 032
Barbados 034
Belgium 036
Belize 038
Bermuda 041
Bhutan 044
Bibliography 568
Bolivia 047
Bosnia 050
Botswana 052
Brazil 054
Bulgaria 059
Burma – Myanmar 061
Burundi 064

Cambodia 066
Canada 071
Cayman Islands 096
Chile 099
China 108
Colombia 125
Congo 132
Cook Islands 135
Countries Without Replacement 567
Croatia 135
Cuba 140
Czech Republic 143
Czechoslovakia 143

Denmark 145
Djibouti 149
Dominican Republic 150

East Caribbean 153
Ecuador 163
Egypt 164
Equatorial Guinea 180
Eritrea 181
Estonia 182
Ethiopia 184

Faeroe Islands 186
Fiji 187
Finland 190
France 193

Gambia 195
Germany 197
Germany Democratic Republic 199
Germany Federal Republic 202
Ghana 205
Gibraltar 210
Great Britain 210

Greece 216
Guernsey 218
Guinea Bissau 220
Guyana 221

Haiti 222
Hawaii 223
Hong Kong 224

Iceland 229
India 230
Indonesia 239
Iran 250
Iraq 258
Ireland North 262
Ireland Republic 267
Isle of Man 272
Italy 273
Italy Military 280

Jamaica 282
Japan 288
Jersey 291
Jordan 293

Kazakhstan 301
Kenya 304
Korea 306
North Korea 307
South Korea 307
Kuwait 309
Kyrgyzstan 314

Laos 316
Latvia 319
Lebanon 321
Lesotho 323
Liberia 325
Lithuania 325

Macau 328
Madagascar 330
Malawi 333
Malaysia 336
Maldives 340
Malta 341
Manchukuo 344
Mauritania 345
Mauritius 346
Mongolia 350
Morocco 353
Mozambique 354

Namibia 356
Nepal 358
Netherland Indies 362
Netherlands 363
New Zealand 369
Nicaragua 373
Nigeria 376
Norway 383

Oman 390

Pakistan 392
Papua New Guinea 396
Paraguay 397
Peru 399
Philippines 405
Poland 421
Portugal 424

Qatar 428

Rhodesia 431
Russia 432
Rwanda 433

Saint Thomé et Prince 435
Samoa 436
Saudi Arabia 438
Scotland 439
Serbia 446
Seychelles 448
Sierra Leone 449
Singapore 452
Slovakia 455
Slovenia 457
Solomon Islands 459
Somalia 463
Somaliland 465
South Africa 466
Spain 470
Sri Lanka 473
Sudan 476
South Sudan 480
Suriname 481
Swaziland 482
Sweden 484

Tajikistan 487
Tanzania 488
Thailand 491
Tongo 502
Trinidad & Tobago 504
Tunisia 505
Turkey 507
Turkmenistan 509

Uganda 512
Ukraine 516
United Arab Emirates 519
Uruguay 523
United States of America 528
U.S. MPC 529
Uzbekistan 534

Venezuela 536

Yemen Arab Republic 541
Yemen Democratic 545
Yugoslavia 547

Zaire 553
Zambia 557
Zimbabwe 561

WORLD PAPER MONEY AUCTIONS

What is Your Collection Worth?
Heritage Auctions Can Help You Achieve the Highest Prices Realized

BC-31bA $5 1954 Devil's Face
Replacement Note *A/C Prefix
PMG Superb Gem Uncirculated 678 EPQ
Realized $28,200

Malaysia Bank Negara 100 Ringgit ND (1981)
Pick 17A* KNB23d RG2 Replacement
PMG Gem Uncirculated 66 EPQ
Realized $9,000

Hong Kong Hongkong & Shanghai Banking Corp.
500 Dollars 1.1.1987 Pick 195a* KNB84c Replacement
PMG Gem Uncirculated 66 EPQ
Realized $3,120

Australia Commonwealth of Australia
1 Pound ND (1961-65) Pick 34a* R34Sb Replacement
PMG Superb Gem Uncirculated 67 EPQ
Realized $4,320

Indonesia Bank Indonesia
500 Rupiah 1952 Pick 47* Replacement
PMG Superb Gem Uncirculated 67 EPQ
Realized $2,640

China People's Bank of China
200 Yuan 1949 Pick 838a* Replacement
PMG About Uncirculated 55 EPQ
Realized $3,360

For a free appraisal, or to consign to an upcoming auction, contact a Heritage Consignment Director today. 800-872-6467, Ext. 1001 or Currency@HA.com

DALLAS | NEW YORK | BEVERLY HILLS | CHICAGO | PALM BEACH
LONDON | PARIS | GENEVA | BRUSSELS | AMSTERDAM | HONG KONG

Always Accepting Quality Consignments in 50+ Categories
Immediate Cash Advances Available
1.75 Million+ Online Bidder-Members

HERITAGE AUCTIONS
THE WORLD'S LARGEST NUMISMATIC AUCTIONEER

Paul R. Minshull #16591. BP 20%; see HA.com. 72920

A Legacy of Protection & Security

Legacy Currency Grading certifies your notes according to the most consistent grading standards, housed in the industry's safest holder.

Legacy is the only grading service that encapsulates notes in Mylar®, the safest and best archival material for long-term storage. Our tamper-proof labels provide the best available security for your notes.

Our graders' completely unbiased opinions coupled with our verification process provide the most objective grades possible with a standard of consistency that is recognized worldwide.

Since our founding in 2005, our company has graded more than (1,000,000 or 1 million or one million) notes. Entrust your collection to the only service securing your notes with standards, consistency, and integrity for a lifetime and beyond – Legacy Currency Grading.

Legacy
CURRENCY GRADING
STANDARDS · CONSISTENCY · INTEGRITY

New Contact Info:
P.O. Box 6165, Santa Rosa, CA 95406 • 707-919-0859
www.legacygrading.com

Lyn Knight Currency Auctions

Lyn Knight Currency Auctions began dedicated world paper money auctions back at CPMX 2002 when we sold the landmark Leo May Collection of Military Payment Certificates which included many MPC Replacements. Since then, LKCA has set several record prices for world paper replacements.

If you're looking for record setting prices, Lyn Knight Currency Auctions delivers!

Contact us now to consign!
Joel Shafer: joel@lynknight.com
414.350.6980

We Offer:
- Favorable Consignment Terms
- Expert Cataloging
- Extensive Advertising and Promotion
- Internet, Mail and Live Bidding
- Expertise to get you top dollar

P.O. Box 7364 - Overland Park, KS 66207 - 913-338-3779 - Fax 913-338-4754
Whether you're buying or selling, visit our website: www.lynknight.com

WWW.MIF-EVENTS.COM

MECC CONGRESS CENTER
FORUM 100
6229 GV MAASTRICHT
THE NETHERLANDS

Info: M +32(0)496 86 73 28
E info@MIF-EVENTS.com
I www.MIF-EVENTS.com

Royal Joh. Enschedé
PRESENT DURING THE MIF

MIF®

PAPER MONEY FAIR - MAASTRICHT

THE NETHERLANDS

- **BANKNOTES**
- **ON-SITE GRADING**
- **BONDS & SHARES**
- **DEALERS & INVESTORS**
- **COLLECTORS**
- **COINS**

Stack's Bowers
MAIN SPONSOR & OFFICIAL AUCTIONEER

BANKNOTE WORLD
Connecting Central Banks to the Collector

PCGS EUROPE

THE BANKNOTE BOOK
POWERED BY GREYSHEET

PMG
PAPER MONEY GUARANTY
CO-SPONSOR
OFFICIAL GRADING SERVICE

Phil Doudar

+1 626 241 3960

California, USA

We have been dealers of better world banknotes since 2001 and handled some of the world most important banknotes. We are strong buyers and attend most major shows.
We specialize in middle eastern and British Commonwealth banknotes.

Pdoudar@gmail.com

UPLAND AUCTION

BUY & SELL BANKNOTES

Specimen, Errors
Replacements
and full sets

Alimehilba@gmail.com
Tel: 909- 456- 5859

AMAL MEHILBA

BANKNOTE, COINS, SPECIMEN, REPLACEMENT

📞 +971 50 735 2588   ✉ AmalMehilba@gmail.com

📍 Dubai, U.A.E

www.AliNotes.com

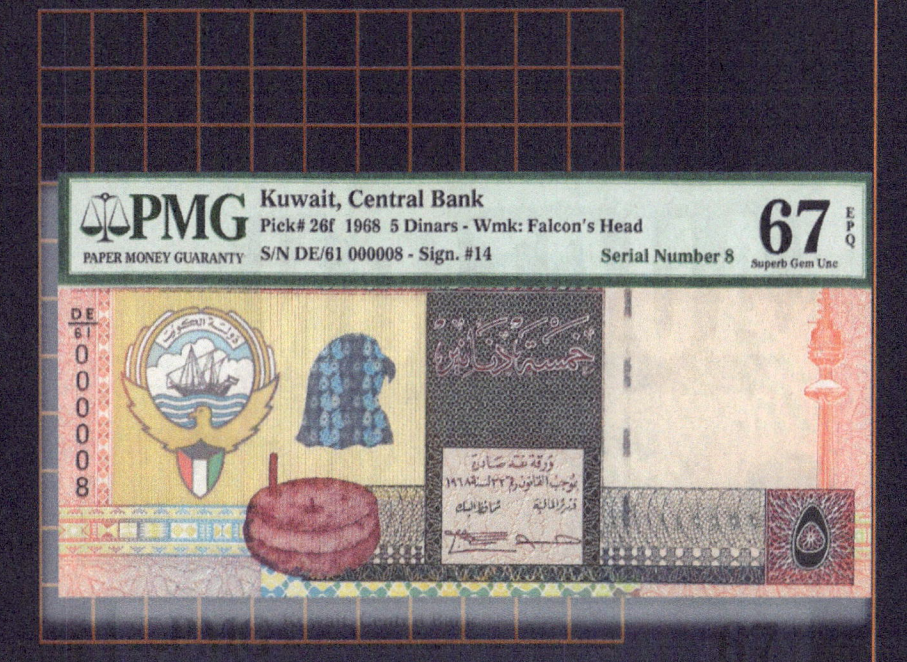

Fancy Serial Number

Dr Ali Mehilba

2024

We buy & Sell Banknotes

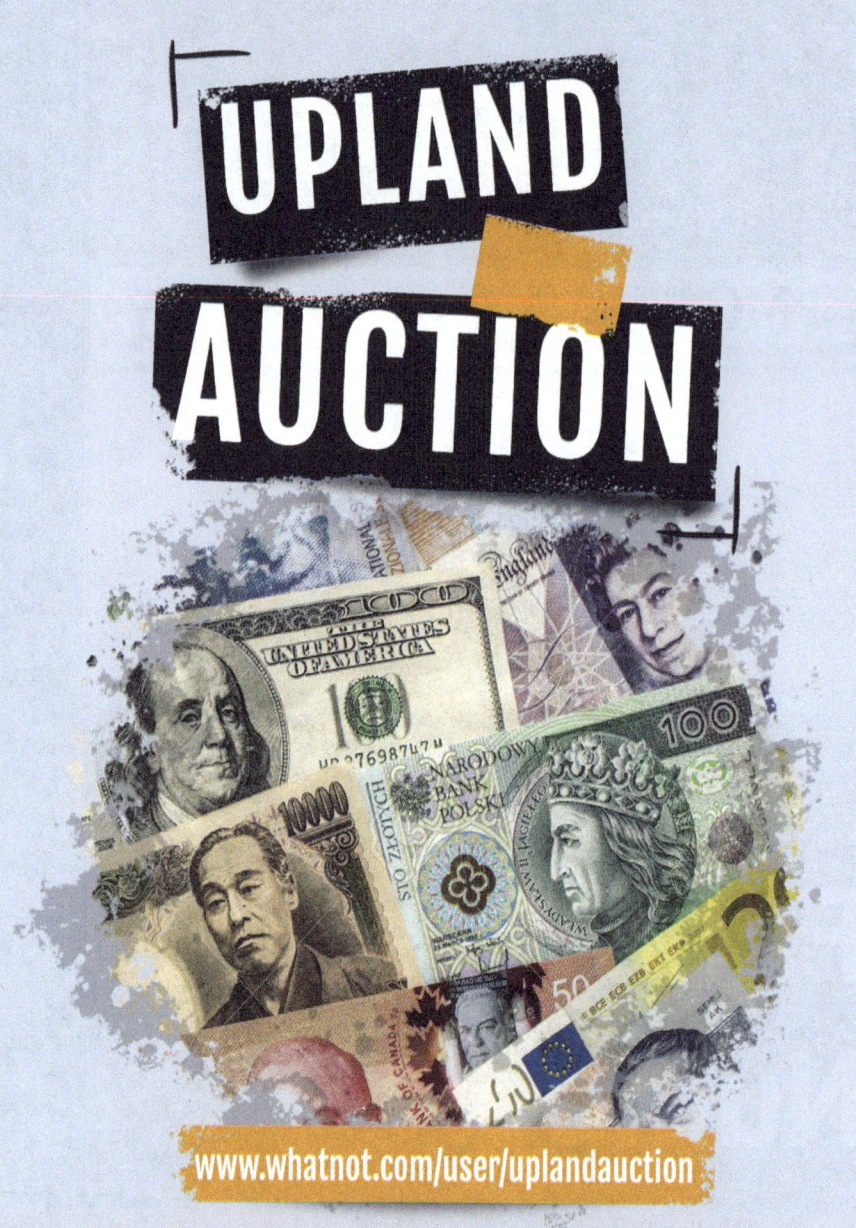

UPLAND AUCTION

www.whatnot.com/user/uplandauction

We buy & sell US & World currency, specimen, errors, replacements and full sets

Alimehilba@gmail.com
Tel: 909- 456- 5859